キラキラ応援ブックトーク

子どもに本をすすめる33のシナリオ

キラキラ読書クラブ 著

岩崎書店

はじめに

「この本おもしろいよ、読んでみない？」と、子どもたちに紹介すること、それがブックトークです。どんなにおもしろい本でも、ただ棚に並べておくだけではなかなか子どもたちの手に届きません。本は好きだけれど何を読んでいいかわからない、という子どももいるし、本を読むこと自体が億劫な子どももいるでしょう。ブックトークは、そんな子どもたちが本に手をのばすきっかけを作るのに、効果的な手段の一つです。

ブックトークは、だれにでもできます。本書は、現在ブックトークに取り組んでいる方、これからやってみようと思っている方、子どもの本に関心のある方に向けた実践的なガイドブックです。

■本書の構成

Ⅰ「ブックトークとは」は、具体的なアドバイスです。

図書館や学校で、集団の子どもたちに何冊かの本を紹介する場合には、決められた時間内に複数の本を手際よく紹介しなければなりません。効果的なブックトークをするには、どんなことに気をつけたらいいでしょう？

Ⅱ「集団に向けたブックトーク」は、そのまま使えるシナリオです。

小学校の一学級を対象として行うブックトークを想定した、そのまま使えるシナリオが、低学年向け、中学年向け、高学年向け合わせて33本あります。

Ⅲ「個人に向けたブックトーク」は、一人ひとりの興味にそった本を紹介します。

ブックトークは集団に向けて行われるだけではありません。図書室の棚の前で、何を借りたらいいか迷っている子どもを見つけたときや、「ねえ、何かおもしろい本ない?」と聞かれたときは、ブックトークのチャンスです。一対一ですから、その子が興味をもっていることを聞いたり、今までにどんな本を読んだかを聞いたりしながら、その子に合った本を紹介できます。

家庭で親が子どもに本をすすめる場合も同じです。ここでは、低学年、中学年、高学年向けに分けて、すすめやすい本の例をいくつか挙げています。

Ⅳ「お楽しみプログラム」は、読書を楽しくする工夫です。

ブックトーク以外にも、子どもが本に親しめるように、いろいろな工夫ができます。子どもが、楽しみながら本に手を伸ばすきっかけを作るアイディアを紹介します。

Ⅴ「本書でとりあげた本のリスト　索引付」は、本の一覧です。

本書のブックトーク（Ⅱ、Ⅲ）に使ったすべての本を一覧できる解題付きリストです。本を選ぶ際の参考にしてください。同時に、書名索引としても使えます。

ブックトークのシナリオは、実演を重ねながら著者四人の共同作業で作りました。これをもとにして、現場で子どもたちに接する皆さんが、さらに工夫を重ね、生き生きと子どもたちに本を紹介してくださることを願っています。一人でも多くの子どもたちから、「この本、おもしろかった!」という声を聞くことができますように。

キラキラ読書クラブ

●目　次

I

ブックトークとは

1 ブックトークとは

●人の口から直接語られる言葉は力をもっています。

友だちが、読んだ本の話をするのを聞いて、急にその本を読んでみたくなることはありませんか。「その先をもっと知りたい」「この人がこんなに熱中する本は、おもしろいにちがいない」と思ったりします。このように、人が本について語るのを聞くのは、「読みたい」という気持ちをかきたてる要因の一つです。

ブックトークも、子どもたちの目の前で、人が本の話をします。〝目の前で語る〟ということが大切なのです。機械や印刷された文字を通してではなく、人の口から直接語られる言葉は力をもっています。

●「テーマにそって」ということが大きな魅力です。

普通、ブックトークとは、一つのテーマにそって、あるいは何らかの関連性をもたせて、数冊の本を順序よく紹介することです。子どもたちに、関連のない本を一冊ずつ紹介しても、それも本との出会いになります。しかし、ブックトークでは、「テーマにそって」ということが大きな魅力になります。一つのテーマをめぐってさまざまな本が登場することで、一冊ずつの本の個性が際立ち、子どもたちは興味をもって聞き、本の世界の豊かさに触れることができます。

2 目的

●子どもが「本を読みたい」気持ちになることが肝心です。

ブックトークの目的は、子どもに「本を読みたい」という気持ちを起こさせることです。素直に、紹介した本に手を伸ばしてくれたら、ブックトークをした人にはいちばんうれしいごほうびになります。そこまでいかなくても、「本っておもしろそう」と感じたり、「読書は新しい世界を開いてくれる」と知れば、次の機会に本との出会いが生まれるかもしれません。ブックトークをする人の本に対する思いが伝わるだけでも、価値があります。

3 テーマ

●テーマは子どもの視点で探します。

テーマは、森羅万象、具体、抽象、子どもが興味をもちそうなことであれば、何でも大丈夫です。動物、人間、自然、暮らし、道具、不思議な生き物等々、テーマはいたるところにあります。「犬」「星」「兄弟」「橋」など具体的なものをとりあげてもいいし、「願いがかなう」「好きときらい」「世界一」など、いろいろな切り口で話題を広げられるものも楽しいでしょう。とっぴなテーマが、みごとなブックトークになることもあります。あまり生真面目に考えず、子どもの視点で探してみてください。ただし、ブックトークをする人がテーマをはっきりつかんでいないと、ふさわしい本を選べないし、聞き手の印象もぼやけてしまいます。

●漠然としたテーマには、魅力的なタイトルをつけてみます。

「友だち」「冒険」「家族」など、多くの本が該当してしまうような広いテーマは、ひと工夫が必要です。魅力的なタイトルをつけて印象づけたり、条件を加えたりするといいでしょう。たとえば「近くの友だち・遠くの友だち」「冒険は突然やってくる」「あなたは何人家族?」などとすれば、テーマがはっきりします。

本とテーマと、どちらを先に決めるかという点については、紹介したい本があって、そこからテーマを決めてもいいし、おもしろいテーマを思いついて、そこから本を探してもいいでしょう。

●ある条件にかなった本で、本棚を作るようなブックトークは取り組みやすいです。

一つのテーマをめぐって本を次々と紹介していくやり方に対して、幅のあるテーマで該当する本を順番にとりあげていくやり方もあります。たとえば「頭のてっぺんからつま先まで」と題して〝頭〟の本を紹介したら、次は〝首〟〝腕〟〝おなか〟というようにとりあげていきます。書名に色や数字の入っている本を探して、「色の本」や「数の本」というブックトークもできます。このように、ある条件にかなった本を揃えて一つの本棚を作るようなブックトークは、紹介するときにも、次の本への興味が自然にわくので、取り組みやすくなります。

●深刻なテーマをとりあげるときには、覚悟が問われます。

「戦争」「命」「いじめ」など、深刻なテーマをとりあげる場合には、ブックトークをする人が、それらを自分自身の問題として真摯に考えているかどうかが問われます。表面的な対応では、子どもたちの信頼を得ることはできません。

4 対象年齢

●ブックトークの対象年齢は、原則として小学校中学年以上です。

低学年では、まだ幼く、読書経験も十分ではないため、ブックトークを聞いても、紹介された本を読んだり、本の世界に興味をもつことにはなかなかつながりません。学校からの依頼で、読書のためにまとまった時間がもらえたら、読み聞かせやストーリーテリングなど、本やお話そのものを楽しむプログラムを考えましょう。短い時間でも、それは確実に子どもたちの読書体験になります。時間があれば、読み聞かせた本やお話に関連した本を紹介すれば、興味をもつ子どももいます。

ただし、低学年の場合でも、先生や学校司書など、身近な人が本の紹介を行うと大きな効果がありす。読書の時間の前に、何を読んでいいかわからない子どもたちに数冊の本を手際よく紹介すれば、そのなかから選ぶことができます。紹介してもらった後、その場ですぐに読む本と時間が保証されることが、低学年では大切なのです。

5 本を選ぶ

●何を選ぶかが、いちばん大切です。

テーマが決まったら、本を選びます。何を選ぶかが、いちばん大切です。よく探し、よく読み、よく考えて、すすめる価値のある本を選びます。日ごろから、誠実に本を読んでいることがいちばん力を発揮します。

●時の試練を経てきた本こそ、ブックトークの中心になります。

子どもの本には、長い間子どもにも大人にも支持されてきた作品がたくさんあります。時代は変わっても、子どもたちに生き生きした喜びや驚きを与え、時には、その人の生涯にわたって消え去ることのない印象を残します。このように時の試練を経てきた本こそ、ブックトークをしようとする人にとって頼りがいのある味方です。

図書館員や子どもの読書にかかわった人たちが基本的な児童書のリストを作っています。まず、そこに並んだ本を読んでください。そこから自ずと本を見る眼が培われ、同じ眼で、新しい本を選ぶことができるようになります。

●好きな本をとりあげます。

いくらいい本でも、ブックトークをする人が好きでなければ成功しません。その本が好きという思いは、子どもたちにまっすぐ伝わるものです。

ただし、本の傾向が一方に偏らないように気をつけます。ブックトークをする人が女性だと女の子向けの本が多くなる、といったことのないようにします。

●幅広く選びます。

複数の子どもたちに本をすすめるのですから、どの子にも、おもしろそうと思える本が一冊は見つかるように、幅広く選びます。物語、昔話、詩、知識の本などさまざまなジャンルに目配りし、対象となる子どもたちの年齢を考えて、読みやすいものから、少し背伸びして読むものまで、揃えます。

●目立たないけれど、おもしろい本を紹介します。

放っておいても子どもたちが手にとる本ではなく、本棚では目立たないけれど、読めばおもしろい本を見つけて紹介します。「隠れたおもしろい本」を子どもに手わたすのが、ブックトークの醍醐味です。

●日ごろから本をよく読むことが、テーマにあった本を探す近道です。

図書館の目録やブックリストの件名索引などを活用すれば、あるテーマの本を簡単に見つけることができます。しかし、「ネコ」というテーマで、書名にネコがつく本ばかりを集めても、あまり魅力はありません。思いがけない本のなかに素敵なネコがいるかもしれません。日ごろから本をよく読むこと、それもじっくり楽しんで読むことが、テーマにあった本を探す近道です。

●「盛りだくさん」に気をつけます。

子どもを対象としたブックトークは、三十分から四十分、紹介する本も七、八冊が限度です。大人は、どうしても「盛りだくさん」になりがちです。たくさん集めた本を削ることも大切です。似通った雰囲気の本が重なっていたら一冊にするとか、自分の好みにこだわっていないか、子どもに紹介する価値があるかなど、再度考えてみます。

6 シナリオ

●シナリオを作ると、時間をかけていいものに育てていけます。

紹介する順序や次の本につなぐ言葉だけを決めて、あとはその場で臨機応変にやるという方法もあります。

しかし、ブックトークに継続して取り組んでいこうとするなら、シナリオを作ってください。シナリオがあれば、一回やってみて、よくなかったところを直したり、子どもたちの対象年齢が変わったら本を入れ替えたり、手を入れて、時間をかけて、いいものに育てていけます。

●ブックトークは、言葉の力で子どもたちに、本の世界を垣間見せることです。

本は、言葉によって、知識や思想、心の動き、情景などをありありと読者の前に繰り広げてくれます。本を読んで感動するのは、そこに盛られている思想や事柄によるだけではないのです。どのように描かれているか、真実に満ちた言葉や的確な表現にも力があるのです。

私たちは、日ごろ、意外に決まりきった言葉やありきたりの表現を使っています。本について語るには、日常のくだけた言葉では十分ではありません。その本に見合っただけの言葉や表現が求められます。それには、アドリブで話すのではなく、じっくり考えたシナリオが必要です。

ブックトークは、言葉の力で子どもたちに、本の世界を垣間見せるのです。

●子どもの前では自分のなかから出てきた言葉で話します。

シナリオができたら、声に出して繰り返し練習し、覚えてください。

実際に子どもの前に立ったら、シナリオどおりでなければと窮屈に考えず、自分のなかから出てきた言葉で話します。それはちょうどストーリーテリングで、テキストに忠実に覚えても、語るときには自分のものとして語るのに似ています。

子どもたちとのやりとりは、その場に応じて大いに楽しみましょう。

7 紹介の方法

●導入で、子どもの興味をつかみます。

はじめにテーマをはっきりと伝えるほうが、子どもたちの興味を惹きやすいでしょう。一学期の終わりに「夏休み」というブックトークは、自然に子どもに受け入れられますが、たいていのテーマは子どもにとっては唐突です。なぜそのテーマなのかを、上手に導入します。

たとえば、「兄弟」がテーマなら、「私は三人姉妹のいちばん上なので、子どものころからずっとお兄さんがほしいと思っていました」と個人的な話をしたり、「石」のテーマでは、「これはさっき校庭で見つけた小石です。きれいな縞模様ですよ」と小石を見せたりします。テーマを他人《ひと》ごとではなく、自分や子どもたちに引き寄せて、提示します。ブックトークをする人がテーマに個人的な興味を寄せると、子どもも共感してくれます。

●紹介する人の数だけ方法があります。

同じ本でも、紹介する人の数だけ方法があります。子どもに、その本がどういう本なのかを伝えること、テーマとの関連をはっきり示すこと、その先を読みたいという気持ちをかきたてることに気をつけて、工夫します。

●あらすじは、知りたいという気持ちがわくまで話します。

あらすじは、どこまで話せばいいでしょうか。何か事件が起きて、そのことに関して興味深いことを一つ話します。そしてその先を少し教えると、知りたいという気持ちがわきます。子どもの好奇心につり針をひっかけるような気持ちでやってみてください。

●耳で聞いてわかるように話します。

言葉は次々と消えていくものですから、耳で聞いてわかるように話します。聞き手の子どもは、その本をまったく知らないのです。とかく、読んでいる人には当たり前に思えても、そうではないことを忘れないようにします。この話し方で聞き手にわかるか、絶えず確認します。人名や地名、言葉などに耳慣れないものがあれば、説明を加えたり、地図で示すなどひと工夫します。

●挿絵や写真をうまく使います。

挿絵や写真を見せると、具体的なイメージがわき、効果的です。本の挿絵はたいてい、ストーリーの盛り上がる場面や子どもが知りたがる場面をとらえているので、うまく使います。

●本からの引用は、その本の手触りを伝えてくれます。

ここぞという場面を読むのも効果的です。そこに至るまでのあらすじを手短に話し、危機的な場面や手紙の一節、興味深い現象などを読みます。耳から聞いて楽しめるところを選び、あまりだらだら読まないようにします。本からの引用は、その本の手触りを伝えてくれます。

●ちょっとしたひとことが、読書への道標《みちしるべ》になります。

本を読む際に障害になることをあらかじめ伝えておくのも、子どもには親切です。前置きが長くてなかなか本題に入らない本は、「少し我慢して読めば、その先は一気におもしろくなります」などと教えておけば、あきらめないで読み進めます。ちょっとしたひとことが、読書への道標になります。

●紹介は軽重をつけます。

どの本も同じ時間をかけて紹介するのではなく、軽重をつけます。ブックトークの中心になる本、自分がぜひ読んでもらいたいと思う本は、ていねいに紹介します。軽く流す本もあると、アクセントがついて、ブックトークをやる人も聞き手も気持ちの切り替えができます。

●本と本をテーマという糸でつなぎます。

一冊の紹介が終わって、次の本に進むときの言葉に工夫をすると、印象が際立ちます。「次は○○です」では、ブックトーク全体の流れが感じられません。テーマを意識したつなぎ方をすると、流れのあるブックトークになります。本と本を「テーマ」という糸でつなぐのです。

たとえば、「家」がテーマなら、「今紹介した本には丸太で作った家が出てきましたが、今度はだれにも見えない家、チョークで描いた家です」というように、「家」でつなぐと、それぞれの本の印象がはっきりします。

●読み聞かせ、ストーリーテリングなどがあると、子どもはさらに満足します。

いつも「さあその次はどうなるでしょう」では、子どもは欲求不満になってしまいます。特に年齢が低いほど、まるごとお話を楽しみたいという気持ちが強くあります。読み聞かせやストーリーテリングを入れて、お話そのものを楽しみましょう。高学年でもとても喜んでくれます。一冊も本を読まない子どもにとっては、短くても、貴重な読書体験になります。

8 見せ方

●さまざまな見せ方を工夫してください。でも本が主役です。

指人形、実物、クイズ、実験、音楽、詩の暗誦など、いろいろな工夫ができます。子どもと大いに楽しみましょう。でも、本が主役だということを忘れないでください。ブックトークをした人の個性だけが印象に残り、本がかすんでしまうようでは、本末転倒です。

紹介の終わった本は、聞き手によく見えるように並べておきます。

●本のおもしろさを伝えるのは、声です。

挿絵や実物など眼に見えるものがどんなにあっても、本のおもしろさを伝えるのは、声です。顔をあげて、子どもたちの視線をとらえ、しっかり後ろまで届く声で話します。声や視線、笑顔などから、ブックトークをする人の人柄や本への思いが、自然に伝わります。

9　最後に

　ブックトークは、たいてい授業などで行われます。私たちは、子どもは強制的に聞かされていること、大切な子どもの時間を使っていることを忘れてはなりません。

　大人には子どもに受けたいという気持ちがあります。「子どもに受ける」ことは悪いことではありません。子どもにとってブックトークが、「あー、おもしろかった」で終わるほうが、「あー、つまんなかった」で終わるよりずっと効果があるからです。

　でもブックトークの目的は、子どもに〝受ける〟ことではありません。そして、そもそも人が本を読むのは、本が〝受ける〟からではありません。読書は、その場で反応して、ぱっと燃えあがるようなものではなく、落ち着いて、じっくり文字を追う行為から始まります。それから先どんなことが起こるかは、だれにもわかりません。

　私たちが願うのは、子どもが楽しいときを過ごすこと、子ども時代に心に刻まれる本に出会い、本のある人生を送っていくことです。ブックトークは、本という豊かな海への航海に役立つ羅針盤を手渡すことです。

Ⅱ

集団に向けたブックトーク

ブックトークのシナリオは、どのように考えて作ったらいいでしょうか。ここでは、次の三種類の作り方を紹介します。

1　一冊から広がるブックトーク
2　テーマによるブックトーク
3　連想によるブックトーク

ここにとりあげた本と同じものを揃えることができれば、シナリオを覚えて、すぐに実演することができます。それぞれ、小学校低学年向け、中学年向け、高学年向けに分かれています。

■シナリオ

このとおりに覚えて、そのまま実演できます。

子どもたちに見せる個所は、〇ページを見せて※ と書いてあります。

本の一部分を読むときは、読む文章を引用してあります。引用が長い場合は、途中を略しています。引用部分は太字になっています。

一冊丸ごとの読み聞かせを入れるときは、読み聞かせをする と書いてあります。

本の内容を知りたいときは、Vの本のリストをご覧ください。

＊表示したページ数は、ここで使用した本に拠ります。長く読みつがれた本は、古い本と新しい本で挿絵の位置が変わっていることがあります。皆さんの手許にある本で、実際のページを確認して使ってください。

■紹介した本

ブックトークに使った本の一覧です。使った順に並んでいます。ハードカバーと文庫版がある場合は、挿絵などが見やすいようにハードカバーを使っていますが、どちらも借りられるように用意しておくといいでしょう。

■そのほかの本

同じ本が揃わない場合に、代替として使える本の一覧です。読書経験のレベルに合わせた調整が必要な場合にも、参考にしてください。

■コメント

シナリオを作るにあたっての注意点や、具体的なアドバイスです。

シナリオには低学年、中学年、高学年向けがありますが、この分け方は目安です。同じ三年生でも、一学期に行うなら「低学年向け」が利用できます。四年生でも、読書習慣が身についた子どもが多い学級なら「高学年向け」を少しアレンジして使うことができます。「そのほかの本」を参考にして、調整してください。人によって話す速度に差があるので、練習するときに所要時間を計ってみましょう。長ければ一冊減らし、短ければ読み聞かせを増やすなどして、与えられた時間内に収まるようにしてください。

ブックトークのコツがつかめたら、今度は自分なりの言葉で修正案を作ったり、実演しながら改良を加えていってください。さらには、オリジナリティのある自分だけのシナリオ作りに挑戦してみてください。

1 一冊から広がるブックトーク

どこからブックトークを作り始めていいかわからないという人は、まず自分が大好きで、「ぜひ紹介したい」と思う本を一冊決めてください。その本をどんなテーマで紹介できるか、頭を柔らかくして考えてみます。同じ一冊の本にも、どこをどのようにとりあげるかで、いろいろなテーマがあります。思いついたテーマから、どんな本があるか探してください。

ここでは、「一冊の本」から三つのテーマでブックトークを作ってみました。とりあげている本は、どこの図書館でももっている基本的な本です。低学年、中学年、高学年の対象学年別に六冊の本を選び、そこから全部で十八本のブックトークを作りました。

たとえば、中学年を対象にした『がんばれヘンリーくん』では「子どもがお金を稼ぐには」「魚」「名前」のブックトークが、高学年対象の『冒険者たち』では「作戦を立てよう!」「島をめざして」「仲間がいっしょなら」のブックトークがあります。このシナリオをそのまま使ってもいいし、「そのほかの本」を参考にして紹介する本を入れ替えるなど、それぞれに応じて工夫ができます。

『ふたりはともだち』（低学年向け）

『ふたりはともだち』は、とぼけたユーモラスな味わいがあり、大きくなっても印象に残っている子どもが多いお話です。

カエル

そろそろ、おたまじゃくしがカエルになりますね。今日のブックトークは「カエル」です。

■『ふたりはともだち』

表紙を見せて　こっちがまくん、こっちがかえるくんです。色はちがうけど、両方ともカエルです。

41ページを見せて　ある日、ふたりは川へ行って泳ぐことにしました。すると、がまくんは水着を着ると言いだしました。そして、ぼくが水着を着ると、とてもおかしな格好に見えるから、水に入ってしまうまで、見ちゃいけないよ、と言うのです。

42ページを見せて　やさしいかえるくんは、目をつぶってあげました。

43ページを見せて　それからふたりは楽しく泳ぎました。がまくんの水着姿って、どんなでしょう。

45ページを見せて　川にいたカメが見たがりました。

『ふたりはともだち』

46〜47ページを見せて **「みずぎを きた がまくんは ほんとうに おかしな かっこうなの?」**と、トカゲも見たがりました。**「がまくんの みずぎすがたが おかしな かっこうなら、わしも そいつを 見たいもんだて」**と、ヘビが言いました。**「ぼくたちも 見たいよ」**とトンボが言いました。**「ぼくもだ。ぼく ながいこと おもしろい ものを 見ていないんだ」**とノネズミが言いました。

49ページを見せて そして、がまくんが川から出てくるのをみんなでずっと待っていました。夕方になって寒くなってきても、かえるくんが、あっちへ行ってくれと頼んでも、ずっとずっと待っています。みなさんも見たいですか?

50〜51ページを見せながら がまくんの水着姿ってこんなふうでした。動物たちはみんな笑いました。かえるくんも笑いましたって。がまくんの水着姿、どうですか? 似合っていると思いませんか?

この本には、ほかにもがまくんとかえるくんの愉快なお話が載っています。

■『どれみふぁけろけろ』

かえるくんもがまくんも泳ぎが上手ですね。カエルの学校で水泳を教わっているのかな?

表紙を見せて この男の子たっくんは、カエルの学校で水泳を教わりました。

3ページを見せて 今日は、学校のプールがある日です。たっくんは泳げないので、元気がありません。学校の近くの池で、たっくんは**「かえるは、およげて いいなあ。ぼくも、かえるに なりたいなあ」**とつぶやきました。するとそのとたん、くさむらで**「からん からん」**と鐘のなる音が聞こえました。

6〜7ページを見せて 気がつくと、たっくんはカエルの学校にいました。カエルの学校では、歌と泳ぎだけを勉強します。ほかの勉強はありません。

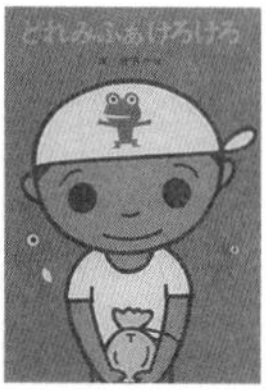

『どれみふぁけろけろ』

25ページを見せて　まず、歌の勉強。先生が最初に歌います。「どれみふぁ　けろけろー」「どしらそ　けろけろー」。次に、生徒が歌います。

27ページを見せて　「どれみふぁ　けろけろー」「どしらそ　けろけろー」。たっくんも元気に歌いました。

28〜29ページを見せて　すると、あたりが暗くなって、雨雲がぐんぐん広がってきました。たっくんは「大雨になっちゃう」と心配しましたが、カエルたちはうれしそうに、もっともっと大きな声で歌いました。「どれみふぁ　けろけろー」「どしらそ　けろけろー」

42〜43ページを見せて　そうしたら、ほんとうに雨が降ってきました。「わーい、けろっ」「わーい、けろっ」。生徒たちは、大きな口を空に向けて開きました。そう、かえるは雨と友だちだったんですね。

歌の次は、泳ぎの勉強です。

53ページを見せて　先生は「てのひらは　いっぱいに　ひらいて、みずかきを　うまく　つかって、およぐのですぞ」と言いました。でも困ったな、たっくんには水かきはないし……うまく泳げるでしょうか？

この本では、カエル先生が特別の泳ぎ方を教えてくれます。たっくんと同じように泳げない人は、この本を読んでみたら、きっと泳げるようになると思いますよ。

■『ジェレミー・フィッシャーどんのおはなし』

カエルの学校の生徒たちは雨が大好きでしたね。ジェレミー・フィッシャーどんも、雨が大好きです。

8ページを見せて　ある日、フィッシャーどんが外を見ると、雨が降っていました。フィッシャーどんはうれしくなりました。晩ごはんのごちそうに小魚を獲ってくることにしました。

『ジェレミー・フィッシャーどんのおはなし』

11ページを見せて ミミズを捕まえて、

12ページを見せて 雨合羽を着て、ゴム靴をはいて、釣りざおとびくを持つと、池に出ていきました。

19、20ページを見せて ボートに乗って、さて何が釣れるかな？ フィッシャーどんは、雨の中で、じっと浮きをにらんでいました。こうして長い間釣りをしているうちに、とてもとても恐ろしいことが起こったのです。

39〜40ページを読む

ものすごくおおきなマスが、がば・がば・ぱしゃん！ とやってきて、ぱくり、フィッシャーどんをつかまえました。（中略）**マスが のみこんだのは、フィッシャーどんの ごむぐつだけでした。**

カエルの身の上には、こんなことが起こるんです。こわいね。

■『にんじゃあまがえる』

もしフィッシャーどんが、この本に出てくる「にんじゃあまがえる」みたいだったら、マスにつかまらなくてすんだかもしれません。

読み聞かせをする

■『しりたがりやのちいさな魚のお話』

カエルって、小さな体に不思議な力がありますね。次の本には、もっと不思議なカエルが出てきます。

該当のページを次々と見せて あるところに、スイスイという知りたがりやの小さな魚がいました。このスイスイには、かわいがってくれるおじさんとおばさんが、三匹いました。

『にんじゃあまがえる』

『しりたがりやのちいさな魚のお話』

指さしながら　コイのピカピカおじさんと、カワカマスのガミガミおじさんと、カレイのテンテンおばさんです。

ある日、スイスイは、男の子に釣り上げられてしまいました。スイスイは、苦しくて口をパクパクさせました。男の子は、スイスイがかわいそうになって、靴の中に水をくんで、そこへスイスイを入れて、家に持って帰りました。これを知ったおじさんたちは、どんなに悲しがったか。すると、カエルのピョンコがいいことを教えてくれました。プクプクバーバという年とったカエルの魔女が力になってくれるというのです。そこで三匹は、魔女のプクプクバーバのところへ行きました。魔女は話を聞くと、魔法をかけてくれました。三匹の魚に足をつけてくれたのです。魚たちは勇気を出して、「スイスイを返してくれ」と頼みに男の子の家に行きました。さあどうなったか、知りたい人は読んでみてください。

■『かえるがみえる』

読み聞かせをする　では最後に、カエルでいっぱいの本を読みます。

『かえるがみえる』

■紹介した本

『ふたりはともだち』ローベル 文・絵　三木卓 訳　文化出版局
『どれみふぁけろけろ』東君平 文・絵　あかね書房
『ジェレミー・フィッシャーどんのおはなし』ポター 文・絵　いしいももこ 訳　福音館書店
『にんじゃあまがえる』榎本功 写真　ひさかたチャイルド
『しりたがりやのちいさな魚のお話』ベスコフ 文・絵　石井登志子 訳　徳間書店
『かえるがみえる』まつおかきょうこ 文　馬場のぼる 絵　こぐま社

■そのほかの本

『**かえるのエルタ**』中川李枝子 文　大村百合子 絵　福音館書店

『**かえるのつなひき**』儀間比呂志 文・絵　福音館書店

『**ずら〜りカエルならべてみると…**』高岡昌江 文　松橋利光 写真　アリス館

『ヴァイノと白鳥ひめ』より「**三まいの鳥の羽**」東京子ども図書館 編　大社玲子 絵　東京子ども図書館

なくしもの

大切なものをなくしたとか、学校のプリントが見つからなくてお母さんにしかられたとか、靴下が片方見つからないとか、よくありますよね。今日のブックトークのテーマは、「なくしもの」です。

■『ふたりはともだち』

表紙を見せて　がまくんとかえるくんは友だちです。

29ページを見せて　ある日、ふたりは遠くへ行きました。大きな草原を横切って、森の中を歩いて、川のそばを歩いて、それからやっと家に帰りました。ところがたいへん。がまくんは、ボタンを一つどこかでなくしてしまったのです。かえるくんは、通ったところをもう一度捜せば見つかるよと言います。

30〜31ページを見せて　そこで、ふたりが草原に戻ると、かえるくんが黒いボタンを見つけました。でもそれは、がまくんのものではありませんでした。だって、がまくんのボタンは白なんです。

32ページを見せて　スズメがボタンを見つけて持ってきてくれました。でも、それもちがいました。

『ふたりはともだち』

スズメの見つけたボタンは穴が二つあいているけれど、がまくんのボタンは四つ穴なんですって。

34~35ページを見せて 森で見つけたボタンも、アライグマが持ってきてくれたボタンも、川で拾ったボタンも、ぜんぶちがいました。

36ページを見せて がまくんは、ぷんぷん怒って叫びました。**「どこも かしこも ボタンだらけなのに、ぼくの ボタンは ないんだよ!」**

37ページを見せて がまくんは、かえるくんにさようならも言わないで、家に入ってしまいました。すると、床の上にボタンが落ちていたのです。ボタンは、ずっとここにあったのです。ボタンが見つかったのはよかったけれど、がまくんはかえるくんに面倒をかけたと思って、おわびに素敵なプレゼントをすることにしました。それは、なんだったでしょう?

この本には、ほかにもがまくんとかえるくんの愉快なお話が入っています。

■『くまのコールテンくん』

ほんとうに、ボタンって、気がつかないうちになくしていますね。クマのコールテンくんも、知らないうちにズボンのボタンをなくしていました。

読み聞かせをする

■『はんてんをなくしたヒョウ』

ボタンは、なくしても別の新しいボタンをつけることができます。でも、なくしたらぜったいに新しくできないものがあります。このお話に出てくるヒョウは、体の斑点をなくしました。それって、なく

『くまのコールテンくん』

『はんてんをなくしたヒョウ』

なったからといって、新しくつけたりできませんよね。

25ページを見せて　ヒョウは、自分の体の斑点がとても自慢でした。黄色い毛皮に、黒い斑点が九十八個あります。なくならないかと心配で、いつも数えていました。「95、96、97、98」。九十八まで数えて、ちゃんとあるとわかると、安心してひと眠りします。

ところが、ヒョウが眠っている間に、いたずらなサルが、斑点の一つに黄色いペンキをたっぷり塗ってしまいました。しばらくして目が覚めたヒョウが斑点をもう一度数えてみると、「95、96、97」。九十七個しかありません。一つ足りません。ヒョウは、**「たいへんだあ。はんてんがないよう」**と泣きながら森をかけていきました。森の動物たちが、みんなで探してくれました。そのとき、雷が鳴って、大粒の雨が降ってきました。ヒョウは、激しい雨が降っているのにも気づかずに外に立っていました。それで、斑点はどうなったと思いますか？

この本には、ダチョウやジャッカル、カメレオンなど動物のおもしろい話が五つ入っています。

■『ごきげんいかが　がちょうおくさん』

斑点のように、いつも決まったところにあるものがなくなってしまうと、どこを捜していいかわからなくなります。がちょうおくさんが雨靴をなくしたときも、そうでした。がちょうおくさんは、雨靴をいつも決まった場所におきました。それは物入れでした。

5ページを見せて　ある朝、がちょうおくさんは、雨靴がないことに気がつきました。いつも物入れに置いているのに、そこにないのです。ベッドの下にもありません。台所のベランダにもありません。そこでおくさんは、ぶたさんのうちに行って**「あたしのあまぐつ、しらない？」**と聞きます。ぶたさん

『ごきげんいかが がちょうおくさん』

は、**「しるわけがないじゃないか、きみのあまぐつなんて」**と答えました。そうですよね。雨靴だけがよその家に行っているなんてこと、ありませんよね。それなのにがちょうおくさんは、りすおくさんに聞いて、それからひつじおくさんにまで聞いてまわりました。

翌日は雨でした。あーあ、困った。雨靴なしで、出かけるしかありません。おくさんは、コートを着て、ボンネットをかぶり、物入れから緑色の傘を出しました。そして頭の上で傘を開いたら、ボトン、ボトンと何かが落ちてきました。なんだと思います? そう、雨靴でした。がちょうおくさんは、傘の中に雨靴を入れておけば雨のときに捜さずにすむと思って、傘の中にしまっておいたんです。それを忘れてしまったんですね。

14ページを見せて　ほら、雨靴と傘が揃いました。よかった、よかった。

この本には、ちょっとあわてんぼうの「がちょうおくさん」のお話が六つ入っています。

■『きえた草のなぞ　めいたんていネート1』

なくしものをしたとき、いちばんいいのは、探偵に頼んで捜してもらうことです。ネートは、名探偵。友だちがなくしものを捜してと次々に頼みにきます。それをぜんぶ見つけだしたんですよ。

シリーズ十二冊の本を一冊ずつ見せて　ネートが捜しだしたものは、イヌの絵、買い物メモ、恐竜の切手、カギ、雑草、箱、ネコの枕カバー、クリスマス・カード、ペット・コンテストの賞品、真夜中の犯人、野球の二塁ベース、誕生日のプレゼント。こんなにたくさんの事件を解決して、すごいでしょう? ネートはいつも、事件の起こった場所をよく見て、友だちの話をよく聞いて、よく考えて、事件を解決します。みなさんも、ネートに負けない推理力があるか、本を読んで試してください。

『きえた草のなぞ』

■紹介した本

『**ふたりはともだち**』ローベル文・絵　三木卓訳　文化出版局
『**くまのコールテンくん**』フリーマン文・絵　まつおかきょうこ訳　偕成社
『**はんてんをなくしたヒョウ**』ヒューエット文　ハフ絵　清水真砂子訳　大日本図書
『**ごきげんいかががちょうおくさん**』ポター文　こうもとさちこ絵　まつおかきょうこ訳　福音館書店
『**きえた草のなぞ　めいたんていネート1**』シャーマット文　シマント絵　神宮輝夫訳　大日本図書

■そのほかの本

『**たんたのたんてい**』中川李枝子文　山脇百合子絵　学習研究社

■コメント

なくしたものが見つかったり、なくしたことがかえって思いがけない幸せを呼ぶというお話は、たくさんあります。マイナスから一気にプラスに働く展開が痛快で、テーマとしてもユニークです。「めいたんていネート」シリーズは「ぼくはめいたんてい」シリーズと合わせて十二冊あります。手許にある本で紹介してください。

ふたりはともだち

今日のブックトークの題は、「ふたりはともだち」です。だから、最初に紹介する本も『ふたりはともだち』です。

■『ふたりはともだち』

表紙を見せて　がまくんとかえるくんは友だちです。四月です。春がきました。

『ふたりはともだち』

5ページを見せて　かえるくんは冬眠から覚めて、がまくんの家に行きました。コツコツ、ドアをたたいても返事がありません。**「がまくん、がまくん。おきなよ、はるがきたんだよ！」**と言っても、がまくんは起きてきません。

6〜7ページを見せて　かえるくんが家の中に入ると、部屋は真っ暗で、がまくんはふとんを頭からかぶって寝ていました。

9ページを見せて　かえるくんは、がまくんを玄関までつれてきました。**「きみが 見ているのは 4月の すきとおった あたたかい ひかりなんだぜ。つまり、ぼくたちの あたらしい 一ねんが また はじまったって こと なんだ」**と言います。

10〜11ページを見せて　でもがまくんは、くたびれているから、もっと寝ると言って、またベッドに入ってしまいました。そして**「5月の なかばごろに なったら、もう一かい きて おこして くれたまえよ。おやすみ かえるくん」**なんて言うんです。

12〜13ページを見せて　かえるくんは、がまくんのカレンダーを見ました。まだ十一月になっていました。かえるくんは、十一月を破りました。十二月も破りました。一月も。二月も。三月も。四月が出てきました。四月も破ってしまいました。

14ページを見せて　そしてカレンダーを持っていって、がまくんにこう言いました。**「がまくん、がまくん。おきなよ。もう 5月だよ」**

15ページを見せて　それでどうなったかというと、ふたりは春を見に外へ出ていきました。
この本には、ほかにもがまくんとかえるくんの愉快なお話が入っています。

■『イップとヤネケ』

ふたり楽しく遊ぶのは、がまくんとかえるくんだけではありません。

表紙を見せて　イップとヤネケのふたりの子どももたくさん遊びますよ。イップは男の子、ヤネケは女の子。ふたりはお隣どうしです。初めて会ったのは、こんなふうでした。イップが庭を歩いていたら、生垣に小さな穴があって、何か見えます。のぞいてみると、小さな鼻、小さな口、青い小さな目……女の子がいました。それがヤネケでした。

10ページを見せて　生垣の穴越しに、顔をあわせていますよ。ふたりはすぐに仲よくなって、毎日遊んだり、おうちのお手伝いをしたり、いたずらをしたりしました。今日は○○のお話を読んでみます。

季節や聞き手に合った話を一つ読む

■『アンディとらいおん』

イップとヤネケは、初めて会ったとき、すぐ友だちになれました。でも、すぐには友だちになれないことって、ありますよね。アンディとライオンみたいに。

冒頭から、アンディがライオンのとげを抜いてやり別れる場面まで読み聞かせる

こうしてふたりはさようならをしましたが、この後、また会います。それもびっくりするようなところで、びっくりするような会い方で。知りたい人は、読んでみてください。

■『すみれとあり』

ライオンと友だちになれたらいいですね。スミレとアリも友だちだって知っていますか。

『イップとヤネケ』

『アンディとらいおん』

『すみれとあり』

■『はんぶんのおんどり』

スミレとアリはいい友だちですね。ここにももう一組、いい友だちがいます。

5ページを見せて 昔、年をとったお父さんがいました。この人は長い間、王さまの兵隊として働いていました。いよいよ死ぬときになって、ふたりの息子にこう言いました。**「わしがしんだら、ざいさんは、なんでもはんぶんずつ、なかよくわけておくれ。わずかなざいさんのことで、けっしてけんかなぞしないようにな」**。お父さんが死ぬと、兄さんは、お父さんのいったとおりにしました。何もかも二つに分けたのです。ただし、自分が得するようにね。自分には村の立派な家を、弟のステファヌには森の小さな小屋を、自分には牛を、ステファヌにはヤギを分けました。

9ページを見せて 金貨百枚は自分に、紙切れをステファヌに分けました。その紙切れというのは、王さまがお父さんに払う給料のうち、まだ金貨百枚を払っていないことを証明する紙でした。王さまはけちんぼで、紙を持っていってもこれまでお金を払ってくれたことはありません。そんな紙切れ、なんになるでしょう。

13ページを見せて そのうえ、兄さんは最後に残っていたオンドリのジョウをふたりで分けるために、大きな包丁で真っ二つにしました。

16~17ページを見せて そして、半分のオンドリを煮込み料理にして食べてしまいました。ステファヌは、残りの半分のオンドリを抱いて森の小屋へ行くと、

19ページを見せて かわいそうなオンドリの手当てをしてやりました。

『はんぶんのおんどり』

20～21ページを見せて するとオンドリは元気になって、一本の足ではやく走り、片方しかない羽ではばたき、半分のくちばしと半分ののどで、前よりずっと大きな、ずっとはっきりした声で夜明けを告げました。そのうえ、しゃべることもできるようになっていました。前よりいっそう頭の働きが活発になり、はっきりと意見を言うようになりました。

こうして、半分のジョウはステファヌのこのうえない友だちになり、いよいよ王さまからお金を返してもらいに、あの紙切れを持って出かけることにします。ステファヌは、半分のジョウに助けてもらって、王さまからお金をとり戻せるでしょうか？

■紹介した本

『**ふたりはともだち**』ローベル文・絵　三木卓訳　文化出版局

『**イップとヤネケ**』シュミット文　ヴェステンドルプ絵　西村由美訳　岩波書店

『**アンディとらいおん**』ドーハーティ文・絵　むらおかはなこ訳　福音館書店

『**すみれとあり**』矢間芳子文・絵　福音館書店

『**はんぶんのおんどり**』ロッシュ＝マゾン文　ほりうちせいいち絵　やまぐちともこ訳　瑞雲舎

■そのほかの本

『**マイケルとスーザンは一年生**』マリノ文・絵　まさきるりこ訳　アリス館

『**こぎつねコンとこだぬきポン**』松野正子文　二俣英五郎絵　童心社

『**こんにちは、バネッサ**』シャーマット文　ホーバン絵　小杉佐恵子訳　岩崎書店

『**コブタくんとコヤギさんのおはなし**』チトゥヴルテック文　にしむらあつこ絵　関沢明子訳　福音館書店

『エルマーのぼうけん』（低学年向け）

『エルマーのぼうけん』は〝幼年文学の古典〟で、子どもたちにぜひ読んでもらいたい本です。読んでもらえば、就学前の子でも楽しめますが、低学年の子どもが自分で読むとなると、文章量が多く、挿絵も白黒で少ないので、敬遠しがちです。ブックトークで紹介して読書のきっかけをつくってあげましょう。

何を持って出かける？

どこかに出かけるときには、何かに大事なものを入れて持っていきます。学校に行くときは、ランドセルに教科書やノートや鉛筆、連絡帳などを入れて出かけますね。お話の世界では、どこにどんなものを持っていくのでしょう。

■『エルマーのぼうけん』

1ページを見せて　男の子のエルマーは、年とったのらネコを家に連れて帰ります。

3ページを見せて　お母さんに捨ててくるように言われますが、エルマーは地下室でこっそりネコを飼うのです。ネコはエルマーに、どうぶつ島につかまっているかわいそうなリュウの子の話をしました。

『エルマーのぼうけん』

106ページを見せて リュウの子はそこで太い縄に縛られて、空を飛ぶ乗り物として使われているのです。エルマーはリュウの子を助けだそうと決心しました。

ネコはエルマーに、どんな荷物を持っていったらいいか、どうぶつ島でどうやってリュウを助けたらいいか、すっかり話して聞かせました。エルマーは、ネコに言われた荷物をリュックサックに詰め込みます。チューインガム・ももいろのぼうつきキャンデー二ダース・輪ゴム・ゴム長靴・磁石・歯ブラシと歯みがき・むしめがね六つ・よく切れるナイフ・くしとヘアブラシ・リボン七本・大きなからの袋……。ずいぶんふしぎな荷物ですね。こんな持ち物でほんとうにリュウを助けだせるのでしょうか?

71ページを見せて どうぶつ島のサイは、エルマーを角《つの》にひっかけて水につけようとしました。そのサイは、年をとったら角が黄色くなってしまったと嘆いています。そこでエルマーは、歯ブラシにチューブ入り歯みがきをつけて、一か所磨いてあげました。磨いたところだけ、真珠のように白く光っています。喜んだサイは、歯ブラシをひったくると、いっしょうけんめい磨き始めました。サイが夢中で角を磨いている間に、エルマーはサイのところを逃げだしたのです。

残りの荷物も、エルマーがリュウの子を助けだすのにとても役に立ちますよ。

■『ともだちいっぱい　リュックのりゅう坊1』

エルマーは、リュックサックに変なものをたくさん詰めてリュウの子を助けに行きますが、リュウの子がリュックサックをしょって出かけるお話もあります。

りゅう坊は、リュックが大好き。遊ぶのも大好き。

11ページを見せて いつもリュックをしょって遊びに出かけます。海に行く日はサンドイッチと水鉄

『ともだちいっぱい』

砲とバスタオルを詰めて。

14ページを見せて　ほら、海です。木の枝にリュックをかけて、水鉄砲を持って、海に飛び込みます。水鉄砲で水を飛ばしながら、ぐるぐるまわって、竜巻ごっこの準備です。竜巻ごっこに入れてほしくて、みんなが集まってきました。そら、りゅう坊が飛びあがります。

18ページを見せて　竜巻ごっこは大成功です！

お日さまのところに花火の種をもらいに行く日は、フライパンとホットケーキの素とサングラスを詰めて出かけます。さあ、今日は何をしに、どこへ、何を持って出かけるのでしょう？

■『もりのへなそうる』

変わった品物だけではなくて、ふつうのものを入れたリュックサックの話もしましょう。リュックサックに入れるもの？　そう、お弁当です。

表紙を見せて　『もりのへなそうる』に登場するふたりの男の子、お兄ちゃんのてつた君は五歳、弟のみつや君は三歳です。

15ページを見せて　ふたりはリュックサックにお弁当を入れて、野球帽をかぶって、ピストルを持って、森に探検に出かけます。森の中は薄暗くて何か出てきそうでした。**「そうが　でてきたら　どうしる?」**とみつや君が聞くと、お兄ちゃんは**「ぴすとるで、うっちゃうさ」**と言いました。**「らいおんが　でてきたら　どうしる?」「ぴすとるで、うっちゃうさ」**。ふたりは話しながらどんどん森の中へ入っていきました。そして、大きな大きな卵を見つけました。

24ページを見せて　赤と黄色のしまもようのきれいな卵です。この日はお弁当のサンドイッチを三つ

『もりのへなそうる』

ずつ食べました。でも、次の日は三つずつ持っていったおにぎりを二つずつしか食べられませんでした。なぜ？　卵から生まれた「へなそうる」に二つあげたからです。

46ページを見せて　ほら、これがへなそうるです。てつた君とみつや君とへなそうるは、森で楽しく遊びます。

59ページを見せて　へなそうるがリュックサックを頭にかぶって**「おにさんこちら」**。

66ページを見せて　へなそうるのしっぽにみつや君が、頭にてつや君が乗って**「ぎっこんばったん」**。

70ページを見せて　へなそうるの頭からしっぽまで滑り降りる**「すべりだい」**。

とっても楽しそうですね。ふたりは、毎日森へ行ってへなそうると遊びます。

■『はじめてのキャンプ』

もっとたくさんのものをリュックサックに入れて持っていった子がいます。

表紙を見せて　この女の子は、なほちゃんです。大きなリュックサックを背負っているでしょう？なほちゃんは小さい女の子ですが、大きい子たちが行くキャンプに**「わたしもいく！」**と言いました。**「わたし、おもいにもつ　もってあるけるし、ぜったい　なかない！　ごはんをたくまきだって　あつめられるし、くらくなっても　こわがらない！」**と約束してついていきます。

16ページを見せて　なほちゃんの重い荷物というのが、これです。寝袋・マット・雑巾・ティッシュ・着替え・新聞紙・洗濯バサミ・懐中電灯・軍手・コップやお皿の食器・タオルに歯ブラシ……。こんなにたくさん、なほちゃんのリュックサックに入っているのです。このほかにみんなの荷物として、ごはんをたく飯盒《はんごう》も持っていきます。だからこんなにたくさんの荷物なのです。さあ、なほちゃんは重

『はじめてのキャンプ』

い荷物を最後まで持っていけるかな？　泣かないかな？　まきは集められるかな？
この本を読むと、なほちゃんといっしょにキャンプに行ったような気分になります。

■『かしこいビル』

なほちゃんのリュックサックには荷物がいっぱい入っていましたが、この女の子のかばんも、いっぱいの荷物です。

読み聞かせをする

■『チャールズのおはなし』

なんでも入る便利な袋もあります。

表紙を見せて　男の子の名前はチャールズです。大きな青い袋を担いでいます。なんでも集めるのが好きなチャールズのために、おばあちゃんが作ってくれたのです。袋には白い字で「なんでもぶくろ」と書いてあります。チャールズは、ドングリや栗、バスのきっぷを集めたりしました。

9ページを見せて　あるとき、チャールズは松ぼっくりを集めました。チャールズは松ぼっくりをせっせと拾って青い袋に入れました。**「そんなにいっぱい、松ぼっくりをあつめてどうするの？」**と、お母さんも、お父さんも、牛乳屋さんも、郵便屋さんも、パン屋さんも聞きました。チャールズは答えました。**「わかんないや。でも、いつか、きっとやくにたつよ」**

ほんとうに役に立ったのです。さあ、どんな役に立ったと思いますか？

目次を見せて　この本には、チャールズのお話が十二も入っています。こんなに厚い本ですが、一つ

『かしこいビル』

『チャールズのおはなし』

一つのお話は短いので、すぐ読めますよ。

いろんな子が、たいせつな荷物をかばんに詰めて、いろんなところに行っていますね。さあ、みなさんは何を持ってどこに行きますか?

『エルマーのぼうけん』の本も、『ともだちいっぱい』の本も、続きがあります。続けて読むと、一冊だけ読むのよりもっとおもしろいので、続きも読んでみてください。

■紹介した本

『**エルマーのぼうけん**』R・S・ガネット文 R・C・ガネット絵 わたなべしげお訳 福音館書店

『**ともだちいっぱい リュックのりゅう坊1**』工藤直子文 長新太絵 文溪堂

『**もりのへなそうる**』わたなべしげお文 やまわきゆりこ絵 福音館書店

『**はじめてのキャンプ**』林明子文・絵 福音館書店

『**かしこいビル**』ニコルソン文・絵 まつおかきょうこ、よしだしんいち訳 ペンギン社

『**チャールズのおはなし**』エインズワース文 菊池恭子絵 上條由美子訳 福音館書店

■そのほかの本

『**ねこのオーランドー**』ヘイル文・絵 脇明子訳 福音館書店

『**なん者ひなた丸 ねことんの術の巻**』斉藤洋文 大沢幸子絵 あかね書房

『**ムッシュ・ムニエルをごしょうかいします**』佐々木マキ文・絵 絵本館

■コメント

子どもたちは、エルマーの一風変わった荷物が大好きです。一覧表にして使ったものを消していった子がいます。「こんなものが、こんなところで役に立つ!」という意外性がおもしろいのです。

空を飛びたい

■『エルマーのぼうけん』

空を飛んでみたいですか?

これは『エルマーのぼうけん』という本です。エルマーの望みも、空を飛ぶことでした。**「ぼくは、大きくなったら、ひこうきをもつよ。どこでもすきなところへ、とんでいけたらすばらしいじゃないか!」**と言うエルマーに、年とったのらネコは**「とってもとっても、そらをとんでみたいとおもいますか?」**と聞きました。エルマーは**「とびたいさ。とべるんなら、なんでもするよ」**と答えました。するとネコは、どうぶつ島につかまっているかわいそうなリュウの子の話をしました。

107ページを見せて　リュウの子はそこで太い縄に縛られて、空を飛ぶ乗り物として使われているのです。ネコが**「りゅうをたすけてやれば、きっとりゅうは、あなたを、せなかにのせて、どこへでもとんでってくれますよ」**と言ったので、エルマーはリュウの子を助けだそうと決心しました。でも、どうやってリュウを助けだしたらいいんでしょう?　どうぶつ島にはどうやって行ったらいいんでしょう?

ネコはエルマーにどんな荷物を持っていったらいいか、どうやってリュウを助けたらいいか、すっかり教えてくれました。エルマーは、みかん島行きの船にこっそり乗り込んで、船の底に積んである麦の袋の間にかくれました。みかん島は、リュウの子がつかまっているどうぶつ島の隣の島です。エルマーは見つからずにみかん島に着けるでしょうか?

表紙の裏の地図を見せて　これがエルマーの着いたみかん島で、こっちがリュウの子がつかまってい

『エルマーのぼうけん』

るどうぶつ島です。エルマーの通った道がちゃんとわかります。地図を見ながら本を読むと、とっても楽しいですよ。

115ページを見せて 最後のところでは、エルマーがリュウに乗って飛んでいます。このあとエルマーは、リュウに乗って空を飛んで家に帰るのです。そのお話は**『エルマーとりゅう』『エルマーと16ぴきのりゅう』**という続きの本に書いてあります。続きのお話ですから、この順番に読んでください。

■『ああ、たいくつだ!』

表紙を見せて 空を飛ぶのにいちばんいいのは、もちろん飛行機ですよね。『ああ、たいくつだ!』は、ふたりの男の子が自分たちで飛行機を作るお話です。

プロペラを見つけて降ろすページを見せて 何もすることがなくて退屈していたふたりが、納屋でプロペラを見つけました。本で飛行機の作り方を探して、飛行機を作り始めます。材料は、家にあるものを使いました。自動車のエンジンをはずして飛行機につけていますよ。ほんとうに飛ぶのでしょうか?

■『おばあさんのひこうき』

このおばあさんも飛行機を作ります。ただし材料が変わっていて、なんと毛糸なんです。

9ページを見せて おばあさんは編み物の名人です。どんな模様でもすらすら編むことができます。

24ページを見せて あるとき、蝶の羽の模様を編んでみようと思いました。蝶の羽の模様は今まで編んだたくさんの模様のなかでもいちばんの難しさです。

42ページを見せて いろいろ工夫して編んでいたら、毛糸がフワフワ浮きあがってきました。この模

『ああ、たいくつだ!』

『おばあさんのひこうき』

様に秘密があるにちがいありません。

57ページを見せて　おばあさんは、この模様で大きな羽を編んで竹に結びつけ、飛行機を作ろうと考えました。その飛行機で孫のタツオのところに行ってみようと思ったのです。さあ、おばあさんを乗せて飛行機は飛びあがるでしょうか？　毛糸の飛行機なんて、どうやって操縦するのでしょうね。

■『ルーピーのだいひこう』

飛行機が空を飛ぶのは当たり前ですが、この飛行機は、操縦する人がいなくても自分で空を飛ぶことができます。『ルーピーのだいひこう』の主人公ルーピーは小型飛行機で、毎日空を飛んでいます。

9ページを見せて　ルーピーは、飛行士の練習に使われる飛行機でした。

11〜15ページをゆっくりめくりながら　練習生は教官といっしょに乗ります。新米の練習生が上手になるまでに、ルーピーは何回もひやっとしました。「自分ひとりならもっと上手に飛べるのになあ、自分ひとりで飛んでみたいなあ」と、いつも思っていました。

44〜49ページを見せて　ある日、見せたがり屋の操縦者が乱暴な操縦をして、カミナリ雲に突っ込んでしまいました。操縦者は、ルーピーを見捨ててパラシュートで飛び降りてしまいます。このままでは、ルーピーは墜落してしまいます。

54〜59ページを見せて　ルーピーは夢中でひとりで飛んでみました。ルーピーはどうなるでしょう？

■『とびねこヘンリー』

ほかに空を飛ぶものは？　いろいろありますね。

『ルーピーのだいひこう』

『とびねこヘンリー』

表紙を見せて　これは気球です。空を飛びたかったネコのヘンリーは、お父さんが気球で空を飛ぶときにいっしょに乗っていきたいと思っていました。

表紙からゆっくりめくりながら　でも、お父さんは乗せてくれません。ヘンリーは、おとうさんがカメラをとりに降りたすきに気球にとび乗りました。このときヘンリーの爪がバーナーのコードに引っかかり、バーナーが点火してしまいます。気球は、ヘンリーだけを乗せて空に舞いあがりました。

ヘンリーは気球がすっかり気に入って、空を飛ぶことが楽しくてたまりません。しばらく楽しんでから、ヘンリーは降りようと思いました。でも、どうやって？　ヘンリーはどうしたら降りられるのか知りません。ヘンリーがコードを引っ張ってみると、バーナーがごうごういって、気球はもっと高くあがっていきました。コードを引くのはまちがいですね。では、次はどうやってみましょうか？　あ、気球が川に落ちそうです……。　川のところぐらいまでゆっくり見せる

■『たんぽぽ』

空を飛ぶのは、リュウや飛行機や気球ばかりではありません。植物だって空を飛ぶのです。

表紙を見せて　代表的なのはこれ、『たんぽぽ』です。

読み聞かせをする　たんぽぽのわたげをフーッと吹いて飛ばしたことがある人もいるでしょう。空を飛ぶお手伝いをしてあげたのですね。

さあ、いろいろな空の飛び方が出てきました。あなたはどうやって空を飛んでみたいですか？

『たんぽぽ』

■紹介した本

『エルマーのぼうけん』『エルマーとりゅう』『エルマーと16ぴきのりゅう』R・S・ガネット文　R・C・ガネット絵　わたなべしげお訳　福音館書店

『ああ、たいくつだ！』スピアー文・絵　松川真弓訳　評論社

『おばあさんのひこうき』佐藤さとる文　村上勉絵　小峰書店

『ルーピーのだいひこう』グラマトキー文・絵　わたなべしげお訳　学習研究社

『とびねこヘンリー』カルホーン文　イングラハム絵　猪熊葉子訳　リブリオ出版

『たんぽぽ』平山和子文・絵　福音館書店

■そのほかの本

『ひとまねこざるときいろいぼうし』レイ文・絵　光吉夏弥訳　岩波書店

『旅するベッド』バーニンガム文・絵　長田弘訳　ほるぷ出版

『SOS！あやうし空の王さま号』エリクソン文　フィオリ絵　佐藤涼子訳　評論社

『そらをとんだけいこのあやとり』やまわきゆりこ文・絵　福音館書店

■コメント

このブックトークでは、ほんとうに飛びたくて飛ぶ話を集めました。そのほかにも飛ぶつもりがないのにまちがって飛んでしまうという話もたくさんあります。

家出しちゃうから

家出してみたいと思ったことありませんか？　お母さんに怒られたとき？　お兄ちゃんとけんかしたとき？　今日は、家出した子のお話を集めてみました。

■『エルマーのぼうけん』

1〜3ページを見せて　エルマーは、つめたい雨の日に年とったのらネコに会って、家に連れて帰りますが、お母さんに怒られて、捨ててくるように言われます。でも、エルマーは地下室でこっそりネコを飼うのです。空を飛びたいというエルマーに、ネコはどうぶつ島につかまっているかわいそうなリュウの子の話をしました。

107ページを見せて　リュウの子は、そこで太い縄で縛られて、空を飛ぶ乗り物として使われているのです。エルマーは、リュウの子を助けだそうと決心しました。かあさんがネコを捨てるように言ったので、家出をする気になったのです。さあ、エルマーのぼうけんの始まりです。

ネコはエルマーに、どんな荷物を持っていったらいいか、どうぶつ島でどうやってリュウを助けたらいいか、すっかり話して聞かせました。エルマーはみかん島行きの船にこっそりもぐりこみ、船の底に積んである麦袋の間にかくれました。みかん島はどうぶつ島の隣の島です。

22ページを見せて　エルマーは「クランベリいき」と書いた空の麦袋に入って、袋の口を中から輪ゴムで閉じました。船員がこの袋をみかん島で降ろそうとして、この麦袋は変だ、と言っています。さあ、エルマーは無事にみかん島に降りられるでしょうか？　みかん島からどうぶつ島にはどうやって行ったらいいでしょう？

表紙の裏の地図を見せて　これがエルマーの着いたみかん島で、こっちがリュウがつかまっているどうぶつ島です。エルマーは、この「ぴょんぴょこいわ」を飛び石にして、どうぶつ島に渡ったのです。エルマーの通った道がちゃんとわかります。さあ、エルマーは無事にリュウの子を助けて、家に帰れるでしょうか？

『エルマーのぼうけん』

■『チムとゆうかんなせんちょうさん』

エルマーは、リュウの子を助けるために船で家出をしました。同じように船にこっそり乗って家出をしたのが、チムです。チムは海岸の家に住んでいて、船乗りになりたくてたまりませんでした。

5ページを見せて　仲よしのボートのおじさんに船のことをいろいろ教えてもらったり、

8ページを見せて　船長さんの家《うち》で話を聞いたりしました。でも、お父さんもお母さんも**「まだちいさすぎる」**と言って、チムが船乗りになることを許してくれません。そこで、チムはあるときこっそり汽船に乗って隠れていたのです。

18ページを見せて　見つかったチムは、船長のところに連れていかれました。船長は、**「おまえは、ただのりだから、そのぶんだけ　はたらかなければ　いかん」**と言って、チムに甲板の掃除をさせました。

20ページを見せて　つらい仕事でした。背中は痛いし、指はあれるし。チムは、家出したことを後悔しました。でも、コックにココアを一ぱいもらうと、また元気が出てきました。チムは、いろいろな仕事をいっしょうけんめい頑張ります。コックを手伝ってジャガイモの皮をむいたり、料理場を片づけたり、船長にご飯を運んだり、船員のズボンのボタンをつけたり……。

あるとき、嵐がやってきました。船は、船長さんは、チムは、どうなるのでしょう？

■『アルフはひとりぼっち』

そんなに遠くに逃げなくても、近くに家出をしたのが、ロバのアルフです。毎日いっしょうけんめい働いているのに、おじいさんもおばあさんもアルフのことを気にかけてくれません。

7ページを見せて　カナリアは、ただ歌をうたっているだけなのにごほうびをもらったり、優しい言

『チムとゆうかんなせんちょうさん』

『アルフはひとりぼっち』

葉をかけてもらったりするし、ネコは、好き勝手に遊んでいるだけでミルクをもらったりなでてもらったり。イヌは、なんにもしていないのにほめてもらいます。なのにアルフは、年がら年中仕事です。優しい言葉一つかけてもらえません。アルフは家出をすることに決めました。

でも、どこへ？　海を渡って遠いよその国へ？　いえいえ、隣町へ？　いいえ。もっと近くでもいいんじゃないかと、アルフは考えました。アルフは、屋根の上に家出したんです。

37ページを見せて　ほら、ここにアルフがいますよ。屋根の上から見ていると、みんながアルフのことを捜しています。

40ページを見せて　アルフが見つからないので、みんながさびしそうです。おばあさんは泣いています。さあ、アルフはどうするかな？

■『フランシスのいえで』

標題紙を見せて　屋根の上よりもっと近いところに家出したのが、このフランシスです。フランシスの家に赤ちゃんが生まれました。フランシスは、お姉ちゃんになったのです。

フランシスがリュックをしょって家出するところまでゆっくりページをめくりながら　でも、お姉ちゃんってつまらない。だって、お母さんは赤ちゃんのグローリアの世話に忙しくてフランシスのお気に入りの洋服にアイロンをかけてくれないし、フランシスの好きな干しぶどうを買いにいってもくれません。そこで、フランシスは家出をしました。どこへ？　食堂のテーブルの下に、です。お父さんとお母さんが話している声が聞こえてきます。

お父さんは、**「しかし、なんだねえ。フランシスがいないと、うちのなかがいつもとすっかりちがっ**

『フランシスのいえで』

てしまったかんじだねえ。」と言っています。お母さんも、「わたしも、いまちょうどそうおもっていたところ。あのこがいないとうちのなかががらーんとして、なんだかわすれものをしたみたい。グローリアでさえ、まだあんなにちいさいのに、それがわかるらしいですよ。」と言いました。

まだ、ほかにこんなことも言っています。お母さんは、「フランシスがいなければ、うちは、もううちじゃありませんわ。そりゃ、あかんぼうは、いいものですわ。だれがなんていったって、わたしは、あかんぼうがすきですよ。でもねえ、あかんぼうだけでは、うちというわけにはいきませんもの。」とか、「おぼえていらっしゃる、わたしがいつもいってたのを――『フランシスみたいなおねえさんをもって、こんどのあかちゃんは、なんてうんがいいんでしょう』って?」と言っています。お父さんは、「おぼえているとも。グローリアも、フランシスみたいに、かしこくて、いいこになってくれるといいねえ。」と言いました。

食堂のテーブルの下でこれを聞いていたフランシスは、「もしもし」と電話をかけているふりをしました。フランシスはうちに帰ることにするのでしょうか?

■『ごきげんなすてご』

赤ちゃんが生まれると、お姉ちゃんは家出をしたくなるのでしょうか? このお姉ちゃんも、赤ちゃんが生まれたので家出をします。『ごきげんなすてご』は、こんなふうに始まります。

さんかげつまえ おとうとが やってきた。／おとうとの かおは おさるだった。／おとうとは おさるのかおで いちにちじゅう ないていた。／ないてない ときは おっぱい のんでるか うんちしてるかのどっちか。／かわいくなんか ぜんぜん ない。／なのに、おかあさんは おとうとばっかり かわいがる。

『ごきげんなすてご』

／あたしのこと なんか ほったらかし。／「おかあさんは もう あたしなんて いらなくなったのね」／「はいはい」／「あたし どこか とおくで すてごに なっちゃうから」／「はいはい」／おかあさんの おゆるしが でたので、あたしは すてごに なることにした。

ダンボールの箱に「かわいいすてご」と書いて入り、いい人が拾ってくれるのを待つことにしました。

「あたし」がダンボールの箱に入っている絵のページを見せて

さあ、どんな人が拾ってくれるかな？「お金持ちで、大きなお屋敷に住んでいて、弟のいない人がいいなあ」と思っているのですが、そんなにうまくいくかしら？

イヌがくるページを見せて

イヌがやってきて言いました。「ぼく迷子なんです。だから新しいうちにもらわれようと思っているんですけど、仲間に入れてくれませんか？」。これでふたりになりました。どんな人が拾ってくれるかな？

ネコがくるページを見せて

そこにのらネコがきました。優しい飼い主と、おいしいご飯と、暖かい寝床をほしがっています。これで三人になりました。さあ、次は？

たくさんの家出のお話が並びましたね。みなさんも読んで、家出気分を味わってみてください。

■紹介した本

『エルマーのぼうけん』 R・S・ガネット文 R・C・ガネット絵 わたなべしげお訳 福音館書店
『チムとゆうかんなせんちょうさん』 アーディゾーニ文・絵 せたていじ訳 福音館書店
『アルフはひとりぼっち』 アネット文 ケロッグ絵 掛川恭子訳 童話館出版
『フランシスのいえで』 R・ホーバン文 L・ホーバン絵 まつおかきょうこ訳 好学社

『**ごきげんなすてご**』いとうひろし 文・絵　徳間書店

■そのほかの本

『**いたずらきかんしゃちゅうちゅう**』バートン 文・絵　むらおかはなこ 訳　福音館書店

『**ちびねこチョビ**』角野栄子 文　垂石眞子 絵　あかね書房

『**ちびうさいえで!**』ホース 文・絵　千葉茂樹 訳　光村教育図書

『**くまのビーディーくん**』フリーマン 文・絵　まつおかきょうこ 訳　偕成社

■コメント

物語のなかで、子どもたちはよく「家出」をします。ほんとうの家出も、家出ごっこもあります。このブックトークは低学年向けなので、本格的な家出と、子どもたちが共感しやすい「家出ごっこ」とを並べてみました。

『いたずらきかんしゃちゅうちゅう』のように、「家出」という言葉がなくても日々の暮らしから逃げ出す話も「家出」として紹介できます。

『がんばれヘンリーくん』（中学年向け）

ヘンリーは、いつも「何かおもしろいことはないかな」と思っているような男の子です。その希望どおり、次々と愉快な事件が起こります。ときには窮地に立たされることがあっても、最後は思いがけない幸福な結末に、ヘンリーも読者も思わずにっこり、満足します。『がんばれヘンリーくん』には続編が多数あり、とりあげるお話を変えればさまざまなテーマで使えます。

子どもがお金を稼ぐには

もし、とてもほしいものがあって、それがお小遣いでは買えないとしたら、どうしますか？　お父さんやお母さんにねだる？　貯金をおろす？　それでもだめだったら、あきらめる？

これから紹介するのは、自分で働いて、お金を稼いで、ほしいものを手に入れた子どもたちのお話です。どうやって稼いだのか、聞いてくださいね。

■『がんばれヘンリーくん』

ヘンリーは、小学校三年生。クリッキタット通りにお父さんとお母さん、イヌのアバラーと住んでいます。今、ヘンリーは大ピンチです。友だちの新しいフットボールをなくしてしまったからです。友だ

『がんばれヘンリーくん』

ちは、「ボールを買って返せ」と言います。値段は十四ドル三十六セント。ヘンリーが持っているお金は四十六セント。空き地で見つけた古い牛乳びんを三本売れば九セントになりますが、それだけではまだまだぜんぜん足りません。

夕方、ヘンリーは玄関の段々に腰かけて、お金を儲ける方法をあれこれ考えていました。すると、隣の家のおじさんが出てきて、芝生の水まき器を止めました。それから芝生の上をそっと歩いて、懐中電灯でパッと照らし、かがんで何かをつまむと、ビンの中に入れています。ヘンリーはおじさんに、「何をやっているの?」と聞きました。おじさんは、明日の釣りに使うミミズを捕まえているんだと教えてくれました。芝生にたっぷり水をやると、二十五センチもある大ミミズが出てくるから、明かりで照らして、地面にもぐりこまないうちにパッと捕まえるのです。もしヘンリーがミミズを捕まえてくれたら、一匹につき一セント払うとおじさんは言いました。もちろん、ヘンリーは喜んで引き受けましたとも。

97ページ9行目~99ページ1行目を読む

ヘンリーは、懐中電灯をつけてみました。（中略）**そこうするうちに、ヘンリーのつかまえたミミズは六十二ひきになりました。**

おじさんは、六十二セント払ってくれました。そして、今度の日曜日におおぜいの仲間と魚釣りに行くので、ミミズは何匹あっても足りないと言いました。ヘンリーは、**「いいよ、ぼく、何百ぴきでもとったげる」**と引き受け、お父さんとお母さんの許しを得て、土曜の夜に公園の芝生でとることになりました。ボールを手に入れるには、千三百十九匹のミミズを捕まえなくてはなりません。暗くなった公園の芝生を懐中電灯でパッと照らすと、いるわいるわ。ヘンリーはすばやく捕まえて、ビンに入れました。四百三十一、四百三十二、四百三十三……ヘンリーはミミズを見るのもいやになりました。

107ページを見せて 千百三匹目のミミズをビンに入れたとき、お母さんとお父さんがきて手伝ってくれました。おかげで、千三百十九匹のミミズがとれました。これで友だちにフットボールを買って返すことができます。そして、このあともっともっとすばらしいことが起こります。それが何かは、本を読んで、確かめてください。

『がんばれヘンリーくん』では、このほかに、イヌのアバラーをドッグショーに出したり、グッピーを飼ったらどんどん増えてしまったり、とても愉快なことが起こります。

■『ディック・ウイッティントンとねこ』

ヘンリーくんと同じように、働いて幸せをつかんだ男の子がいます。

該当の絵を次々見せて 昔、イギリスにディック・ウイッティントンという男の子がいました。お父さんもお母さんも早くに死んでしまい、ディックは村人から食べ物を恵んでもらって暮らしていました。あるとき、もっといい働き口がないかと、大都会のロンドンに行きました。そこで、金持ちの商人フィッツウォーレン氏の家に雇われます。けれども料理女にたたかれるし、夜はネズミが布団の上を走りまわるし、とてもつらい生活でした。

ある日、ひとりの男の人が靴磨きのお駄賃に一ペニーくれました。ペニーというのはお金の単位、日本でいえば〝円〟のことです。ヘンリーくんの住んでいるアメリカではドルとセントでしたが、ディックのいたイギリスではペニーといったんですね。

ディックは次の日、通りでネコを抱いている女の子を見かけ、そのネコを一ペニーで買いました。ネコがあっという間にネズミを退治してしまったので、ディックはぐっすり眠れるようになりました。

『ディック・ウイッティントンとねこ』

ところがディックは、せっかく手に入れたネコを手放さなくてはならなくなります。というのは、主人のフィッツウォーレン氏が、自分の船を商いの航海に出すことにしたからです。そして、召使いは全員、何か売るものを船に乗せるようにと言われました。お金も品物も持っていないディックは、ネコを出すしかありません。ディックは、涙ながらに、船長にネコをわたしました。

ディックのネコは、びっくりするほど高いお金で売れました。船が行った先にネズミがたくさんいて困っている国があり、その国の王さまが買ったのですよ。

■『黒ねこの王子カーボネル』

お金を稼いだのは、男の子だけではありません。『黒ねこの王子カーボネル』に出てくる女の子のロージーも、お金を稼ごうと思いました。

ロージーはお母さんとふたり暮らしです。今日から夏休み。お母さんはこれから三週間、毎日お屋敷に通って服の仕立てをしなければなりません。ロージーは、留守の間にお金を儲けて、夏休みが終わったときにお母さんをびっくりさせたいと思いました。そこで、よその家のお掃除とお皿洗いをすることに決めました。ロージーは、ほうきを買うために貯金箱からお金を出して、市まで歩いて行きました。

21ページを見せて　そして、市でおかしなおばあさんからほうきを買います。ほうきだけではなく、大きな黒ネコも買わされてしまいました。けれども、あとになってよく見ると、ほうきは木の棒に枝がくくりつけてあるだけで、とても役に立ちそうもありません。ロージーががっかりしていると、黒ネコが突然大きな声で言いました。**「きみは、きみが考えてるより、いい買いものをしたんだよ」**

というのは、おばあさんは魔女でしたが、魔女を辞めることにして、道具を売ったのです。だから、

『黒ねこの王子カーボネル』

ロージーのほうきは魔女のほうきで、それに触っているときだけは黒ネコと話せるのです。

29ページと30〜31ページを見せて

ロージーは、ネコに教わってさっそく魔女のほうきに乗って、空を飛んで、家まで帰りました。

黒ネコはカーボネルという名前で、ほんとうはネコの国の王子でした。ところが、小さいころに魔女にさらわれてしまったのでした。魔女は、カーボネルに「音なしの魔法」という魔法をかけていました。この魔法がとけない限り、カーボネルは新しい持ち主のロージーの奴隷でいなければならないし、王子としてネコの国に帰ることもできません。

ロージーは、カーボネルの魔法をとくために、夏休み中、大活躍します。途中で友だちになったジョンといっしょに、魔法をとくのに必要な道具を探したり、ほうきで空を飛んだり、カーボネルに教わって魔法を使ったり……。ロージーたちは「音なしの魔法」をとくことができるでしょうか？

■『はちうえはぼくにまかせて』

ロージーと同じように、夏休みに働いた男の子がいます。

読み聞かせをする

■『ピトゥスの動物園』

トミーは、近所の人からお金を稼ぎました。『ピトゥスの動物園』では、子どもたちが町中の人からお金を集めます。

このお話に出てくるおもな人たちを見せて

スペインのバルセロナに住む仲よしの男の子六人組のう

『はちうえはぼくにまかせて』

『ピトゥスの動物園』

ち、いちばん下のピトゥスが重い病気にかかりました。スウェーデンのえらいお医者さんでなければ治せません。町の人たちは、福引やチャリティコンサートをしてお金を集めましたが、まだ足りません。

11ページを見せて　そこで五人の子どもが集まって相談し、「ピトゥスのために動物園を作ろう」と決めます。遊び場の空き地を一日動物園にして町中の人に見にきてもらい、入場料を集めるのです。

24ページを見せて　まず五人は、町の子どもたちに協力を呼びかけました。

26〜27ページを見せて　そして、一人ひとり仕事を決めて働きます。

37ページを見せて　全員で空き地を掃除します。

41ページを見せて　ポスター班は動物園のポスターを作り、会場班は動物を入れる檻を作ります。

56ページを見せて　勇ましい格好のこの子たちは、何班だかわかりますか？　動物班です。これは、トカゲを捕まえに行くところ。

68〜69ページを見せて　ドブネズミを捕まえたり、

115ページを見せて　山へ行って野ウサギを捕まえたりと、大活躍です。そして、ピトゥスの動物園は大成功でした。

188〜189ページを見せて　どんな様子か、ちょっとだけ見せましょう。

■紹介した本

『**がんばれヘンリーくん**』クリアリー文　ダーリング絵　松岡享子訳　学習研究社

『**ディック・ウイッティントンとねこ**』ブラウン再話・絵　まつおかきょうこ訳　アリス館

『**黒ねこの王子カーボネル**』スレイ文　大社玲子絵　山本まつよ訳　岩波書店

『**はちうえはぼくにまかせて**』ジオン文　グレアム絵　もりひさし訳　ペンギン社

『**ピトゥスの動物園**』スリバス文　スギヤマカナヨ絵　宇野和美訳　あすなろ書房

■**そのほかの本**

『**金魚はあわのおふろに入らない!?**』ウィーブ文　しまだしほ絵　宮坂宏美訳　ポプラ社

『**ジョシィ・スミスのおはなし**』ナブ文　たるいしまこ絵　たていしめぐみ訳　福音館書店

『**すえっこメリーメリー**』ロビンソン文・絵　松野正子訳　大日本図書

『**やかまし村はいつもにぎやか**』リンドグレーン文　ヴィークランド絵　大塚勇三訳　岩波書店

■**コメント**

「子どもがお金を稼ぐには」というテーマは、子どもにとって大いに興味があると思います。しかし、日本の子どもの本にはこのような設定のものがあまり見つかりません。子どもがお金を稼ぐことが、日本人にはなじまないからでしょう。

魚

今日のブックトークは、飼っても楽しいし、食べてもおいしい「魚」です。

■『**屋根うらべやにきた魚**』

はじめの本は、海に住んでいる魚のお話『屋根うらべやにきた魚』です。

10～11ページを見せて　ぼくの家は、いかだの上にあります。船のように海に浮いているのです。ぼくの部屋は屋根裏部屋。このすべり台をすべって、海にとび込めるんです。ある晩、ぼくが屋根裏部屋から望遠鏡で外を見ていると、笑い声のような水音が聞こえました。

『屋根うらべやにきた魚』

25ページを見せて　望遠鏡でのぞくと、海の生き物たちがすべり台をすべって、チャポンチャポンと海におどりこんで、遊んでいました。タコ、カニ、貝、それにおかしな魚がいます。この魚には細い足がついていて、翼があります。ホウボウという名前で、六本の足で歩けて、声を出せて、水面を飛ぶこともできるすごい魚です。それから毎晩、ぼくは見張りを続け、次の満月の夜、また海の生き物たちがすべり台で遊んでいるのを見つけました。

33ページを見せて　その夜、物音がしたのでぼくが戸を開けると、そこにはホウボウがいて、**「こんばんは。おやすみのところを、すみません」**と言いました。**「どうしたの?」**とぼくが聞くと、魚は**「さむいんです」**と言いました。

魚は、自分はホウボウダイシと呼ばれている。すべり台で遊んでいるうちに浮き袋が壊れてしまい、泳げなくなったと話します。浮き袋というのは、魚の体の中にあって、これが壊れると泳げなくなります。そこでぼくは、ホウボウダイシがよくなるまで、屋根裏部屋においてやることにしました。

44ページを見せて　でも、このホウボウダイシは生意気で、本を読んだり、

59ページを見せて　学校へ行って勉強したいなんて言って、ぼくを困らせます。

■『がんばれヘンリーくん』

「ぼく」と同じように、魚の世話をした男の子がいます。アメリカの小学校三年生、ヘンリーです。ヘンリーは、クリッキタット通りにお父さんとお母さん、イヌのアバラーと住んでいます。

41ページを見せて　ある日、ヘンリーはペットショップで、グッピーのオスとメスを一匹ずつ買いました。金魚鉢の中では、銀色がかったネズミ色の魚と虹のような魚が追いかけっこをしています。ヘン

『がんばれヘンリーくん』

リーは、そっと金魚鉢を家に持って帰りました。お母さんは、かわいらしい魚ね、と言ってから、**「けど、ヘンリー、この黒い小さなものはなんなの?」**と聞きました。よく見ると、ちっちゃな魚の赤ちゃんが二十匹くらいいます。ヘンリーは、図書館で魚の本を借りてきて調べてみました。本には、一つの入れ物にあまりたくさん魚を入れてはいけないと書いてありました。そこで地下室から、お母さんがキュウリのピクルスを作るときに使う大きなビンを借りてきて、赤ちゃんを移しました。

ビンの中の赤ちゃんたちは、どんどん大きくなりました。何週間かたつと、金魚鉢のグッピーがまた赤ちゃんを産みました。ビンの中のグッピーたちも大きくなって、赤ちゃんを産みました。するとその赤ちゃんが大きくなって、またまた赤ちゃんを産みました。グッピーはどんどんどんどん増えて、ヘンリーは地下室からビンをせっせと持ってきました。

59ページを見せて 百万匹のグッピーのおかげで、ヘンリーの部屋はこんなありさま。毎日、ビン一つずつに餌をやるのにもすごく時間がかかります。水を替えるのは、もっとたいへん。お小遣いは、全部餌や藻に使ってしまいました。

ある日お母さんがアンズを三箱買ってきて、**「ヘンリー、地下室へ行って、びんづめ用のびんを二十ほど、とってきてちょうだい」**と言いました。地下室には、ビンは三つしか残っていませんでした。お母さんはヘンリーをじっと見て、**「おまえのへやへ行って、びんづめ用のびんを十七持っていらっしゃい。グッピーはみんな出してですよ」**と言いました。ヘンリーは、十七個のビンに入っている魚を他のビンに移し、台所へ持っていきました。お母さんは、毎年おいしい果物や野菜のビン詰めをたくさん作ります。もちろん、今年も。百万匹のグッピーは、これからどうなるのでしょう?

『がんばれヘンリーくん』では、このほかに、イヌのアバラーをドッグショーに出したり、ミミズとりでお小遣いを稼いだりと、とても愉快なことが起こります。

■『車のいろは空のいろ　白いぼうし』

『車のいろは空のいろ』

ヘンリーのグッピーのようにたくさんの魚がいても、海の中なら大丈夫。次に紹介する本には、海の魚が出てきます。

松井さんは、タクシーの運転手。今日も、海岸にそった道を走っていました。もう夕方です。釣り道具を持った男の人が乗ってきました。そして、「今日はたくさん魚が釣れた。なかに不思議な魚がいて、金色の筋が一本ついていて、ピカピカ光る」とうれしそうに話しました。

26ページを見せて　しばらく走っていると、松井さんは、前方に黒くてきらきら光るものを見ました。

28〜29ページを見せて　スピードを落とすと、魚が車の前を横切っていきます。魚たちは、車の周りを同じ方向に泳ぎ始めました。

28ページ1行目〜30ページ6行目を挿絵を見せながら読む

「かえせ　かえせ　かえせ（しゃぶ　しゃぶ　しゃぶ）かえせ　かえせ　かえせ」（中略）**そのさきが、するするっと、まどにむかってほどけました。あみのなかから一れつになったさかなが、ついついついとでていきだしました。**（中略）

そして、しまいに、なにもかも、きこえなくなってしまったのです。　31ページを見せる

気がつくと、松井さんの車はもとの道にいました。

松井さんのタクシーには、魚だけでなく、キツネや山猫やいろいろおかしなお客さんが乗ってきます。

■『おすのつぼにすんでいたおばあさん』

松井さんのタクシーに乗っていた金色の筋のある桃色の魚って、だれなんでしょう？　魚の王さまかもしれませんね。ここにも魚の王さまが出てきます。

むかしむかし、湖のそばに、おばあさんが住んでいました。おばあさんの家は、そのころお酢を作るのに使われていた石の壺とよく似た形をしていました。

11ページを見せて　ほら、こんな家ですよ。一階にはテーブルと椅子が一つずつ。お皿をしまう棚が一つ、揺り椅子もあります。料理はストーブで作ります。階段をのぼって二階に行くと、ベッドと枕もとにはろうそく立てがあります。おばあさんはきれい好きで、部屋にはほこり一つなく、窓はぴかぴかです。小さいけれど、住み心地がよさそうでしょう？　おばあさんは、この家にネコのモルトと暮らしていました。貧しくて、ときにはおなかいっぱいにならない日もありました。**「あとほんのちょっぴり、ましなくらしができたらありがたいが、でもまあ、こんなもんでじゅうぶんさ」**おばあさんはそう言って暮らしていました。

ある土曜日、おばあさんは、ゴミの中から六ペンス銀貨を見つけました。おばあさんは大喜びして、そのお金を持って湖に行き、漁師から小さな魚を買いました。魚を食べるなんて、ほんとうに久しぶりです。おばあさんは手の中に入れた魚を見つめました。魚はえらを開いたり、閉じたりして、苦しそう。おばあさんは我慢できなくなって、魚を湖にぽちゃんと投げ込みました。ネコのモルトは怒るし、漁師たちは笑うし、おなかはぺこぺこなのに、ばかなことをしたものです。

32〜33ページを見せて　そのとき湖にさざ波が立ち、あの小さな魚が顔を出して、

35ページを見せて　「おばあさん、あなたは、ほんとうに心のやさしいかたですね。わたしは魚のす

『おすのつぼにすんでいたおばあさん』

がたをしてはいますが、じつはこのみずうみをおさめている王なのです」と言いました。そして小さな魚は、おばあさんに、**「あなたののぞみを、すべてかなえてあげましょう」**と言います。でもおばあさんは、**「ほしいものは、なんにもございません」**と答えました。

それからおばあさんは、家に帰ってあれこれ考えました。そしてもう一度湖に戻ると、小さな魚を呼んで願いごとをします。**「あったかい夕はんを、めぐんではくださいませんでしょうか」**と。

42〜43ページを見せて もちろんその願いはかなえられました。次の日、おばあさんは別の願いごとを思いつきます。

52〜53ページを見せて 「ちゃんとした家に住まわせてください」と。おばあさんはそれだけで満足しませんでした。次の願いごとをして、それから次の願いごとをして、たくさんの願いごとをします。こんなことを続けていたらどうなるか、みなさんはもうおわかりですね。

■『ウナギのひみつ』

願いごとをかなえてくれる魚なんて、不思議ですね。そう、魚にはまだまだ私たち人間が知らない秘密があります。夏になるとよく食べるウナギも、知らないことの多い魚です。

読み聞かせをする

『ウナギのひみつ』

■紹介した本

『屋根うらべやにきた魚』山下明生 文　太田大八 絵　岩波書店

『がんばれヘンリーくん』クリアリー 文　ダーリング 絵　松岡享子 訳　学習研究社

『車のいろは空のいろ　白いぼうし』あまんきみこ 文　北田卓史 絵　ポプラ社

『おすのつぼにすんでいたおばあさん』ゴッデン文　なかがわちひろ絵・訳　徳間書店
『ウナギのひみつ』ウォレス文　ボストク絵　百々佑利子訳　岩波書店

■そのほかの本
『あたごの浦』脇和子、脇明子再話　大道あや絵　福音館書店
『金魚はあわのおふろに入らない!?』ウィーブ作　しまだしほ絵　宮坂宏美訳　ポプラ社
『子どもに語るグリムの昔話6』より**「漁師とおかみさんの話」**佐々梨代子、野村泫訳　こぐま社
『しりたがりやのちいさな魚のお話』ベスコフ文・絵　石井登志子訳　徳間書店

■コメント
『がんばれヘンリーくん』を二冊目に紹介した例です。魚のノンフィクションは『ウナギのひみつ』以外にもいろいろ出ているので、選んでください。

名前

今日のブックトークのテーマは、「自分のものなのに、他人がいちばんつかうもの」です。なーんだ？　これはイスラエルのなぞなぞで、答えは「名前」です（『なぞなぞの本』福音館書店より）。

■『がんばれヘンリーくん』
ヘンリーくんは、小学校の三年生。毎週水曜日にはバスに乗って水泳に行きます。ある水曜日のこと、ヘンリーは、水泳が終わるとお店でアイスクリームを買って食べていました。すると、一匹ののらイヌがそばにきて座りました。ヘンリーがアイスクリームをなめると、イヌもなめ、ヘンリーが飲み込む

『がんばれヘンリーくん』

と、イヌも飲み込みます。ヘンリーは最後のひと口をイヌにやりました。すると、イヌはヘンリーの後をついてきて、しっぽをブルンブルンとふりました。あばら骨が見えるほど、やせています。ヘンリーは、「このイヌ、飼えないかなあ」と思いました。もうずっと前から、イヌがほしい、イヌがほしいと思っていたのです。そうしたら今、ヘンリーのものになりたがっているイヌが見つかったのです。

「おいで、アバラー。こっち、こっち。おまえのこと、アバラーってよぶことにするよ。やせて、あばら骨が見えているからな」

ヘンリーはアバラーをバスに乗せて、家に連れて帰ることにしました。バスがきました。イヌを抱きあげて乗り込もうとすると、運転手は、規則でイヌは箱に入れなくては乗せられないと言います。

18ページを見せて ヘンリーはお店に行って大きな箱をもらい、アバラーを入れると、次のバスに乗ろうとしました。すると今度の運転手は、きちんとふたのしまる箱でなければいけないと言って、乗せてくれません。ヘンリーはまたお店に戻ると、今度は紙の大きなショッピングバッグを買いました。アバラーを袋の中に入れると、頭が袋からはみ出しています。大きな包み紙とひもをもらって、アバラーを紙で包み、ひもをかけました。今度は運転手さんに気づかれず、うまく乗り込めました。

ところが後ろの席に行くと、なんと友だちのスクーターがいました。**「そのふくろ、何が入ってんだ？」**と、スクーターはいじわるく聞きます。**「おまえにかんけいナイフにハサミ」**とヘンリーは答えました。けれど、ガサガサ音はするし、動くし、よそのおじさんまで、**「何がはいってるんだね？　いいじゃないか、教えてくれよ」**と話しかけてきます。そのうちアバラーは大きな声で吠えて、紙を引っかいて袋から飛びだすと、バスの中を駆けまわりました。おばさんが持っている袋からリンゴが飛びだし、車の中をごろごろごろごろ転がりました。男の人がホースを落として、そのホースがくねくねのびて、あっちでもこっちでもお客さんたちが尻もちをついて、バスは大混乱。
でも大丈夫、ヘンリーは最後にはちゃんとアバラーを家まで連れて帰ることができました。そして、アバラーがきてから、ヘンリーくんの身の上には愉快なことがたくさん起こりました。

■『火のくつと風のサンダル』

アバラーはすぐに太って、あばら骨は見えなくなりました。でも、名前はずっとアバラーです。名前って、そう簡単に変えることはできませんよね。でもここに、名前を変えた男の子とお父さんがいます。

7ページを見せて

チムは、靴直しのお父さんとお母さんと三人で暮らしています。チムは学校でいちばんのちびで、いちばんのでぶです。ほかの子どもたちにからかわれて、ちびででぶなのが悲しくなりました。そこで、お父さんから誕生日に何がほしいかと聞かれたとき、**「ぼくは、ぼくなのがいやになったんだ。ぼくは、ほかの男の子になりたいんだよ」**と答えました。するとお父さんは、**「ことしは、とくべつなおくりものをすることにしよう。おまえの組の子どもたちが、まだもらったこともないようなやつをね」**と約束してくれました。

誕生日の特別の贈り物ってなんでしょう。誕生日の朝、チムは寝巻きのまま台所に行きました。

27ページを見せて

そこには、誕生日のケーキと赤い子どもの靴と大人のサンダル、それから大きいリュックサックと小さいリュックサックがあるだけ。おもちゃなんかありません。これがプレゼント？

そうなんです。夏休みになったら、この新しい靴をはき、リュックサックをしょって、お父さんと二人で田舎に行くというのが、誕生日のプレゼントなんです。四週間も家に帰らないで、お父さんはあちこちの農家で靴直しをして、そのお礼に泊めてもらい、ふたりで広い世界を見てまわるのです。

『火のくつと風のサンダル』

31ページを見せて　チムは夢中になって、すぐに靴をはいて、リュックサックをしょって、お父さんと台所を歩きまわりました。

30ページ8行目～32ページ5行目を読む　**「止まれ！」と、急におとうさんが、さけびました。「もうひとつプレゼントがあるぞ。新しい名前だ」**（中略）**「風のサンダル！　風のサンダル！」といって、チムは、おとうさんのまわりをはねまわりました。**

夏休み、「火のくつ」と「風のサンダル」は、森や野原を歩きまわり、農家に泊めてもらいました。「風のサンダル」は、靴を直しました。「火のくつ」が川に落ちたり、森で迷子になったり、「風のサンダル」がおもしろい話をしてくれたり、楽しいことがうんとありました。

■『**おーい　ぽぽんた**』

火のくつチムのように名前を二つもっている人は少ないけれど、だれもが一つは名前をもっていますね。ほんとうはたんぽぽだって、もっているんですよ。「たんぽぽ」という詩を読みます。

たんぽぽ　川崎洋

たんぽぽが／たくさん飛んでいく／ひとつひとつ／みんな名前があるんだ／おーい　たぽんぽ／おーい　ぽぽんた／おーい　ぽんたぽ／おーい　ぽたぽん／川に落ちるな

■『**王さまと九人のきょうだい**』

たんぽぽたちは、それぞれおもしろい名前をもっていますね。『王さまと九人のきょうだい』に出てくる九人兄弟も、おもしろい名前をもっています。

『おーい　ぽぽんた』

『王さまと九人のきょうだい』

【該当の絵を次々見せて】 中国のお話です。昔、子どもがほしいと思っている夫婦がいましたが、年をとっても子どもは生まれませんでした。ある日、おばあさんがさびしくて、池のほとりに立っていると、池の中から老人が現れて、おばあさんに丸薬を九つくれました。この丸薬を一粒飲むと、子どもがひとり生まれるというのです。おばあさんはそれをもらって飲んでみましたが、赤ん坊は生まれません。待ちきれなくなったおばあさんは、あるだけ全部、丸薬を飲んでしまいました。すると、まもなくおなかが膨らんで、ある日突然、九人の赤ん坊が生まれたのです。そして、いつかの老人が現れて、子どもたちに名前をつけてくれました。その名前は、

【指差しながら】 **「ちからもち」「くいしんぼう」「はらいっぱい」「ぶってくれ」「ながすね」「さむがりや」「あつがりや」「切ってくれ」「みずくぐり」**というものでした。

さて、九人兄弟は、そろって大きくなりました。そして、この国をおさめている悪い王さまを退治します。どんなふうにかって？「くいしんぼう」は宮殿のお米を全部食べてしまうし、「ぶってくれ」は家来が力いっぱい棍棒でぶっても **「ああ、いいきもちだ！ もっと、ぶってくれ！ かゆいところを、かいてもらって、こんな、うれしいことはない」**と喜ぶし、王さまはどうすることもできませんでした。

■『番ねずみのヤカちゃん』

「ちからもち」とか、「くいしんぼう」とか、「あつがりや」とかは、名前を聞いただけで、どんな人かすぐわかるけれど、『番ねずみのヤカちゃん』と聞いて、どんなネズミだかわかりますか？

【6〜7ページを見せて】 あるところに、お母さんネズミと四匹の子ネズミがいました。子ネズミたちのうち三匹はおとなしくて静かな子でしたが、四匹目は元気で騒がしいので、「やかましやのヤカちゃ

『番ねずみのヤカちゃん』

ん」と呼ばれていました。

8ページを見せて こちらがネズミたちの家、こちらが人間たちの家です。ヤカちゃんたちは、人間の家の壁と壁の間に住んでいたんですね。

ある日、お母さんは子ネズミたちを集めて、「お前たちはもう大きくなったのだから、ひとりで暮らしていきなさい」と言って、三つの注意をしました。

10〜11ページの絵を指差しながら 人間に見つからないように、第一に、昼間外へ行ってはいけない、第二に、台所へ行ったら自分たちがいたという証拠を残さないようにきれいに片づけておく、第三に、これはいちばん大事なことだけれど、決して音を立ててはいけない。

12〜15ページを読む **「わかったかい?」とおかあさんは、いいました。**（中略）**（ほら、ね。これで、ヤカちゃんが、なぜ「やかましやのヤカちゃん」と、よばれるようになったか、わかったでしょう）**

ヤカちゃんは、お母さんやきょうだいが「**しーっ、しずかに!**」と注意しても、どうしても大きな声が出てしまいます。でも、こんな大声のヤカちゃんですが、その大声が役に立つ日がくるのです。

■紹介した本

『がんばれヘンリーくん』クリアリー文　ダーリング絵　松岡享子訳　学習研究社
『火のくつと風のサンダル』ウェルフェル文　久米宏一絵　関楠生訳　童話館出版
『おーいぽぽんた』茨木のり子他編　柚木沙弥郎絵　福音館書店
『王さまと九人のきょうだい』赤羽末吉絵　君島久子訳　岩波書店
『番ねずみのヤカちゃん』ウィルバー文　大社玲子絵　松岡享子訳　福音館書店

■**そのほかの本**

『**歌うねずみウルフ**』キング＝スミス文　杉田比呂美絵　三原泉訳　偕成社

『**だいくとおにろく**』松居直再話　赤羽末吉絵　福音館書店

『ヴァイノと白鳥ひめ』より「**ルンペルシュティルツヘン**」東京子ども図書館編　大社玲子絵　東京子ども図書館

『子どもに語るグリムの昔話　2』より「**ねことねずみのともぐらし**」佐々梨代子、野村泫訳　こぐま社

『**じゅげむ　落語絵本**』川端誠文・絵　クレヨンハウス

『**ナタリーはひみつの作家**』クレメンツ文　伊東美貴絵　田中奈津子訳　講談社

■**コメント**

短いブックトークなので、時間があれば『王さまと九人のきょうだい』を読み聞かせるか、『番ねずみのヤカちゃん』をはじめから15ページまで読んでもいいでしょう。

『長くつ下のピッピ』（中学年向け）

『長くつ下のピッピ』は、世界一強い女の子。大人に邪魔されずひとりで暮らし、自分のやりたいことをやって、おまけにスーツケースいっぱいの金貨も持っています。ピッピが日本に紹介されて四十年以上になりますが、昔も今も子どもたちの人気者です。一話ずつ独立したエピソードになっているので、いろいろなテーマのブックトークに使えます。

力持ちがいっぱい

■『長くつ下のピッピ』

だれも持てない重い荷物を持ちあげたり、大きいものを動かしたり、力持ちってすごいなって思うことがあります。お話の世界にもいろんな力持ちがいます。

表紙を見せて　スウェーデンの小さい小さい町に住んでいるのは、「長くつ下のピッピ」です。ごたごた荘という家に、たったひとりで住んでいる女の子、年は九歳、ほんとうの名前は「ピッピロッタ・タベルシナジナ・カーテンアケタ・ヤマノハッカ・エフライムノムスメ・ナガクツシタ」というんですけど、短くピッピと呼ばれています。にんじんそっくりの赤い髪の毛をピンとはねた二本のお下げにして、そばかすだらけの顔に大きな口。赤いつぎはぎのある青い服を着ています。長い両足には長くつ下

『長くつ下のピッピ』

をはいていますが、片方は茶色で、もう片方は黒でした。肩にはいつも、サルのニルソン氏がのっています。そう、これがピッピです。ピッピはたいした女の子でした。いちばんたいしたところは、なんといっても力持ちだということでした。

64ページと69ページを見せて　どれくらい力持ちかというと、世界中のどのおまわりさんがかかっても、とてもかなわないくらいです。ピッピが「持ちあげよう」と思えば、馬を一頭まるごとちょいと持ちあげることができます。

125ページを見せて　牛だって、ほらこのとおり、ひょいと持ちあげます。

164ページを見せて　サーカスの大男、大力アドルフだって、あっという間に倒すことができるのです。

世界一強い女の子、ピッピのお話を読むと、気持ちがスカッとします。『長くつ下のピッピ』の続きには、**『ピッピ船にのる』『ピッピ南の島へ』**の二冊があります。

■『せかいいち大きな女の子のものがたり』

さて、アメリカのテネシーというところにいるのは、アンジェリカという世界一大きな女の子です。どれくらい大きいのか、この本『せかいいち大きな女の子のものがたり』をちょっと見てみましょう。

7ページを見せて　赤ちゃんのときはこれくらい。二歳のときには、ひとりで丸太小屋を建ててしまいました。そして、

10ページを見せながら読む　**アンジェリカが 12さいの ある日、ほろばしゃが ぬまに はまって うごけなくなった。みんなが ほとほと こまりはてていた そのとき、きりの 中から あらわれたのが アンジェリカ。**（中略）**「なんて すごい！ あれこそ てんしだ！」 みんなは すっかり かんしんした。**

『せかいいち大きな女の子のものがたり』

そしてある年の夏、とてつもなく大きなクマがあちこちの村を襲って食糧を食べつくしてしまいました。クマの名前は「じごくのならずもの」。命知らずの男たちがこの「じごくのならずもの」をやっつけようとしましたが、みんな失敗。そこでアンジェリカの出番です。

18ページを見せながら読む **男たちは、みんな やられて、さいごに のこったのが アンジェリカ。**
（中略）**クマは、それはそれは おそろしい 声で グルルルと うなった。それから、川の中で くんずほぐれつの 大かくとうが はじまったって わけだ。**

20ページを見せて アンジェリカはクマをむんずとつかんで、空高く放り投げました。竜巻をふりまわして、クマをひっかけました。

27ページを見せて でも、クマもがんばります。闘いの結末は？ どうぞ、読んで確かめてください。

■『大力ワーニャの冒険』

男の子だって負けてはいません。この『大力ワーニャの冒険』を読んでみましょう。

むかしむかし、ロシアに住んでいたワーニャという男の子は、なまけものだけど気持ちのまっすぐな若者でした。十七歳になったとき、目の見えない不思議な老人から、「はるか遠くの国で、皇帝の冠がお前を待っている」と告げられます。

14ページを見せて そして、皇帝になるには「力を蓄えるために、七年の間パン焼きかまどの上に寝て、誰とも話さずなまけていなければならない」と、とんでもないことを言われます。

老人の言葉を守って、七年もの間ひまわりの種を食べ続け、かまどの上に寝ているうちに、ワーニャは信じられないくらいの大力を持つようになっていたのです。その力というのは、ふたりの兄さんを同

『大力ワーニャの冒険』

時に、しかもまるで綿毛でも放るみたいに高く投げることができるほど。

81ページを見せて　投げられた兄さんたちは、空中で六回も宙返りするくらいです。

ワーニャはこの力を使って皇帝の冠を目指し、冒険の旅に出かけます。

121ページを見せて　途中には、おそろしい怪物オッホや、悪い魔女のババヤガー、

193ページを見せて　神に呪われた白い山に住む石の騎士「龍の子フォーマ」が待ち構えているのです。

ワーニャは、はたして皇帝になれるのでしょうか?

■『ドングリ山のやまんばあさん』

もちろん日本にも、力持ちはいますよ。

表紙を見せて　「ドングリ山のやまんばあさん」です。どんなおばあさんなのか、最初のところを読んでみましょう。

6ページ1行目〜7ページ1行目を読む　**ドングリ山のてっぺんに、やまんばあさんという、一人の山姥が住んでいた。年は、二百九十六歳。それじゃあ、きっとヨボヨボだろうって? いやいや、ドングリ山のやまんばあさんときたら、オリンピック選手よりも元気で、プロレスラーよりも力持ちだった。**（中略）**隣り山に用事がある時には、やまんばあさんは、わざわざ山道を歩いていったりはしない。深い、ドキドキするほどけわしい谷間を、ぴょんとひとっ飛びに、飛びこしてしまえるから。**

9ページを見せて　やまんばあさんの家は、ドングリ山のてっぺんに生えている大きなクスノキの中。木の幹の中は意外に広いのです。

ある秋のこと、栗泥棒を捕まえるため、やまんばあさんはうんと力を出しました。

『どんぐり山のやまんばあさん』

69ページを見せて　こんなふうにです。大きなイノシシを捕まえて、頭の上に持ちあげましたよ。

そんなやまんばあさんが、人間の町にやってきたからたいへんです。

104～105ページのカラー挿絵を見せて　時計台のてっぺんでヤマンマンボを歌って踊っていると、たくさんの人が集まってきて大騒ぎ。おばあさんが時計台から降りられなくなったと勘違いして、街の消防隊がけたたましくサイレンを鳴らしてやってきました。やまんばあさんは、無事に山に帰れるでしょうか？

この本には、やまんばあさんの短い話が五つ入って一冊になっています。続きの本には『**やまんばあさん海へ行く**』などがあります。

■『**しもばしら**』

ところで、力持ちなのは人間だけではありません。私たちのまわりの自然を見まわすと、意外なところに力持ちを見つけることができます。

寒い冬の朝に土を持ちあげて顔を出している霜柱を見たことがありますか？　登校するとき、霜柱を踏んでいて、靴を泥で汚しちゃったことありませんか？

表紙を見せて　この本には霜柱がどうしてできるのか、霜柱の秘密がわかりやすく解説してあります。

15ページを見せて　もともとは、土の中の小さな水の粒だったのに、集まって氷になり、夜のうちにどんどん成長して、こんなに大きい石も持ちあげてしまうのです。私たちの足元に、こんな力持ちがいたなんてびっくりです。

22ページ以降を見せながら　この本には、みんなの家の冷蔵庫の冷凍室で霜柱を作る実験のやり方も

『しもばしら』

のっています。試してみたい人は、この説明をよく読んでチャレンジしてみてください。

気になる力持ちは見つかりましたか？　続きを知りたい人、自分で確かめてみたい人、どうぞじっくり手にとって読んでみてください。

■紹介した本

『長くつ下のピッピ』『ピッピ船にのる』『ピッピ南の島へ』リンドグレーン文　桜井誠絵　大塚勇三訳　岩波書店

『せかいいち大きな女の子のものがたり』アイザックス文　ゼリンスキー絵　落合恵子訳　冨山房

『大力ワーニャの冒険』プロイスラー文　堀内誠一絵　大塚勇三訳　瑞雲舎

『ドングリ山のやまんばあさん』『やまんばあさん海へ行く』富安陽子文　大島妙子絵　理論社

『しもばしら』野坂勇作文・絵　福音館書店

■そのほかの本

『アボカド・ベイビー』バーニンガム文・絵　青山南訳　ほるぷ出版

『ちからたろう』いまえよしとも文　たしませいぞう絵　ポプラ社

『王さまと九人のきょうだい』赤羽末吉絵　君島久子訳　岩波書店

■コメント

アンジェリカ、ワーニャ、やまんばあさん、いずれもピッピに負けないくらいの力持ちが集まりました。昔話ふうのおおらかなほら話のユーモアがあって、明るい雰囲気の本ばかりですから、元気に楽しく紹介したいものです。中学年でも本選びに慣れていない子どもたちなら、『せかいいち大きな女の子』を『アボカド・ベイビー』に替えて、一冊読み聞かせをしてもいいと思います。

※『長くつ下のピッピ』のように長く読みつがれている本は、古い本と新しい本で挿絵の位置が変わっていることがあります。お手許の本でページを確かめて使ってください。

誕生日――贈り物はなあに？

一年でいちばん待ち遠しい日はいつですか？　お正月？　クリスマス？　わたしはやっぱり誕生日です。誕生日は自分にとって特別な日で、楽しいことがいっぱい起こりそうですからね。

■『長くつ下のピッピ』

表紙を見せて　スウェーデンの小さい小さい町に住んでいる『長くつ下のピッピ』は、誕生日に自分でパーティーを開きました。というのもピッピは、ごたごた荘という家にたったひとりで住んでいて、なんでもひとりでできちゃうたいした女の子だからです。年は九歳、本当の名前は「ピッピロッタ・タベルシナジナ・カーテンアケタ・ヤマノハッカ・エフライムノムスメ・ナガクツシタ」というんですけど、短くピッピと呼ばれています。そう、これがピッピです。

ピッピは、自分の誕生日パーティーに、仲よしのトミーとアンニカを招待しました。ふたりに届いた招待状にはこんなふうに書いてありました。

229ページの手紙を読む　**「トミとアニカへ／あした、ごご、たんじょびパアチイします。トミとアニカは、ピッピのうちに、いらしゃい。きもの、どなものでもいい」**

学校に行っていないピッピが字を書くのにはとっても時間がかかったのですが、トミーとアンニカにはちゃんと意味が通じました。

ピッピが用意したパーティーはとっても素敵でした。かまどで火がぱちぱちと燃えて暖かく、テーブ

『長くつ下のピッピ』

ルにはピッピが自分で縫ったテーブルクロスがかけてあります。泡立てたクリームを入れたココア、お皿いっぱいの中国のお菓子や、味つけパン。そしてトミーとアンニカは、ピッピにオルゴールをプレゼントしました。するとピッピは、**「そうだわ！　あんたたちも、誕生日のプレゼントをもらわなくちゃいけないわ！」**と言います。**「でもね、きょうは、わたしたちの誕生日じゃないもの」**とふたりは言いましたが、ピッピはこう続けます。

238ページ13行目〜239ページ7行目を、挿絵を見せながら読む　**「そうよ。でも、きょうは、わたしの誕生日よ。だから、わたしが、あんたたちにプレゼントをあげても、いいわけでしょ？」**（中略）**「いいや、できるにきまってるよ」と、トミーがいいました。「ただ、ふつうは、あんまりやらないけど。でも、ぼくだったらプレゼントほしいな！」「わたしだって！」**アンニカもいいました。

そこで、トミーもアンニカも誕生日のプレゼントをもらうことになったのです。

世界一強くておまけにとっても優しい『長くつ下のピッピ』のお話の続きには、『**ピッピ船にのる**』『**ピッピ南の島へ**』の二冊があります。

■『ワニてんやわんや』

さて、プレゼントは何をもらってもうれしいはずですが、こんな贈り物だったらどうしますか？

表紙を見せて　この『ワニてんやわんや』に出てくる男の子、ボビーは、八歳の誕生日にワニの子どもをもらってしまいます。ワニを選んだのは、お兄さんのテディ。テディはいつも「おりこうさん」でよくできる弟を不満に思っていたんです。だから、弟を喜ばせるようなものはわざと選ばずに、みんなをちょっとびっくりさせてやろうと思いついたのが、ワニのプレゼントでした。弟が怖がったら、すぐ

『ワニてんやわんや』

にペットショップに返せばいいや、と思っていたのです。

ところが、予想に反してボビーは大喜び。誕生日のパーティーにきていた親戚みんながワニに夢中になって、餌をやりたがります。テディはあてがはずれてしまいました。おまけにお父さんには怒られるし、ボビーといっしょにワニの世話をさせられるし。ワニの餌にするため、レストランのごみ置き場から肉を集めることまでしなくちゃならなくなったのです。でも、ワニって普通のおうちで飼えるものでしょうか？　ワニのおかげで次々に騒ぎが起こります。てんやわんやで、どたばたの楽しい騒動の続きを、どうぞ自分で読んでみてください。

■**「しずくの首飾り」**（『しずくの首飾り』より）

ワニはやっぱり遠慮したいけれど、こんなプレゼントなら大歓迎です。それは、北風がくれるキラキラ光る雨粒のついた銀の首飾り。もらったのはローラという女の子で、北風はローラの誕生日のたびに雨粒を一つずつくれるのです。ローラはいつも首飾りをつけていましたが、不思議なことに赤ちゃんのときから雨にぬれることがありませんでした。少し大きくなると雷も稲妻もローラを避けていきます。八つめの雨粒をもらうと、広い海を泳ぎ渡ることができました。九つめの雨粒をもらってからは、手をたたいて雨をとめることができるようになりました。

ローラは北風のプレゼントの首飾りを大切にしていました。ところがある日、学校でこの首飾りをなくしてしまったのです。ローラの友だちのネズミや魚、イルカや鳥たちが首飾りを捜す手伝いをしてくれました。さあ、首飾りの行方は？　みんなはうまく見つけられるでしょうか。

表紙を開いて絵を見せながら　この「しずくの首飾り」というお話は、この本に入っています。ほか

『しずくの首飾り』

にも七つ、不思議で短いお話が入っていますよ。どのお話から読み始めても大丈夫です。

■『とびだすカード』

プレゼントは心をこめて贈りたいと思いますが、そんなとき手作りのカードにひとこと添えて書くと、気持ちが伝わります。さらに、ちょっと工夫したとびだすカードは素敵です。

表紙を見せて　もらったらきっと嬉しくなる『とびだすカード』の作り方を詳しく説明してくれるのがこの本です。まずできあがりの写真を見て、作るカードを決めましょう。少し厚めの色画用紙を用意して、マジックやはさみ、のりもそろえます。型紙がのっていますが、この上に薄い紙をのせて、形を写しとって使います。

26〜27ページのカードの実例を見せて　今日は、このクマとウサギのカードを作って持ってきました。内側にメッセージを書けば、手作りのとびだすカードのできあがりです。

『とびだすカード』

■『1ねんに365のたんじょう日プレゼントをもらったベンジャミンのおはなし』

誕生日のプレゼントは年に一度だけと決まっていますが、一年三百六十五日、誕生日プレゼントをもらってしまった主人公がいます。イヌのベンジャミンです。この本はその名も『1ねんに365のたんじょう日プレゼントをもらったベンジャミンのおはなし』です。毎日、誕生日プレゼントをもらうなんて、どういうことでしょう？　最初のところから読んでみましょう。

最初から29ページまで読み聞かせ　**ベンジャミンのたんじょう日は、4月6日です。きょうは、4月6日。ということは、ベンジャミンのたんじょう日です。ことし、ベンジャミンは、9さいに　なりま**

『1ねんに365のたんじょう日プレゼントをもらったベンジャミンのおはなし』

した。（中略）**すると、やねのうえに、ベンジャミンが　いるではありませんか。あんなところで　なにをしているのでしょう。みんなには、さっぱり　わけがわかりませんでした。**

さあ、10歳の誕生日に、ベンジャミンは屋根の上でいったい何をしているのでしょう？　お話の結末はどうぞ自分で確かめてみてください。

さて、読んでみたい本はありましたか？　みんなの今年の誕生日も、素敵な日になるといいですね。

■紹介した本

『長くつ下のピッピ』『ピッピ船にのる』『ピッピ南の島へ』リンドグレーン文　桜井誠絵　大塚勇三訳　岩波書店

『ワニてんやわんや』イェップ文　ワタナベユーコ絵　ないとうふみこ訳　徳間書店

『しずくの首飾り』より**「しずくの首飾り」**エイキン文　ピアンコフスキー絵　猪熊葉子訳　岩波書店

『とびだすカード』たしろこうじ文　ポプラ社

『1ねんに365のたんじょう日プレゼントをもらったベンジャミンのおはなし』J・バレット文　R・バレット絵　まつおかきょうこ訳　偕成社

■そのほかの本

『パディーの黄金のつぼ』キング=スミス文　パーキンス絵　三村美智子訳　岩波書店

『イグアナくんのおじゃまな毎日』佐藤多佳子文　はらだたけひで絵　偕成社

『火のくつと風のサンダル』ウェルフェル文　久米宏一絵　関楠生訳　童話館出版

■コメント

プログラムの中に実用書を入れると、物語の本を苦手にしている子にも興味をもってもらえます。工作や実験などの本は、実際に使える本かどうかを確認して選ぶことが大切です。できあがった作品を小道具として使うこともでき、紹介のアクセントになります。でも、あくまでも本の紹介が目的であることを忘れずに。プログラム全体のバランスを考えて上手に使いましょう。

遊びの本――こんな遊び、したことある？

■『長くつ下のピッピ』

友だちと遊ぶとき、おもしろいことを思いつく人が仲間にいると、とっても楽しくなりますよね。

表紙を見せて

スウェーデンの小さい小さい町に住んでいる「長くつ下のピッピ」は、次から次へと新しい遊びを考えつく、たいした女の子です。ピッピは、ごたごた荘という家にたったひとりで住んでいて、年は九歳です。ほんとうの名前は「ピッピロッタ・タベルシナジナ・ヤマノハッカ・カーテンアケタ・エフライムノムスメ・ナガクツシタ」というんですけど、短くピッピと呼ばれています。

ピッピは、友だちのトミーとアンニカといっしょに遊びます。ピッピはまず、「もの発見家」になりました。どんな遊びか、読んでみますね。

36ページ4行目～37ページ10行目を読む

「さあ、ぼくたち、なにするの？」トミーがききました。「あんたがなにをするつもりなのか、しらないけど、」とピッピはいいました。（中略）**トミーとアンニカは、これはすてきにゆかいそうだ、とおもって、じぶんたちももの発見家になりたい、といいました。**

もの発見家になったピッピが見つけたのは、ブリキの箱にちっちゃな糸巻き、そして芝生に寝そべっていたよそのおじさん。トミーとアンニカはきれいなノートと赤いサンゴのネックレスを見つけました。

それからピッピは、おまわりさんと鬼ごっこをしました。といっても、おまわりさんのほうは遊びにきたわけではなく、子どもひとりで住んでいるピッピを「子どもの家」に無理やり連れていこうとしたんですけどね。

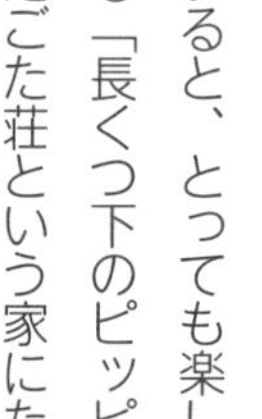

『長くつ下のピッピ』

64ページ3行目〜69ページ7行目を、途中の挿絵を見せながら読む

おまわりさんは、ピッピにちかよって、ピッピのうでをつかまえました。ところが、ピッピは、すばしっこくすりぬけて、おまわりさんを、かるく、ぽんとたたいて、いいました。「鬼さんこちら!」（中略）**「だめよ。これ以上、あそんでるひまはないのよ。たしかにおもしろいけど、もう、おしまい。」そういって、ピッピは、おまわりさんふたりのベルトをがっちりつかみ、ふたりをぶらさげて、庭の道をとおりぬけ、門をとおって、そとの道まではこんでいきました。**

それからピッピは「ゆかにおりません」という遊びもしました。これは、床にはちっとも足をつけないで、台所中をひとまわりする遊びです。流しから出発して、かまどへ、たき木箱から帽子棚、テーブルから椅子へと飛び移ります。すみの戸棚からもとの流しまでは何メートルも離れていますが、うまいぐあいにそこには馬がいます。馬の尻尾のほうからのぼって、頭のほうからすべり降りていくと、無事にもとの流しに戻れるのです。

世界一強くておもしろいことを思いつき、次から次へと事件を起こす『長くつ下のピッピ』の続きには、**『ピッピ船にのる』『ピッピ南の島へ』**の二冊があります。

■『プーあそびをはつめいする』

さて、新しい遊びを思いついたのはピッピだけではありません。

5ページを見せて　このクマのプーさんも、「プー棒投げ」という遊びを発明しました。

それは、最初に橋の上から二つの松ぼっくりを同時に落として、橋の反対側からのぞいたときどっちが先に流れてくるかをあてる遊びでした。といっても、プーが何かにつまずいて、持っていた松ぼっく

『プーあそびをはつめいする』

りを川に落としちゃったのが始まりなんですけどね。

9ページを見せて　松ぼっくりだとどっちがどっちだか見分けがつかないので、代わりに棒を投げるようになって、「プー棒投げ」という名前になったんです。

ところがある日のこと、プーとコブタとウサギたちが「プー棒投げ」をして橋の上から眺めていると、流れてきたのはなんとロバのイーヨーでした。

12ページを見せて　イーヨーは仰向けに浮かんで、川の流れの渦に巻き込まれてくるくるまわっています。さあたいへん。イーヨーを助けるため、プーは橋の上から大きな石を落としました。

17ページを見せて　石が落ちれば川に波が立つので、その勢いでイーヨーが川岸にあがれるのではないかと考えたのです。さあ、うまくいくでしょうか？

この『プーあそびをはつめいする』という絵本は、**『クマのプーさん』『プー横丁にたった家』**という本の中から一つひとつのお話を抜き出して作った絵本のシリーズです。

『クマのプーさん』巻頭の地図を見せながら　小さな男の子クリストファー・ロビンとクマのプーさん、コブタにイーヨー、ウサギなどの仲間たちが住む百ちょ森で、愉快な出来事が起こります。

プーが作る詩や歌を声に出して読んでみると、なんだかムズムズ楽しくなってきます。森の仲間たちのおしゃべりを聞いていると、くすくすっと笑いたくなっちゃいます。プーさんのお話をまとめて全部楽しみたいと思った人は、**『クマのプーさん』『プー横丁にたった家』**の二冊を読んでください。

■**『小さい水の精』**

水の中に住んでいる『小さい水の精』の遊びは、ちょっと大胆です。

『小さい水の精』

表紙の絵を見せて 水の精の男の子は、ぴかぴか光る魚の皮でできたズボンと、アシのような緑色の上着、長いふさのついた真っ赤な帽子、黄色い革の長靴を身につけています。水の精は、水車のある池の底に住んでいましたが、少し大きくなると水車ですべりっこする遊びを思いつきました。水車は水門から池の水をくみ出して粉をひくのに使うものです。でも小さい水の精はこんなふうにして遊びました。

100ページ2行目～12行目を読み、101ページの挿絵を見せる 読んでみましょう。

小さい水の精は、なんども、なんども、すべりました。その日も、つぎの日も、そのまたつぎの日も、ずーっとです。（中略）**いちばんのとくいわざは、両足を鼻の頭のところまで上げて、おしりからザーッと、樋《とい》をすべりおりることでした。ただ、見物人がひとりもいないのが、なんともざんねんでした。**

さらに、水の精は水の流れをもっと速くしようと、池の水門を開けることにしました。

95ページと109ページの挿絵を見せて 水門を開けた水の精は、まず水の流れにのってものすごい速さで木の樋《とい》をすべり、水車の輪に乗っかるとバシャッと下へ落っこちるのです。水の精は何度も何度もすべりました。水の精は**「わあい、さいこう!」**と思いましたが、水門を開けっぱなしにしておくと、池の水が干あがってたいへんなことになってしまいます。

111ページを見せて ついにお父さんに見つかって、二十五回もお尻をたたかれてしまったんですよ。

■『エルシー・ピドック、ゆめでなわとびをする』

水車のすべりっこは危険すぎて、私たちにはとてもまねできません。でも縄とびは、縄さえあればどこでもだれでもできる遊びです。縄とびにもいろいろ難しい技がありますよね。みなさんはこんな技を知っていますか？　高とび・するりとび・羽根のような軽とび・長とび・強とび・二度ぐるりぐるりと

『エルシー・ピドック、ゆめでなわとびをする』

び……。この技は、縄とび師匠の妖精が考えだしたものでした。

表紙を見せて　この妖精に見込まれて、夢の中で技を習ったのが、ケーバーン山のふもとに住む人間の女の子、エルシー・ピドックでした。ではどんな技だったのか、読んでみましょう。

夢の中で技を習うページの2行目から最後までを読む　**それからの一年間に十二度、エルシー・ピドックは、三日月の晩、夢のなかでおきあがり、ケーバーン山の頂上にのぼった。そこで、エルシーは、妖精たちの仲間に入り、なわとびについてのあらゆる秘術を学び、とうとう、どの妖精よりもじょうずにとべるようになった。**（中略）**二度ぐるりぐるりとびでは、つなが地面におちてくるまでに、とび手は、からだを二度、宙がえりさせなければならないのだが、エルシーは、その宙がえりを二倍にした。つまり、四度、宙がえりしたのだった。**

エルシー・ピドックは、このすばらしい技を使って、心配事をはねとばすとても素敵なことをします。

■『びゅんびゅんごまがまわったら』

表紙の絵を示しながら　縄とびやあやとりは、ときどき学校で大流行することがありますね。この本のかえで小学校では今、「びゅんびゅんごま」がはやっています。というのは、校長先生に遊び場の鍵をあけてもらうためなのです。一年生のこうすけが、骨を折ってしまい、危ないからと立ち入り禁止になってしまった遊び場。元のように遊べるようにしてくださいと校長先生に頼んだら、先生は、**「まわせるようになったら、たのみも　きこうじゃないか」**と言うのです。

該当ページのびゅんびゅんごまを持つ校長先生の挿絵を見せながら　こうすけたちは、びゅんびゅんごまをうまくまわすことができるでしょうか？

『びゅんびゅんごまがまわったら』

本の世界には楽しい遊びがいっぱい。気に入った遊びはありましたか？　お話を読みながら、実際にまねしてみるのも楽しそうですね。

■**紹介した本**

『**長くつ下のピッピ**』『**ピッピ船にのる**』『**ピッピ南の島へ**』リンドグレーン文　桜井誠絵　大塚勇三訳　岩波書店

『**プーあそびをはつめいする**』『**クマのプーさん**』『**プー横丁にたった家**』ミルン文　シェパード絵　石井桃子訳　岩波書店

『**小さい水の精**』プロイスラー文　ガイラー絵　はたさわゆうこ訳　徳間書店

『**エルシー・ピドック、ゆめでなわとびをする**』ファージョン文　ヴォーク絵　石井桃子訳　岩波書店

『**びゅんびゅんごまがまわったら**』宮川ひろ文　林明子絵　童心社

■**そのほかの本**

『**ふたりはなかよし**』コール、カルメンソン文　マンシンガー絵　吉上恭太訳　小峰書店

『**イップとヤネケ**』シュミット文　ヴェステンドルプ絵　西村由美訳　岩波書店

『**ぼくは王さま**』寺村輝夫文　和田誠絵　理論社

■**コメント**

本の中の遊びをたっぷり紹介するプログラムです。物語と長めの絵本が中心なので、少しボリュームがあります。聞きなれていない子どもたちが対象のときには、挿絵を多く、ゆっくりと見せるなど、工夫して実施するといいと思います。

『冒険者たち』（高学年向け）

読み応えのある日本の動物冒険物語で、二十年以上も読み継がれてきた一冊です。特に高学年の男の子に人気が高く、一気に読み通す子が目立ちます。一方、見るからに分厚い外見に阻まれて、手を伸ばせないままの子もいます。そんな定番の一冊を中心に紹介するプログラムには、骨太の物語が集まりました。夏休みなどの長い休みの前や、読書週間などにぜひ挑戦してもらいたいラインナップです。

作戦を立てよう！

みなさんは、作戦を立てるのは得意ですか？　どんなときに作戦を立てますか？　本の中の主人公たちは、いろいろな工夫をして作戦を考えていますよ。

■『冒険者たち』

17ページを見せて　『冒険者たち』の主人公ガンバは、町で暮らすドブネズミです。台所の床下の貯蔵穴で暮らしていました。とりあえず食べるものも寝る場所もあるし、落ち着いた暮らしでした。でも心のどこかでは、何か大きくて広いものに憧れていたのです。

ガンバの毎日は、船乗りネズミの集まりに参加した日から大きく変わりました。そこには一匹の島ネ

『冒険者たち』

ズミが助けを求めてきていました。「夢見が島」という島に住んでいるたくさんのネズミたちが、怖ろしいイタチの一族に襲われ、わずかな仲間が生き残って助けを求めているというのです。ガンバは初めて船に乗り込み、夢見が島を目指します。船乗りネズミや港ネズミ十五匹もいっしょです。リーダーに選ばれたガンバでしたが、仲間はひと癖もふた癖もあるネズミばかり。

68〜76ページを見せて　これは知識と論理を重視するガクシャ（69ページ左）。こちらはサイコロに運命を任せてきたイカサマ（71ページ右）。この二匹などは、最初からまったく意見が合いません。イタチとの闘いのために準備と作戦が必要だというガクシャ。確かなことは島に行ってみなければわからない、島についてからどっちに行けばいいかサイコロで決めればいいというイカサマ。

95ページを見せて　作戦会議はなかなかまとまりません。

112ページの挿絵を見せて　船は夢見が島に近づきました。十六匹を待っていたのは、怖ろしい白イタチのノロイに率いられたイタチの一族でした。ノロイは、さまざまな策略を練ってガンバたちを襲ってきます。ガンバとその仲間たちは知恵を働かせ、力をつくして戦います。力の強いもの、すばしっこいもの、詩を作るのが得意なもの、踊りの上手なもの……。ネズミたちは自分のできることを力の限りやり抜いて、イタチに立ち向かいました。ネズミとイタチの手に汗握る戦いは、一度読み始めたら途中でやめられなくなってしまうほどの迫力です。どうぞ、読んでみてください。

■『アナベル・ドールの冒険』

ガンバたちとは違って友だちと穏やかに話し合い、仲よく作戦を立ててから冒険を始めた女の子がいます。アナベル・ドール、八歳。小さいけれど勇気のある女の子です。

『アナベル・ドールの冒険』

口絵のドールハウスの絵を見せて といっても、アナベルは人形です。百年前にイギリスで作られた陶器製の人形で、美しいアンティークのドールハウスに、家族の人形たちといっしょに暮らしています。

じつは、人形たちは人間が見ていないところで動いているのを知っていましたか？　人形だって生きているのです。アナベルは、四十五年も前に姿を消したサラおばさんを捜すことにしました。

76ページを見せて 友だちのティファニーと、「ゆくえ不明者の捜索および発見に力をつくします隊」、略して「つくし隊」を結成したのです。そして週に二回、会合を開いて作戦を立てることにしました。まずは、サラおばさんが残した日記を読み直して手がかりを集めること。その手がかりを検討して、おばさんの居場所を突きとめるのです。でも、よくよく注意しなければなりません。動いているところを人間に見られたら「お人形状態」になって、二十四時間の間は体が固まって動けなくなってしまいます。そしてもし、人形界全体を危機にさらすようなバカなまねをしたら、「永久お人形状態」になって二度と動くことはできないのです。

178ページを見せて 小さなアナベルたちにとっては、人間だけでなくネコもとっても危険な存在です。

推理小説のような謎解きもわくわくする『アナベル・ドールの冒険』、どうぞ細かいところまでじっくり味わってください。

■『合言葉はフリンドル！』

30ページを見せて アメリカの小学校には、先生を相手にすごい作戦を立てた男の子がいます。ニック・アレン。リンカーン小学校の五年生です。ニックは次々におもしろいことを考えついて、それを実行してしまう子です。五年生になって、国語の授業は教師歴三十五年のベテラン、グレンジャー先生の

『合い言葉はフリンドル！』

担当になりました。

17ページを見せて

先生の決まり文句は、**「辞書をひきなさい！ 辞書はひくためにあるんです」**でした。そして、**「つづりを調べなさい。意味を調べなさい」**と繰り返し言うのです。さらにグレンジャー先生は、宿題を出すことでも有名でした。ニックは、「先生のペースにはまってしまうのはちょっとおもしろくないな」と思いました。そこで、ある作戦を立てたのです。

ニックは「ペン」という言葉のかわりに「フリンドル」という言葉を使うことにしました。たとえば教室で、**「ぼく、フリンドルを忘れました」**と言えば、「ペンを忘れた」という意味。文房具屋さんで**「青いフリンドルください」**というのは、「青いペンください」ということ。ニックと仲間たちは、こんな誓約書を書きました。

52ページの誓約書を読む

こうして、「フリンドル」はたちまち学校中に広まりました。でも、グレンジャー先生も負けてはいません。「フリンドル」という言葉を使った生徒は、放課後、学校に残って「わたしはこの反省文をペンで書いています」という文章を百回も書かされることになりました。さあ、戦いの始まりです。

表紙を見せて終わる

■『キャプテンはつらいぜ』

作戦を立ててやるものといったら、スポーツですね。どんな作戦を立てるかで勝敗も決まってきます。ところが、この『キャプテンはつらいぜ』の主人公、五年生の勇が入っている少年野球チームのブラック＝キャットは、いつも負けてばかりの万年ビリのチーム。じつは作戦どころではないのです。六年生

『キャプテンはつらいぜ』

たちは受験勉強で練習を休みがちだし、出てきても、いつもたらたらしています。頼りにしていたキャプテンは、「もう、うんざりだよ」と言ってやめてしまいました。行きがかり上、新しいキャプテンに選ばれてしまったのが勇でした。

11ページを見せて　やってやるぞ、ブラック=キャットを優勝させてやる！　と気合を入れた勇は、キャプテン心得帳を作りました。

53ページの心得帳を読む

ところが、またしてもピンチ。チームの五年生エース吉野君までも抜けると言いだしたのです。ピッチャーがいなくては野球になりません。**「キャプテンはつらいぜ」**とピッチャー探しを始めた勇は、はたしてブラック=キャットをまとめられるのでしょうか？

■『さがそう！　かくれる虫』

作戦を立てて戦っているのは、人間だけではありません。私たちの身のまわりの生物に目を向けると、ちょっとびっくりするような作戦が隠れています。

この『さがそう！　かくれる虫』という本は、昆虫たちが「擬態」という作戦で身を守っている様子を、写真で紹介しています。実際に見てみましょう。

4～5ページを見せて　「木の葉にかくれるムシはなんびき?」。ここには二十六匹も隠れています。コノハムシ、キリギリス、バッタなどは、葉っぱそっくりにまねて隠れます。

12～13ページを見せて　次は「木の幹にかくれる」です。ここにぴったりはりついて、幹の色に溶け込んでいますね。

『さがそう！　かくれる虫』

20～21ページを見せて　続いて「枯葉にかくれるムシはなんびき?」。ここには二十二匹隠れています。生きているのに枯葉そっくりの形や色で、身を守っています。このアケビコノハとエグリヒメカゲロウは、日本にすんでいる昆虫です。

というふうに、この本にはまず大きな写真があって、次のページに答えと解説が載っていますから、クイズをするように楽しみながら、虫たちのかくれんぼ作戦を知ることができます。うしろに、昆虫の名前から引ける索引もあります。ただし、この本ではクイズにするために、一枚の写真に世界各地の昆虫をはめ込んで作っています。背景もコンピュータで合成したものだそうです。この写真を見て興味をもった人は、同じ作者が書いた『**昆虫たちの擬態**』も合わせて見てください。

40ページ、62ページを見せる　こちらでは、さっきの幹に溶け込む昆虫や葉っぱのまねをする昆虫を、一つひとつの写真で紹介しています。とりあげた種類も多く、解説も詳しくなっています。

今日紹介した物語の本には続きもあります。『冒険者たち』には『**ガンバとカワウソの冒険**』が、『アナベル・ドールの冒険』には『**アナベル・ドールと世界一いじのわるいお人形**』が、キャプテンシリーズには『**キャプテン、らくにいこうぜ**』と『**キャプテンがんばる**』があります。気にいった話があったら、どうぞ続けて読んでみてください。

『昆虫たちの擬態』

■紹介した本

『冒険者たち』『ガンバとカワウソの冒険』 斎藤惇夫 文　薮内正幸 絵　岩波書店

『アナベル・ドールの冒険』『アナベル・ドールと世界一いじのわるいお人形』 マーティン、ゴドウィン文　セルズニック絵　三原泉 訳　偕成社

『合言葉はフリンドル！』クレメンツ文　笹森識絵　田中奈津子訳　講談社
『キャプテンはつらいぜ』『キャプテン、らくにいこうぜ』『キャプテンがんばる』後藤竜二文　杉浦範茂絵　講談社
『さがそう！　かくれる虫』海野和男文・写真　偕成社
『昆虫たちの擬態』海野和男文・写真　誠文堂新光社

■そのほかの本
『ふたりのロッテ』ケストナー文　トリアー絵　池田香代子訳　岩波書店
『シャーロットのおくりもの』ホワイト文　ウィリアムズ絵　さくまゆみこ訳　あすなろ書房
『エドウィナからの手紙』ボナーズ文　ナカムラユキ絵　もきかずこ訳　金の星社

■コメント
命をかけた「作戦」から、捜索隊の「作戦」、スポーツの「作戦」、学校での見事な「作戦」と、さまざまな「作戦」が登場します。四冊の物語は、いずれも充実した満足感が得られるものばかりですが、話の雰囲気は異なります。表紙や挿絵をよく見せながら、それぞれの「柄」をうまく伝えられると、子どもたちも、自分に合った作品が選びやすくなるでしょう。続編があるものは、次の読書にもつながります。最後に登場する虫の擬態の二冊は、写真を見るだけでも興味のわく本です。昆虫好きの男の子にも人気です。同じ著者によるものですが、編集のコンセプトにそれぞれ特徴がありますから、その違いに触れながら、両方をいっしょに紹介できるといいと思います。

島をめざして

■『宝島』
私たちの住んでいる日本には「日本列島」と呼ばれるくらい、たくさんの島があります。本の世界にもたくさんの島が登場しますが、なかでも有名なのが『宝島』です。

『宝島』

表紙と島の地図を見せて　どこにあるのか今も秘密ですが、その名前は世界中で広く知られています。

17ページを見せて　島の地図には、はっきりと宝のありかが書かれています。その宝は、極悪非道の海賊フリント船長が埋めたものです。この宝島の地図を手に入れたのがこの少年、ジムでした。地図は、お父さんとお母さんが働く宿屋に泊まっていた、元船乗りの老人が隠し持っていたものでした。ジムは信頼できるお医者さんに相談し、宝探しの準備を整え、帆船に乗り込みました。地図さえあれば絶対成功するはずだった海の冒険。ところが、頼りにしていた船員たちがじつは宝を横どりしようとする海賊たちだったのです。なかでもいちばん恐ろしいのが、悪名高き片足の海賊、ジョン・シルバー。

301ページを見せて　でも、いつも肩にオウムを乗せているジョン・シルバーは、ジムに船のことをいろいろと教えてくれる優しい料理番だったので、みんなはその正体にまったく気づかなかったのです。やがてジョン・シルバーは反乱を起こし、宝を奪おうとします。海賊の不気味な歌が聞こえてきます。

243ページと246ページの歌を読む　**「残ったやつはひとりきり、海に出たのは七十五人」「死人の箱に十五人ーとくらあ／ほーれ、それからラム酒が一本よう！／残りを殺《や》ったな、酒と悪魔だー／ほーれ、それからラム酒が一本よう！」**

ジム少年は勇気と決断力で海賊たちと対決します。最初のところをゆっくり読み始めれば、続きはどうなるのかなとハラハラドキドキ。最後まで読んでいけます。冒険の数々をどうぞ読んでみてください。

■『冒険者たち』

表紙を見せて　『冒険者たち』でネズミたちがめざしたのは「夢見が島」という美しい名前の島でした。

17ページを見せて　主人公のガンバは、町で暮らすドブネズミです。人間が食べ物をしまっておく床

『冒険者たち』

下の貯蔵穴で暮らしていました。とりあえず食べるものも寝る場所もあるし、落ち着いた暮らしでした。でも心のどこかでは、何か大きくて広いものに憧れていたのです。ガンバの毎日は、船乗りネズミの集まりに参加した日から大きく変わりました。

そこには、一匹の島ネズミが助けを求めてきていました。夢見が島に住んでいるたくさんのネズミたちが、怖ろしいイタチの一族に襲われ、わずかな仲間が生き残って助けを求めているというのです。ガンバは、十五匹のネズミたちといっしょに船に乗り込み、夢見が島をめざします。

112〜113ページを見せて　ガンバは生まれて初めて海を見ました。海は広く、水平線に昇る太陽の美しさに、ガンバは息をのみます。

110ページ12行目〜111ページ1行目を読む　**……ガンバの目に、進行方向、はるか遠くが、夜の闇の中、かすかに白みかけているのが映りました。**（中略）**太陽は早い速度で色を濃くしながらのぼり、やがてその姿全体が水平線上に出ると、朝焼けはおわり、あたりはすっかり明るくなりました。**

美しい海と夢見が島。けれども、そこでみんなを待っていたのは、イタチの一族との命をかけた戦いと冒険だったのです。

■『シンドバッドの冒険』

表紙と見返しを見せて　昔々のお話には、不思議な島が登場します。この『シンドバッドの冒険』は、アラビアの古いお話です。まずは物語の成り立ちから読んでみましょう。

最初のページから読む　**むかしむかし、信じていたお妃に裏切られて、女という女を憎むようになった王さまがいました。王さまは毎日、若い娘をつれてこさせては妃にし、翌朝になると首をはねさせま**

『シンドバッドの冒険』

した。（中略）**王さまは、書記と職人たちを呼び集め、シェヘラザードが語ってくれた物語を書き取らせ、色あざやかな絹のじゅうたんに織りこませました。**

シェヘラザードが王さまに語った物語の一つ、船乗りシンドバッドの物語を読んでみましょう。

巻頭のシンドバッドの絵を見せて　これがシンドバッドです。

わたしの父はバグダッドでも指おりの金持ちでした。父がなくなって、大きな財産と領地を手にしたとき、まだ若かったわたしは、それを湯水のように使って、ぜいたくな暮らしをはじめました。（中略）**わたしたちが上陸した島は、島ではなくて、海に浮かんだ大きなクジラの背中だったのです。長いあいだに、そこに砂がたまり、木がはえていたのでした。ところがそこで火が燃えだし、わたしの短剣が突き刺さったのですから、たまりません。クジラは目をさまし、怒りくるって、大暴れをはじめたのです！**

クジラの島の絵を見せて

さあ、続きはどうなるでしょう。この絵本には続きもあります。シンドバッドは七回も冒険の旅に出ていますし、シェヘラザードが王さまに語った物語は、シンドバッドが出てくるものだけではありません。その全部を読んでみたい人は、こちらの『**アラビアン・ナイト**』で味わってみてください。

■『ムーミン谷の仲間たち』

クジラの島も見てみたいですが、珍しい生き物が集まる島もおもしろそうですよ。

189ページの「ニョロニョロのひみつ」の扉絵を見せて　この生き物、みなさんは知っていますか？

名前はニョロニョロといいます。小さな青白い生き物で、しゃべらず、感情も持たず、人のことは気に

『アラビアン・ナイト』

『ムーミン谷の仲間たち』

しません。ニョロニョロは、ムーミンの物語に登場します。

101ページのムーミンの絵を見せて　ムーミンを知っていますか？　カバじゃありませんよ。ほんとうの名前はムーミントロールといい、ムーミンママとムーミンパパと一緒にムーミン谷に住んでいます。

巻頭の地図を見せて　これがムーミン谷の地図です。ここを舞台にしたムーミンの物語はたくさんありますが、その中にこのニョロニョロの島が出てくる「ニョロニョロのひみつ」という話があります。

あるとき、ムーミンパパは家族になんの説明もせず家を飛びだし、三人のニョロニョロと舟に乗り込んで海に出ました。ムーミンパパは、いつも同じことばかりの毎日がいやになり、自由な生き方をしているニョロニョロに憧れていたのです。ニョロニョロたちはひとこともしゃべらず、島から島へと舟を進めます。読んでみましょう。

210ページ12行目〜212ページ2行目を読む　**島にはいろんな種類のがあるけれど、遠くにある小さい島というものは、みんな例外なしに、さびしくてかなしいものです。風が四方からふきつけるし、黄色い月はみちてはまたかけていくし、海は夜ごとに石炭みたいに黒くなります。**（中略）**（ニョロニョロたちには、なにか考えがあるんだ。それはほかのなにものよりも、かれらにとって、たいせつなものなんだ。それをつきとめるまで、ぼくはついていくぞ）こう、ムーミンパパは思いました。**

さらに進んでいくと、もやの中から次々にボートが現れます。乗っているのはニョロニョロばかり。七人乗ってるの、五人の、十一人の、ひとりだけのもあります。ニョロニョロたちは寂しい浜辺にボートを着けると、お互いにおじぎをしあっています。やがてニョロニョロは、島の中央に集まりました。その場面を読んでみましょう。

219ページ1行目〜4行目を読む　**ニョロニョロたちは島の中央にあつまりました。みんなはあらしを**

まえにした海鳥そっくりに、夕立雲をまちうけて、南に顔をむけています。そうして、ひとりまたひとりと、いなずまが光るたんびに、小さい電球みたいに光りはじめたのでした。まわりの草も、電気でパチパチいいました。

続いて219ページ11行目〜14行目を読む だしぬけにニョロニョロたちが両手を蛾の羽のようにひらひらさせはじめました。みんな、からだをゆすったり、おじぎをしたり、おどったりしています。さびしい島の上に、蚊の鳴くようにかぼそい歌がたちのぼりました。ニョロニョロのさけび声でした。びんの口を風がふくような、さびしい、うったえるような音です。

221ページを見せて 雷が鳴ると、電気を帯びて光るニョロニョロ。その姿を見てムーミンパパは、大切なことに気づきました。そして自分自身の考えを取り戻したのです。それが何かは、この本をじっくり読んで考えてください。

ムーミンは、ぬいぐるみやおもちゃになったり、コマーシャルにも出てくるので、姿を見たり名前を知っている人も多いと思います。でもムーミンのお話は、じつはどれも静かな雰囲気で、不思議な世界が舞台です。最初は少し難しいかもしれません。一つ大きく深呼吸してから読むといいと思います。

■『時間《とき》の森　屋久島』

ムーミンはフィンランドの自然の中に住んでいますが、日本にも自然がいっぱいの島があります。屋久島です。この美しい写真の本『時間《とき》の森　屋久島』を最後に紹介しましょう。

見返しの写真を見せて 屋久島は鹿児島県の南南西、約六十キロメートルの海の上にある島です。面積は約五百平方キロメートル。空から撮った写真で見ると、このように丸い形をした島です。島には千

『時間の森　屋久島』

八百メートル以上の高い山がいくつか連なり、深い森が続いています。一年間に降る雨の量がとても多く、森の中には恵みの水に育てられたさまざまな生き物が暮らしています。木々は長い年月をかけて大きく育ち、千年をこえて生きてきたと思われる巨大な樹は「屋久杉」と呼ばれています。

標題紙の次の屋久杉の写真を見せて、中盤の屋久杉を解説するページを読む　**屋久杉とよばれるようになった杉は、たくさんの植物をからだにまとっている。／19種類もの植物が幹からそだっているものもあるくらいだ。／じぶんのいのちとほかのいのちと一体となって、はるかな時間《とき》をきざみつづけてきた杉に、／心をこめて「屋久杉」とちがうよび名でよんだのだろう。**

続くページから、縄文杉に続く写真を見せていく　なかでも、七千二百年以上生き続けてきたと思われる杉の樹があります。縄文杉です。日本にもこんな島があることを知ると、なんだかゆったりした嬉しい気持ちになります。少し難しい言葉も出てくる本ですが、興味をもった人は、写真の細かいところまでゆっくり見てください。

■**紹介した本**

『**冒険者たち**』斎藤惇夫文　薮内正幸絵　岩波書店

『**宝島**』スティーブンソン文　佐竹美保絵　金原瑞人訳　偕成社

『**シンドバッドの冒険**』ゼーマン文・絵　脇明子訳　岩波書店

『**アラビアン・ナイト**』上・下　ディクソン編　キデルモンロー絵　中野好夫訳　岩波書店

『**ムーミン谷の仲間たち**』ヤンソン文・絵　山室静訳　講談社

『**時間《とき》の森　屋久島**』山下大明文・写真　そうえん社

■**そのほかの本**

『ムギと王さま　本の小べや1』より**「貧しい島の奇跡」**ファージョン文　アーディゾーニ絵　石井桃子訳　岩波書店

『ツバメ号とアマゾン号』ランサム 文・絵　岩田欣三、神宮輝夫 訳　岩波書店
『この湖にボート禁止』トリーズ 文　ケネディ 絵　多賀京子 訳　福音館書店

■コメント

『宝島』『アラビアン・ナイト』と『冒険者たち』を組み合わせた、かなり読み応えのある骨太なプログラムです。ただし、数ある『宝島』の中から比較的手にとりやすい偕成社文庫の版を選び、アラビアン・ナイトも、壮麗な雰囲気の絵が美しい絵本スタイルの一冊『シンドバッドの冒険』を選びました。高学年向けのプログラムですが、できるだけ読み聞かせる部分も多くとってみました。『ムーミン』シリーズは、知名度の割には実際に読んだことのある子は少なく、図書室の本棚でじっとしていることが多いのではないでしょうか。独特の雰囲気を伝えるのは難しいですが、本文をそのまま紹介することで、物語のイメージを伝えられればと思います。最後の写真集は、美しく力強い写真を、ゆっくりと見せていきます。

仲間がいっしょなら

■『冒険者たち』

みなさんには「仲間」と呼べる人がいますか？「仲間」って、いっしょに何かをする人。ゲームや遊びやスポーツをいっしょにする「仲間」。「仲間」は「友だち」よりも、もっとつながりが強い感じがします。仲間といっしょなら、いろんなことができそうです。

17ページを見せて　この物語の主人公ガンバは、町で暮らすドブネズミです。人間が食べ物をしまっている床下の貯蔵穴で暮らしていました。とりあえず食べるものも寝る場所もあるし、知り合いのネズミもいるし、落ち着いた暮らしでした。でも心のどこかでは、何か大きくて広いものに憧れていたのです。ガンバの毎日は、船乗りネズミの集まりに参加した日から大きく変わりました。

『冒険者たち』

そこには、一匹の島ネズミが助けを求めてきていました。夢見が島に住んでいるたくさんのネズミたちが、怖ろしいイタチの一族に襲われ、わずかな仲間が生き残って助けを求めているというのです。ガンバは初めて船に乗り込み、夢見が島をめざします。船乗りネズミや港ネズミ十五匹もいっしょです。

68~76ページを見せながら　知識と論理を重視するガクシャと、先のことをよくよく考えたって始まらない、すべてはサイコロの運まかせというイカサマ。走るのがとびきり速いイダテン。ロマンチックな詩を口ずさむシジン。行動がゆっくりでいつも少しぼんやりしているボーボ。陽気でけんかも強い船乗りネズミのヨイショ。ダンスの上手なパレット……。みんな個性が強くて、おもしろいネズミばかりです。小さな世界でのんびり暮らしていたガンバに、たくさんの仲間ができたのです。ひょんなことから仲間のリーダーに選ばれてしまったガンバ。ネズミたちをうまくまとめられるのでしょうか？　仲間が団結しなければ、イタチの一族に立ち向かうことはできません。夢見が島には、仲間たちの命を懸けた戦いと、冒険が待っているのです。

■『カモノハシくんはどこ?』

さて、ネズミ以外にも地球にはたくさんの動物たちが生きていて、私たち人間もその仲間です。

見返しの動物の樹の絵を見せて　私たち人間は、骨のある「脊椎動物」です。お乳で育ち、体に毛がはえている「哺乳類」で、親指と他の指を向かい合わせることができる「霊長目」。その中でも、考えたりものを作ったりできる「ヒト科」の「ホモサピエンス」という種類として仲間分けされています。ところが世界には簡単に仲間分けできない、珍しい動物がいます。その一つがこのカモノハシです。

28ページの写真を見せて　カモノハシは、オーストラリアの東の地域とタスマニア島で暮らす動物で

『カモノハシくんはどこ?』

す。鳥のカモに似た大きくてひらべったいくちばしをしていて、卵を産みますが、子どもはお乳を飲んで育ちます。そんな不思議なカモノハシの絵本『カモノハシくんはどこ?』を読んでみましょう。

最初から12ページまで、読みきかせする **はるです。どうぶつのこどもたちのがっこうもしんがっきです。みんな　ひさしぶりにあえてうれしそう。**（中略）**みんな　めをまるくしました。「いったいカモノハシくんは　どこに　はいればいいのかしら。たしかにあのこだけ　とてもかわっている」**

さあ、カモノハシくんはみんなの仲間になれるのでしょうか?

ところで、仲間分けすることを「分類」ともいいます。生き物の分類の考え方はいろいろに研究され、今ではカモノハシは哺乳類の仲間の「卵生哺乳類」と呼ばれています。

28ページを見せて この絵本の最後には、生き物の分類の説明があります。動物好きな人は、こちらもじっくり読んでみてください。

■『エーミールと探偵たち』

もちろん、仲間がいるのは動物の世界だけではありません。人間の世界にも素敵な仲間たちの物語があります。

25ページを見せて ドイツに住む男の子エーミールも、ある事件がきっかけで素敵な仲間に出会いました。エーミールは、この『エーミールと探偵たち』という物語の主人公です。これがエーミール。

29〜31ページを見せて ベルリンという大きな街に住むおばあちゃんを訪ねるため、ひとりで列車に乗りました。よそいきの紺色の服を着てね。服の右側の内ポケットにはお金がしまってあります。おばあちゃんに届ける大切なお金です。エーミールはとても気をつけていたのに、列車の中でつい眠って

『エーミールと探偵たち』

しまい、怪しい男にお金を盗まれてしまいました。エーミールは悔しくて涙が出てきました。お母さんが、おばあちゃんのためにせっせと働いてためたお金を、居眠りしている間に盗まれたなんて！　でも、エーミールはめそめそあきらめちゃうような男の子ではありません。怪しい山高帽の男を追いかけて、「待て、きったないやつ。ぜったいつかまえてやる」と、たったひとりでベルリンの街に飛びだしました。

37ページを見せて　ほんとうのところは心細かったエーミール。でも、この街にも頼りになる仲間はいたのです。クラクション少年グスタフです。どんなふうに登場したか、読んでみましょう。

107ページ最終行〜108ページ2行目を読む　**突然、すぐうしろでクラクションが鳴った！　エーミールは、びっくりしてわきへとびのいた。ふりかえると、男の子がげたげた笑っている。「てやんでい、そんなにびっくりすることねえじゃねえか」**

グスタフは、この町のガキ大将。エーミールがひとりでどろぼうをおいかけてきて、見張っていると知って、**「最高だぜ。すげえや、ほんとに！　おまえがいやじゃなかったら、おれ、手伝ってやるよ」**と言ってくれたのです。ふたりはがっちり握手をして、すっかり気が合ってしまいました。グスタフはどろぼうを捕まえるための仲間も集めてきてくれました。こんな具合です。読んでみましょう。

113ページを開いて見せ、112ページ7行目〜114ページ2行目を読む　**十分後、またクラクションの音がした。ふりむくと、すくなく見ても二十人以上の男の子たちが、グスタフを先頭に、トラウテナウ通りをこっちへ向かってくる。「ぜんたーい、止まれ！　どんなもんでえ！」グスタフは言って、うれしそうに顔をかがやかせた。**（中略）**「グスタフ！　おれたちがドジ踏むかよ！」めがねの男の子が言った。**

エーミールと仲間たちは泥棒を捕まえることができるでしょうか？　続きは読んでのお楽しみ。

■『ポータブル・ゴースト』

表紙を指差しながら

仲間は仲間でも、幽霊と仲間になって、パソコンが得意な妹といっしょに事件を解決した女の子もいます。『ポータブル・ゴースト』の主人公ディッタです。ディッタは、将来探偵になろうと思っている女の子。なぜだろうと思ったら、とことん調べたり筋道を立てて考えます。このディッタが、学校の図書館で不思議な男の子を見つけました。

5ページを見せて

男の子は、葉っぱの影がちらちらしている部屋の隅で、古めかしい青いシャツを着て分厚い大きな本を読んでいるのですが、その子を見るとなぜか体にブルッと震えがきて、ゾッとするほど怖くなるのです。ディッタがじっと見つめていると、男の子と目が合いました。男の子はニッと笑いかけてきましたが、ディッタは笑いませんでした。正体のわからないものに笑い返すことはできません。ディッタは勇気をふり絞って男の子のそばに行き、**「あたし、あんたが見えるのよ」**ときっぱり言いました。すると、男の子はニヤッとして肩をすくめ**「ぼくだってきみが見えるよ」**と、しゃがれ声で言ったのです。**「ねえ、ほんとのこと言って。まじめに答えてよ。あんた、幽霊なの？」**とディッタが聞くと、男の子は**「もちろん、そうさ」**と答えました。

男の子の幽霊の名前はヒリー。死ぬ前に読み終わることができなかった本にとりついていて、その古い本が図書館の奥にしまってあるというわけなのです。ディッタは推理を働かせてその本を探しだし、図書館から借りだすことに成功しました。もちろんその本にとりついているヒリーもいっしょです。本は持ち運ぶことができますから、本にとりついている幽霊もいっしょに持ち運ぶことができます。つまり「ポータブル・ゴースト」というわけです。ディッタは、ポータブル・ゴーストのヒリーと仲よくなり、同じように幽霊問題で悩んでいた学校の友だちマックスの相談に乗ることになりました。マックス

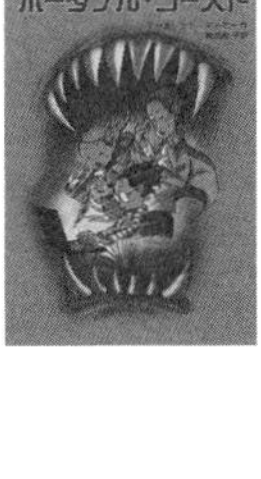

『ポータブル・ゴースト』

のほうは、自分の部屋の床にとりついている幽霊に悩まされていたのです。幽霊のことは幽霊がいちばんよくわかります。ヒリーとディッタは協力して、床にとりついている幽霊の正体を探り始めます。妹のミラベルも手伝います。幽霊の男の子と元気な女の子、うまく謎をつきとめられるでしょうか?

■『夏の庭』

日本には、なんと幽霊ではなくて「今にも死にそうなおじいさん」と仲間になった男の子たちがいます。六年生になってヒョロヒョロと背が伸びて、女の子たちから「きゅうり」なんて言われるようになった僕と、山下、そして河辺の三人は、学校でも塾でもなんとなくいっしょです。この三人組は、山下がお葬式から帰ってきて「死んだ人」の話をしてから、近所のひとり暮らしのおじいさんを見張ることにしました。「死んだ人が見たい」と思った三人は、おじいさんが「今にも死にそう」と思ったのです。だっておじいさんは毎日家の中でじっとしていて、体も弱っているようだったから。

そこで夏休み、三人はおじいさんの家のまわりで様子を探ったり、買い物に行くおじいさんの後をつけたりします。ところが、いつもまわりでうろうろしていることをおじいさんに知られてしまってから、三人の計画は調子がくるってしまいました。三人と話をするようになったおじいさんが、どんどん元気になっていくのです。おじいさんは、三人にゴミ出しや洗濯を手伝わせたり、草とりをさせたり、肩をもませたり。でも、おじいさんは三人にいろいろな話もしてくれました。三人はおじいさんの家の手入れを始めました。はがれた外壁を直し、窓枠にやすりをかけてペンキをぬり、雨戸の戸袋の穴をふさぎました。やすりのかけ方や、ペンキの溶かし方、刷毛の使い方やのこぎりの使い方は全部、おじいさんが教えてくれました。三人はペンキのカンをひっくり返し、かなづちで自分の指をたたいたりしながら

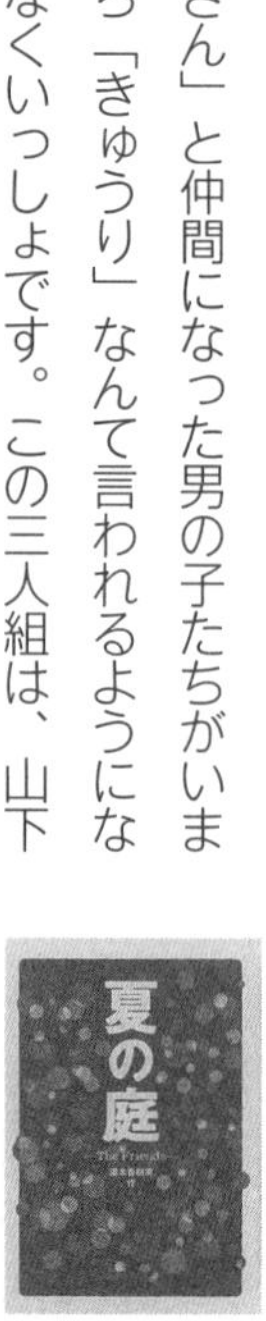

『夏の庭』

も、だんだん楽しくなってきました。おじいさんと三人は、夏休みをいっしょにすごす仲間のようになっていったのです。今ではおじいさんの家を訪ねるのが待ち遠しくなってきた三人。忘れられない六年生の夏休みの出来事を描いたこの『夏の庭』、どうぞじっくり読んでみてください。

■紹介した本

『**冒険者たち**』斎藤惇夫 文　薮内正幸 絵　岩波書店

『**カモノハシくんはどこ?**』ステア 文　グラサウア 絵　河野万里子 訳　福音館書店

『**エーミールと探偵たち**』ケストナー 文　トリアー 絵　池田香代子 訳　岩波書店

『**ポータブル・ゴースト**』マーヒー 文　山本重也 絵　幾島幸子 訳　岩波書店

『**夏の庭**』湯本香樹実 文　徳間書店

■そのほかの本

『**象と二人の大脱走**』クロス 文　杉田比呂美 絵　中村妙子 訳　評論社

『**ルドルフとイッパイアッテナ**』斉藤洋 文　杉浦範茂 絵　講談社

『**ぼくたち、ロンリーハート・クラブ**』スタルク 文　堀川理万子 絵　菱木晃子 訳　小峰書店

■コメント

動物の仲間から人間の仲間へ、そして幽霊仲間へとバラエティに富んだ仲間たちが登場します。『カモノハシくんはどこ?』は科学の知識も得られる絵本で、必ずしも高学年向きではありませんが、プログラムに変化をつけるために加えてみました。おしゃれな雰囲気の絵を見せながら読み聞かせます。ケストナーの作品は図書館の定番の古典ですが、新訳で出された版を紹介してみました。物語のポイントを押さえた挿絵が効果的で、古さを感じさせないおもしろさです。ぜひ、目の前の現代の子どもたちにも伝えたいです。マーヒーの物語は、学校の図書館から話が始まります。幽霊、コンピュータと、子どもの興味をひく素材もそろっていますので、うまく紹介したいものです。最後の『夏の庭』は挿絵がない本です。登場人物をていねいに紹介し、具体的なエピソードの説明を盛り込むことで、物語のイメージを伝えられればと思います。

『トムは真夜中の庭で』（高学年向け）

イギリスの古い館の夜の庭で、現代の少年がヴィクトリア時代の少女と出会う物語。時計が十三時を打ったときだけ過去の世界に行けるという設定のタイムファンタジーで、二十世紀の英国児童文学を代表する作品の一つとされています。図書館には必ず置いてある本ですが、日本での初版から四十年もたつと、棚に埋《うず》もれてしまうのも仕方ありません。ブックトークの機会にぜひとりあげて、おもしろさを伝えたい一冊です。主人公の視点で書かれたリアルな描写に冒頭から引き込まれ、けっして読みにくくはありません。緻密に構成された出来事のすべてが、読み終わったときにストンと一つにつながり、物語を読む醍醐味を味わえます。

長い時間　短い時間

みなさんは、楽しく遊んでいるときはあっという間に時間がたってしまうな、と感じることはありませんか？　苦手な授業のときや、嫌なことをしているときは、時間がなかなか進まないような気がするのに、不思議ですね。一時間は六十分、一日は二十四時間、どんな人にもみな、時間は同じように流れていくはずなのに、長く感じたり、短く感じたりするのが、時間の不思議なところです。物語の中では、ひとりの主人公が長い時間の出来事を一瞬のうちに体験するということがよく起こります。何かのきっかけで、現実とはちがった時間が流れる世界へ行ってしまうのです。

■『トムは真夜中の庭で』

『トムは真夜中の庭で』の主人公トムは、今年の夏休みに、弟といっしょに庭のリンゴの木の上に家を作って遊ぼうという計画を立てていました。ところが、弟がはしかにかかってしまったので、病気がうつらないように、ひとりだけ、好きでもないおじさんとおばさんの家に行かされることになりました。

9ページを見せて　こんなことになるなんて、まったくがっかりです。おじさんの家は、庭もないせまいアパートで、楽しいことなんか何もないでしょう。でも、トムにはどうすることもできませんでした。おじさんの家では、たいしてやることもなく、夜は九時には寝かされてしまいました。トムは、ベッドに入ってもちっとも眠れませんでした。おじさんたちの住んでいるアパートは二階にありましたが、一階の玄関ホールにはふり子を揺らしながら時をきざむ古めかしい大時計がありました。トムが眠れないままにその音を数えていると、大時計は十一時を打ち、十二時を打ちました。そしてその次に、十三時を打ったのです。十二時の次は一時のはずなのに、十三打つとは、いったいどういうことでしょう。これが、思いがけない出来事の始まりでした。

30ページを見せて　トムが下におりていって裏口を開けてみると、そこには美しい庭が広がっていました。おじさんは、裏口にはゴミ箱なんかが置いてあるせまっくるしい裏庭があるだけだ、と言っていたのに、とんでもありません。広い芝生のあちこちに花壇がいくつもあって、花が咲き乱れ、高い木がそびえ立っているし、芝生のむこうには大きな温室までありました。

41ページを見せて　トムは、おじさんが嘘をついたのかと思いましたが、そうではありませんでした。

『トムは真夜中の庭で』

昼間は、おじさんの言ったとおりのつまらない裏庭があるだけだったのです。それから毎晩、トムは大時計が十三打つのを合図に、そのすばらしい庭に出ていきました。トムの目の前に現れる庭は、夏のこともあれば、冬のこともありました。時間も、一日のうちのいろいろな時間でした。

65ページを見せて　トムは、庭を歩きまわったり、木に登ったりしました。そのうち、庭で働く人や、三人の男の子と小さな女の子を見かけるようになりました。トムの姿はだれにも見えないようでしたが、小さい女の子だけはトムに気がつきました。

86ページを見せて　この子はハティという名前です。トムは、毎晩ハティといっしょに、この庭で楽しく遊ぶようになりました。

113ページを見せて　木の枝で弓と矢を作ったり、夏休みにぜひ作りたかった木の上の家も作りました。

不思議なことに、庭で出会うハティは、そのつど大きくなっていきました。

211ページを見せて　最初はトムよりずっと小さな女の子だったのに、だんだんにトムを追い越し、大人になっていくのです。トムが庭に出ていってからまた自分のベッドにもどるまでは、ほんの数分しかたっていないのに、ハティの住んでいる世界では何年もたっているのでした。けれどもやがて日にちがたって夏休みも終わりに近づき、トムが自分の家に帰る日がやってきました。どうしてハティにだけトムの姿が見えたのか、どうしてハティはどんどん大人になっていったのか、そもそもどうして、あるはずのない庭が現れたのか、最後にすべての謎が明かされます。

■「だれも知らない時間」（『風と木の歌』より）

トムは、真夜中に時計が十三打つのを聞いて、トムだけしか知らない時間をすごしましたが、この

『風と木の歌』

『風と木の歌』の中にある「だれも知らない時間」にも、そんな不思議な時間が出てきます。

177ページを見せて　浜辺の岩かげに大きなカメがいました。このカメは、もう二百年も生きてきたのに、それでもまだ百年ほど命が残っていました。でも、カメはもうあきあきしていました。おもしろいことはなんにもないのに時間ばかりどっさりあるので、まったくやりきれない、と思っていたのです。

181ページを見せて　そこへ、良太という漁師の若者がやってきました。良太が、毎日忙しくて魚をとる網をつくろうひまもないとこぼすので、カメは、**「そんなにひまがほしいんなら、あんたに、わたしの時間をわけてあげようか」**と言います。その一時間は、夜中の十二時からあとにやってきて、良太が一時間を使い切ったら、時刻はまたもとの十二時に戻るというのです。

188ページを見せて　それから良太は、その余分の一時間で、穴のあいた網をしっかりとつくろいました。その網を小舟につんで海へ出ると、魚が獲れること獲れること。良太は魚が売れたお金で太鼓を一つ買いました。もうすぐ夏祭りなので、村いちばんの太鼓うちになろうと思って、毎晩、太鼓を練習しました。余分の一時間にやっているので、良太が練習していることは、だれも知りません。練習する時間もないはずの良太が、村いちばんの太鼓打ちになったら、みんなはさぞびっくりすることでしょう。良太は、だれにも知られない時間をもつのが、とても愉快になってきました。ところが、だれにも聞こえないはずの良太の太鼓を、聞いたという人が現れるのです。いったいだれなのでしょう？　夏祭りまでの二十日間のあいだに、良太のまわりにつぎつぎ不思議なことが起こります。

目次を見せて　この本には、そんな不思議なお話が八つ入っています。どれも短いのですぐに読めますから、読んでみてください。

■『シノダ！樹のことばと石の封印』

一日は二十四時間と決まっていますが、どうやら私たちの知らない時間もあるようですね。この『シノダ！樹のことばと石の封印』でも、子どもたちが、現実の世界とはちがった時間が流れる不思議な世界へ行ってしまいます。その不思議な世界への入口は家の中にありました。

25ページを見せて それは、このなんの変哲もない、古ぼけたたんすの引き出しです。五年生の女の子ユイと、弟のタクミ、そして妹のモエは、この引き出しの中にすいこまれるようにして、まったく別の世界へ入りこんでしまいます。

43ページを見せて そこは、木のおいしげった雑木林のようなところで、木のあいだには、あちらこちらに人間の姿を彫った石の像が立っていて、今にも動きだしそうでした。

67ページを見せて そこできょうだいは、テトという小さいけれどやたら威勢のいい男の子に出会います。テトの話によれば、今朝、この林の木に金色のドングリがなった。金色のドングリがなると、よくないことが起きるといわれていたが、案の定、山にすむオロチという大きなヘビがおりてきて、テトのお母さんや、村の人々をみな石に変えてしまったというのです。三人きょうだいは、石になった人々を助けるために、金色のドングリの秘密をさぐり始めます。

表紙を見せて ところで、この三人はごく普通のきょうだいに見えますが、じつは大きな秘密がありました。三人のパパは人間ですが、ママはなんとキツネなのです。そのため、三人には普通の人間にはない特別な能力がありました。お姉ちゃんのユイは、においや音、気配などを聞きとる耳をもっています。弟のタクミは、過去や未来のことが見える目をもっています。末っ子のモエは、人間以外の生き物の言葉を聞きとって、自分の言葉に表すことのできる口をもっています。三人は、この特別な能力を使

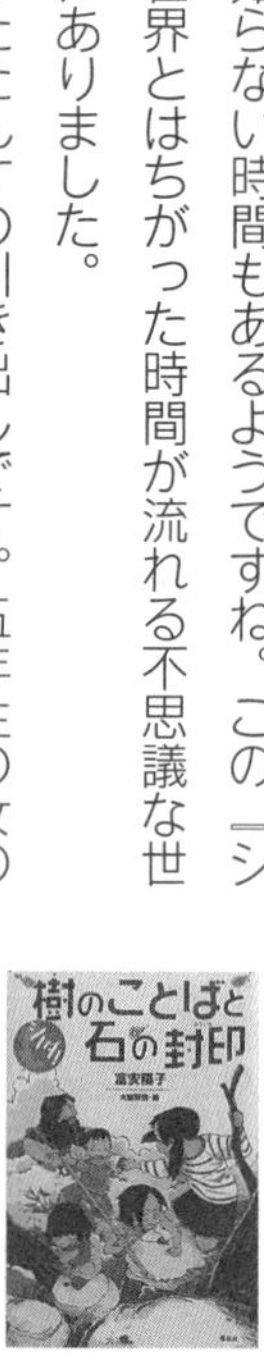

『シノダ！樹のことばと石の封印』

っていろいろな謎を解き、長い長い冒険の末、オロチをやっつけ、石になった人々を助けだします。

341ページを見せて ところが、三人がまたたんすの引き出しから元の世界に戻ってきたとき、不思議なことに、時計はたった十五分しかすすんでいませんでした。知り合いの結婚式に出かけていたパパとママがちょうど帰ってきたところでした。

表紙を見せて この三人きょうだいの物語は、全部で四冊出ています。どれから読んでも大丈夫ですから、ぜひ読んでみてください。

■『ちょうちんまつり』

これとは逆に、ほんのちょっと別の世界へ行っている間に、自分が元いた世界では長い長い時間がたってしまった、という話もあります。

読み聞かせをする

■『絵で見るある町の歴史』

王七《ワンチイ》がちょっと碁を見物している間に、現実の世界では何百年もの月日がたち、村の様子はすっかり変わってしまいましたが、この『ある町の歴史』では、一つの町が長い年月の間にどんなふうに変わっていったかを見ることができます。『ちょうちんまつり』に出てきた月のウサギといっしょに、「過去の窓」から昔むかしの村の様子をながめるような気分で、この本を見てみることにしましょう。

4〜5ページを見せて これは、ヨーロッパのある町の、今から約一万二千年前の様子です。人々が狩りをしたり、草や木の実を探して食べています。石器時代といわれる時代です。

『ちょうちんまつり』

『絵で見るある町の歴史』

ページをめくりながら　やがて村ができ、さらに町ができます。

10～11ページを見せて　これは今から千九百年ほど前の様子です。強い力をもったローマ帝国がヨーロッパを征服し、新しい生活様式を持ち込みました。

12～13ページを見せて　しかし、さらに年月がたつと、新しい部族がおしよせ、ローマ帝国が作った町はなくなりました。

次々にページをめくりながら　さらに百年、二百年と時間がたち、町は立派になっていきます。

18～19ページを見せて　これは今から六百年ほど前の様子です。

次々にページをめくりながら　伝染病で多くの人々が死んだり、戦争が起こったり、いろいろな出来事がありました。

24～25ページを見せて　これは今から三百年ほど前の様子です。暮らしはずいぶん豊かになりました。

次々にページをめくりながら　町はどんどん発展していきます。

30～31ページを見せて　そして、これが現在の町の様子です。大きな建物が建ち並び、昔とはすっかり変わりました。

本を閉じ、表紙を見せて　これが『絵で見るある町の歴史』です。一万二千年の時間の流れを、あっという間に見てしまいましたね。この絵の中には、その時代の暮らしぶりが細かいところまで描きこまれていますから、あとで時間をかけて、ゆっくりと見てみてください。

■紹介した本
『トムは真夜中の庭で』ピアス文　アインツィヒ絵　高杉一郎訳　岩波書店

『風と木の歌』より**「だれも知らない時間」**安房直子文　司修絵　偕成社
『シノダ！樹のことばと石の封印』富安陽子文　大庭賢哉絵　偕成社
『ちょうちんまつり』唐亜明文　徐楽楽絵　福音館書店
『絵で見るある町の歴史』ミラード文　ヌーン絵　松沢あさか、高岡メルヘンの会訳　さ・え・ら書房

■そのほかの本
『時をさまようタック』バビット文　小野和子訳　評論社
『時間だよ、アンドルー』ハーン文　田中薫子訳　徳間書店
『モモ』エンデ文　大島かおり訳　岩波書店
『よあけ』シュルヴィッツ文・絵　瀬田貞二訳　福音館書店

■コメント
『トムは真夜中の庭で』は、すべての人間の一生に流れる「時」の不思議を感じさせる物語。設定をある程度説明する必要がありますが、そこで起こった「不思議」に興味をひきつけ、自分で読んでみたいと思わせることが肝心です。『トムは……』と同じように違う時間の流れる二つの世界を行き来するタイムファンタジーを紹介しました。『トムは……』が重厚で読みでのある作品なので、続く二冊は、短編集の中の一話と、気軽に読めそうなエンタテインメント系を一冊。物語をもう一冊入れたければ、『時をさまようタック』や『時間だよ、アンドルー』を加えることもできますが、読書力のある子に向く本なので、プラスアルファとしてすすめる程度でいいでしょう。時間というテーマならだれもが思い浮かべる『モモ』を入れる場合は、『トムは……』と並べると重すぎるので、気軽に読めるものや絵本を間に入れた順番を考えましょう。絵本『ちょうちんまつり』は、桃源郷に行っている間に時がたってしまう話ですが、浦島太郎やリップ・ヴァン・ウィンクルとちがってハッピーエンドなので、読み聞かせのあとに幸せな気分が残ります。品切れで図書館でしか手に入らないので、代替として『よあけ』を読んでもいいでしょう。その場合は、『絵で見るある町の歴史』で「長い時間」の変化を見たあと、「短い時間」の変化を見るという流れで、最後にもってくるほうが効果的です。夜が明ける前の短い時間に起こる大自然のドラマチックな変化を、最後に十分に楽しんで終わりましょう。

秘密の鍵は庭にある

みなさんの家には庭がありますか？　マンションでも、ベランダで花を育てて、庭のようにしている家もありますね。公園みたいに広くて大きな木がたくさんはえている庭、小さいけれど手入れのいきとどいた庭……物語の中には、不思議な出来事が起こる庭もあります。庭には、秘密の鍵がかくされているのかもしれません。今日は、いろいろな庭の出てくる本を紹介します。

■**『トムは真夜中の庭で』**

『トムは真夜中の庭で』を紹介する。紹介の仕方は113ページと同じ

■**『花仙人』**

トムは真夜中の庭で不思議な体験をしましたが、この『花仙人』に出てくる庭でも、不思議な出来事が起こります。

7ページを見せて　今から千年近い昔、中国の都のはずれの小さな村に、秋先《しゅうせん》という名の老人が住んでいました。秋先は、若いときから花が大好きで、花を育てるのがたいそう上手でした。

8〜9ページを見せて　朝から晩まで丹精込めて花の手入れをしたので、時がたつうちに、秋先の庭はみごとな花園になり、一年中つぎからつぎへと花が咲きました。

22〜23ページを見せて　秋先は、人が花を折ることを何よりもきらっていましたが、あるとき、乱暴

『トムは真夜中の庭で』

『花仙人』

な男たちが、無理やり庭に入ってきて、酒盛りをしたあげく、みごとに咲いたぼたんの枝をつぎつぎに折ってしまいました。

25ページを見せて　秋先がなげき悲しんでいると、ふいに美しい娘が現れました。娘はわけを聞くと、**「じつは、わたくしは、『落花返枝《らっかへんし》の術』と申しまして、落ちた花をもとの枝にもどす術を心得ております。お望みでしたら、今すぐここでためしてごらんにいれましょうか？」**と言ったのです。そんなことが、ほんとうにできるのでしょうか？　この娘は、いったい何者なのでしょうか？　美しい庭に起こった不思議な出来事を、読んでみてください。

■『クロリスの庭』

秋先は何よりも花が好きな人でしたが、この『クロリスの庭』の主人公も、花が大好きな人です。名前は、〝風〟という字に〝一〟と書いて風一《ふういち》さんといい、花屋さんにつとめています。風一さんは、お客さんの話をよく聞いて、ていねいに花束を作るので、お客さんには喜ばれましたが、時間がかかりすぎるので、とうとう店をクビになってしまいました。明日からどうしようかと途方にくれて家に帰ると、どこからか一枚のチラシが飛んできて、郵便受けの中にするりと入りこみました。それは、青い月町・花の木通りの裏にある小さな花屋さんのチラシで、**「将来、店をまかせられる若い人をさがしています。まじめで、親切で、花の好きな人なら、男女を問いません」**と書いてありました。

13ページを見せて　翌日、風一さんは、その店へ出かけ、やとってもらうことになりました。店のマスターは、髪の毛も眉毛もまっ白で、灰色の瞳をした老人でした。マスターは毎朝、店のことを風一さんにすべて任せてどこかに出かけ、夕方になると帰ってきました。

『クロリスの庭』

23ページを見せて　風一さんは、毎日いっしょうけんめい働き、心をこめてお客さんに花束を作りました。でもそのうち、この店が、ほかとはちがうことに気づき始めます。風一さんが朝どんなに早く行っても、もう店には摘みたてのみずみずしい花が、たくさん並んでいるのです。マスターに聞くと、この花は「クロリスの庭」から届けられるのだよ、としか教えてくれません。

29ページを見せて　毎朝届く花は、いろいろな種類のこともあれば、たった一種類の日もありました。ある日、たくさんの黄色いエニシダの花だけで店がうめつくされたことがありました。お客さんにはあまり売れませんでしたが、夕方になって店を閉めようとしたとき、小さな女の子がおおぜいやってきて、いっせいに**「エニシダ、十本、くださいな」**と言いました。

40ページを見せて　驚いたことに、その子たちは魔女の学校の生徒で、ほうきにするエニシダを買いにきた、というのです。空を飛ぶ授業に使うのは、**「クロリスの庭のものじゃないとだめなの」**と言われ、風一さんはキツネにつままれたような顔で、一人ひとりにエニシダを十本ずつたばねてやりました。

146〜147ページを見せて　お客さんたちは、ちょっと不思議な人たちばかりでしたが、お店には、その日にくるお客さんが必要とする花が、必ずその日の朝早く届けられるのでした。いったいこの花を届けてくれる「クロリスの庭」とは、どんなところなのでしょうか。一日中どこかに出かけるマスターにも、何かわけがありそうです。やがて、マスターが「クロリスの庭」の秘密をすっかり話してくれます。

■『チョウの庭』

花がたくさん咲く庭には、きれいなチョウが飛んできます。チョウは花の蜜を吸いにやってくるのですが、種類によって好きな花がちがいます。この『チョウの庭』を見てみましょう。

『チョウの庭』

4〜5ページを見せて　これは、ヒャクニチソウの花に蜜を吸いにきたヒメアカタテハです。

17ページを見せて　こちらは、ムラサキツメクサに蜜を吸いにきたアゲハです。この本を書いた石井実さんは、チョウの研究をしている人です。自分の庭にチョウの好きな種類の花ばかり植えたら、チョウがたくさん集まる庭ができるのではないかと考えました。そこでまず、自分の家の周辺に、どんなチョウがどれだけいるのかを調べました。決まった道すじを同じ速さで歩きながら、自分の前、左右、高さそれぞれ五メートルの範囲で、目撃したチョウの種類と数を一年間調べたのです。

10〜11ページを見せて　すると、二十七種類ものチョウが見られました。次にこれらのチョウが何を食べているかを見ると、花の蜜を主食にしているものと、木の樹液や果物を食べるものといることがわかりました。これが花にくるチョウです。アゲハ、モンシロチョウ、ヤマトシジミなどがいます。この二種類は花にも樹液にもくるチョウ、こちらの五種類はおもに樹液にくるチョウです。チョウは、春から秋まで見られるので、庭にはチョウが好きなこれらの花を、春から秋までとだえることなく咲いているように工夫して、植えていきました。

13ページを見せて　これが、その庭です。春にはマーガレット、夏から秋にかけて咲く花は、アベリア、ブッドレア、ランタナ、ハギを植えました。

22〜23ページを見せて　チョウがくるようになると、次は、チョウの幼虫が食べる植物を植えました。アゲハの幼虫が食べるミカン類の木や、ツマグロヒョウモンの幼虫が食べるスミレ類の花です。そうすると、卵や幼虫の観察もできるようになり、チョウについていろいろなことがわかるようになりました。

みなさんもやってみませんか？　グレープフルーツの鉢植えを置いておくだけでも、アゲハがよく卵を産んでいくそうです。グレープフルーツを食べたときに種をとっておいて、鉢に埋めてみましょう。

■『**かきねのむこうはアフリカ**』

最後の本には、今までの庭とはぜんぜんちがった庭が出てきます。となりの家の庭を熱心に観察した男の子の話です。

読み聞かせをする

『かきねのむこうはアフリカ』

■**紹介した本**

『**トムは真夜中の庭で**』ピアス文　アインツィヒ絵　高杉一郎訳　岩波書店

『**花仙人**』松岡享子文　蔡皋絵　福音館書店

『**クロリスの庭**』茂市久美子文　下田智美絵　ポプラ社

『**チョウの庭**』石井実文　石井実他写真　フレーベル館

『**かきねのむこうはアフリカ**』ムイヤールト文　ヘグルンド絵　佐伯愛子訳　ほるぷ出版

■**そのほかの本**

『**グリーン・ノウの子どもたち**』Ｌ・Ｍ・ボストン文　Ｐ・ボストン絵　亀井俊介訳　評論社

■**コメント**

美しい庭は、不思議な出来事の舞台としてうってつけの場所です。『トムは真夜中の庭で』の魅力あふれる庭から始めて、不思議な雰囲気のある物語を三冊紹介します。イギリス、中国、日本と、それぞれに趣の異なる庭の魅力を味わったあと、ノンフィクションを入れて、現実の庭作りに目を向けます。花を植えるのは、どちらかといえば女の子向きの話題ですが、そこに昆虫を招くとなると、男の子の興味もひくことができます。『かきねのむこうはアフリカ』は、低学年から楽しめる絵本ですが、異文化理解という大切なテーマを扱っており、高学年にも味わってほしい一冊です。

『グリーン・ノウの子どもたち』にも、魅力的な庭が登場しますが、イギリスの古い庭園を舞台にしたタイムファンタジーという点で『トムは……』と雰囲気が似ているので、同じような力の入れ方で紹介すると飽きてしまいます。〝似た本〟としてさらっと紹介する程度がいいでしょう。

夏休みに何かが起こる！

長い夏休みには、家族で遠くへ旅行に行く人もいるでしょうし、初めてひとり旅を経験する人もいるでしょう。旅先で思いがけない出来事に出会うこともあるかもしれません。夏休みは、ふだん学校のあるときとはちがった経験をするチャンスです。夏休みに起こった出来事について書かれた本はとてもたくさんあります。夏休みには、かならず何かが起こるからです。

■『トムは真夜中の庭で』

『トムは真夜中の庭で』を紹介する。紹介の仕方は113ページと同じ

■『ふたりのロッテ』

トムは、夏休みにまったく予想もしなかった経験をしましたが、この『ふたりのロッテ』の主人公にも、夏休みに思いがけないことが起こります。『ふたりのロッテ』という題ですが、最初に出てくるのは、ルイーゼという女の子です。ルイーゼは、夏休みを、湖のほとりにある子どもの家で、ほかのおおぜいの友だちといっしょに過ごしています。今日は、新しく二十人の子どもたちが、子どもの家に到着しました。新入りの子どもたちが、ひとりずつバスから降りてきます。最後に降りてきた女の子の顔を見て、ルイーゼは目を丸くしました。

16～17ページを見せて　なんと、その子はルイーゼにうりふたつだったのです。ルイーゼの髪は長い

『トムは真夜中の庭で』

『ふたりのロッテ』

巻き毛で、こちらの子はきっちりとおさげに編んでいましたが、ちがうのはそこだけでした。突然自分の目の前に、自分とそっくりな顔の子が現れたら、だれだってびっくりしますよね。しかも、うりふたつだなんて！　このルイーゼにそっくりな子の名前は、ロッテといいました。

34ページを見せて　ふたりは仲よくなって、自分たちのことをいろいろと打ち明けるようになりました。ふたりはどちらもひとりっ子です。ルイーゼはお父さんとふたりで暮らしています。

92ページを見せて　これがルイーゼのお父さん。オーケストラの指揮者をしています。

69ページを見せて　ロッテのほうは、お母さんとふたりで住んでいました。これがロッテのお母さん。出版社に勤めています。ロッテが、今度の十月十四日で十歳になると言うと、ルイーゼは、びっくりして**「わたしもよ！」**と言いました。ふたりは誕生日が同じだったのです。ロッテは、持っていたお母さんの写真をルイーゼに見せました。するとルイーゼは、うれしそうに**「わたしのお母さんよ」**と言ったのです。ルイーゼは、小さいころ、ピアノの上に飾ってあった写真で、お母さんの顔を覚えていました。

49ページを見せて　そう、ふたりはふたごだったというわけです。赤ちゃんのときにお父さんとお母さんが別れてしまい、子どもをひとりずつひきとったのでした。自分はひとりっ子だとばかり思っていたのに、突然ふたごのきょうだいがいるとわかったのですから、ふたりはもう離れたくありません。このまま元の生活にもどるなんて絶対にいやです。お父さんとお母さんが仲直りして、またみんなで暮らせるようになったら、どんなにいいでしょう！　だいたい、お父さんもお母さんも、ふたごのきょうだいがいることを教えてくれないなんてひどすぎます。もうひとりの親は死んだと思わせておくなんて、許せません。とっちめてやらなくては！

本を閉じて表紙を見せて　そこでふたりは、秘密の作戦を立てます。夏休みが終わったら、ルイーゼとロッテが入れ替わることにしたのです。ふたりは、お互いの親のことや、家のこと、毎日の暮らしの細かいことをいろいろと教え合います。さて、お父さんとお母さんは、ふたりが入れ替わったことに気づくのでしょうか？

■『孤島のドラゴン』

突然ふたごのきょうだいが現れるなんて、まったく思いがけない出来事ですが、この『孤島のドラゴン』に出てくる三人のきょうだいは、夏休みにもっとすごいものに出会います。お姉さんのハナは十二歳、弟のザカリーは十歳、末の妹のサラ・エミリーは八歳です。三人は夏休みを小さな島で過ごすことになりました。お母さんが、島にある大叔母さんの別荘を借りたのです。大叔母さんは八十歳をこえる年で、今はもうそこに住んではいませんでしたが、みんなにあてた手紙が残してあり、**「もし、たいくつで時間をもてあますようなら、『ドレイクの丘』を調べることを、おすすめします」**と書いてありました。いったい、ドレイクの丘には、何があるのでしょう？　これはもちろん行ってみないわけにはいきませんよね。三人は準備をして、ドレイクの丘へ探検にでかけます。丘は思ったより急でしたが、三人はがんばって登っていきました。頂上は岩山になっていて、そこには大きな洞窟がありました。中はまっ暗で、変わったにおいがただよってきます。ちょっとこわい感じでしたが、懐中電灯を照らしながら、三人は洞窟の中に入っていきました。そこのところを読んでみましょう。

42ページ13行目〜45ページ3行目を読む

三人は、爪先で足もとの空間をさぐりながら、じりじりと前進した。煙だろうか、それとも硫黄だろうか。変わったにおいはどんどん強くなってくる。（中略）**とつぜん目の前にあらわれた光景を前に、**

『孤島のドラゴン』

三人は、ただただ口をあんぐりあけ、〝それ〟を見つめていた。〝それ〟は、竜だった。（中略）**竜は、金色の頭をサラ・エミリーのそばまで、ぐいっと旋回させた。**
「たしかに、わたしはおそろしい外観をしておるが、とっても友好的なんだよ。まったくもって心のやさしい、実に無害な者なのだ」

表紙の絵を見せて　姿は恐ろしい竜ですが、どうやらそんなにこわい竜でもなさそうですね。自己紹介によると、この竜は、ここにもう百十七年も眠っていたということです。そして、この竜には弟と妹がいました。体は一つなのですが、首から上が三またに分かれている竜だったのです。卵から生まれるときに、からを割って出てきた順番で、きょうだいの順番が決まるのだそうです。弟と妹の竜は、まだ眠っていました。竜といえば、昔話の中ではお姫様をさらっていったり、人間を食ってしまうといわれていますが、ほんとうはそうではなく、グリーンサラダや果物を食べるのだそうです。人間は竜のことを長い間誤解していたらしいのです。こんな竜に出会って、三人は忘れられない夏休みを過ごすことになりました。続きは自分で読んでみてください。この本には、続編も出ています。

■『ふるさとは、夏』

『孤島のドラゴン』では、三人のきょうだいが島で夏休みを過ごしましたが、この『ふるさとは、夏』では、六年生のみち夫が、夏休みにたったひとりで田舎へ行くことになりました。北陸地方の小さな村にあるおじさんの家です。そこはお父さんの実家で、おじさん夫婦といとこが住んでいました。

35ページを見せて　これが、おじさんの家です。けれども、みち夫を待っていたのは、おじさんたちだけではありませんでした。この村には、おかしな神様たちが住んでいたのです。

『ふるさとは、夏』

【101ページを見せて】たとえば、こんな神様。オランウータンではありません。みち夫は、初めてこの神様に出会ったとき、ぞっとして逃げだそうとしましたが、**「おら、ブンガブンガキャーや。逃げんでもいいちゃ。おら、神様やぞ」**と言うのです。みち夫は、あとずさりしてひっくり返ってしまいました。すると、**「わりゃ、何を怖がっとるがい。ちゃんとおらを見いまん。怖がるような神様でないやろがい」**と言って、にっと笑いました。このブンガブンガキャーは、ときどき人間の持ち物をとりあげて、ものを大事にしない人間に反省を促す神様なのだそうです。

【193ページを見せて】このブタネコみたいなのは、いったいなんでしょう。**「ブタ猫でない。おら、ジンミョーちゅう名前や……こんどブタ猫ちゅうたら許さんぞ」**と、みち夫は怒られてしまいました。

【199ページを見せて】田んぼの横で出会ったこのひょろ長いのはハゾの神様。ハゾというのは、稲刈りをしたあと、稲を干すために竹ざおや丸太を組み合わせて作るもののことです。この村には、ありとあらゆるところに神様が住んでいます。神様とはいっても、気の弱いのや、いい加減なのや、お気楽なのや、あまり神様らしくはありません。でも、みんな大昔から村の人々の暮らしを見守ってきたのです。

【115ページを見せて】この村で、バンモチという伝統の行事を見に行った夜、みち夫は不可解な事件にまきこまれてしまいます。その事件には、どうやら神様たちも関係しているようです。そこでみち夫は、事件の謎を探り始めます。

　この物語に出てくる村の人々や神様たちは、みんな村の方言でしゃべります。東京からきたみち夫は、最初は何を言っているのかさっぱりわかりませんでしたが、だんだんにわかるようになってきます。この本では、言葉のおもしろさも味わってみてください。

『ウエズレーの国』

さて、夏休みは楽しいことばかりではありません。そう、宿題がありますね。夏休みの自由研究に何をするか、もう決まりましたか？　では最後に、とてつもない自由研究をやってのけた男の子の話を読みましょう。

『ウエズレーの国』

読み聞かせをする

■紹介した本

『**トムは真夜中の庭で**』ピアス文　アインツィヒ絵　高杉一郎訳　岩波書店
『**ふたりのロッテ**』ケストナー文　トリアー絵　池田香代子訳　岩波書店
『**孤島のドラゴン**』ラップ文　鏡哲生訳　評論社
『**ふるさとは、夏**』芝田勝茂文　小林敏也絵　パロル舎
『**ウエズレーの国**』フライシュマン文　ホークス絵　千葉茂樹訳　あすなろ書房

■そのほかの本

『**夏の庭**』湯本香樹実文　徳間書店
『**霧のむこうのふしぎな町**』柏葉幸子文　杉田比呂美絵　講談社
『**すばらしいとき**』マックロスキー文・絵　わたなべしげお訳　福音館書店

■コメント

夏休みの前に本を紹介する機会は毎年やってきます。複数のプログラムを作っておきたいところですが、夏休みに起こった出来事を扱った物語はひじょうに多いので、魅力的なラインナップを考えるのは意外と苦労するものです。夏休みというキーワードでまず多めに本を拾いだし、その中から外国の作品、日本の作品、男の子向き、女の子向きをとり混ぜ、ジャンルもファンタジーから日常生活を描いたものまでバラエティに富むように考えて選んでいきましょう。夏休みにはじっくりと長い物語を楽しんでほしいので、ここでは読みものを四冊並べましたが、夏休みの自由研究になるような題材を扱ったノンフィクションを一冊入れると変化が出ます。

『ふたりのロッテ』は、ハードカバーと文庫版が出ています。挿絵を見せるには大きいほうがいいのですが、現代の子どもたちには、新訳の文庫版のほうが読みやすいでしょう。日本の作品には日本の夏を感じさせる『ふるさとは、夏』を入れましたが、かわりに『夏の庭』を入れてもいいでしょう。『霧のむこうのふしぎな町』は、装丁も手にとりやすく気軽に読める作品ですが、女の子に限定されるきらいがあります。

『ウエズレーの国』は、ほら話的なおもしろさのあるユニークな発想の絵本で、高学年にぴったりの内容です。わくわくした気分で終わることができますが、もっとしっとりと大自然の夏を満喫して終わりたければ、『すばらしいとき』の読み聞かせをおすすめします。

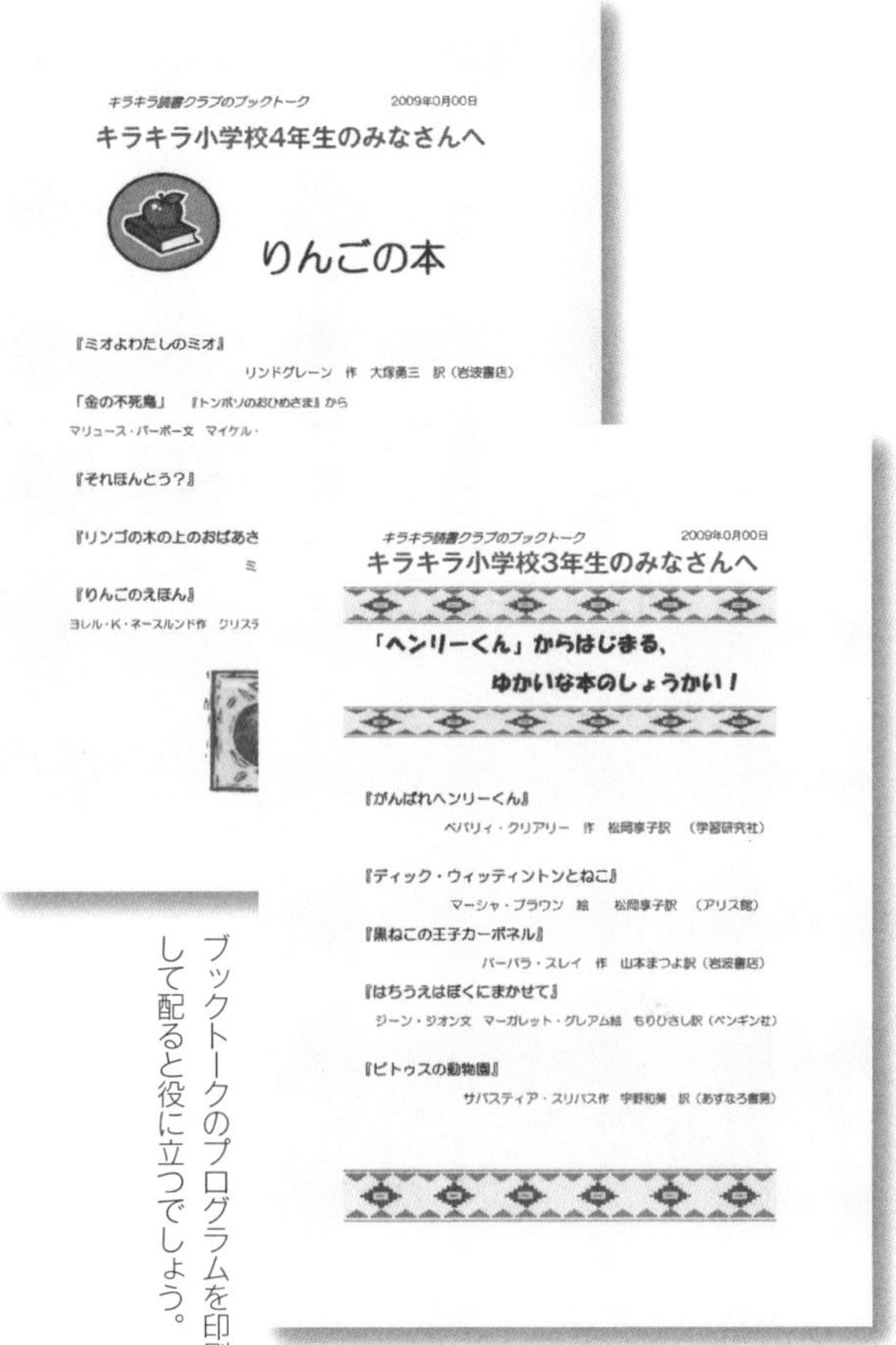

キラキラ読書クラブのブックトーク　2009年0月00日

キラキラ小学校4年生のみなさんへ

りんごの本

『ミオよわたしのミオ』
リンドグレーン　作　大塚勇三　訳（岩波書店）

「金の不死鳥」　『トンボソのおひめさま』から
マリュース・バーボー文　マイケル・

『それほんとう？』

『リンゴの木の上のおばあさ

『りんごのえほん』
ヨレル・K・ネースルンド作　クリスラ

キラキラ読書クラブのブックトーク　2009年0月00日

キラキラ小学校3年生のみなさんへ

「ヘンリーくん」からはじまる、
ゆかいな本のしょうかい！

『がんばれヘンリーくん』
ベバリィ・クリアリー　作　松岡享子訳　（学習研究社）

『ディック・ウィッティントンとねこ』
マーシャ・ブラウン　絵　松岡享子訳　（アリス館）

『黒ねこの王子カーボネル』
バーバラ・スレイ　作　山本まつよ訳（岩波書店）

『はちうえはぼくにまかせて』
ジーン・ジオン文　マーガレット・グレアム絵　もりひさし訳（ペンギン社）

『ピトゥスの動物園』
サバスティア・スリバス作　宇野和美　訳（あすなろ書房）

ブックトークのプログラムを印刷して配ると役に立つでしょう。

2 テーマによるブックトーク

テーマを決めてから、そのテーマに沿った本を探してブックトークを作る方法もあります。子どもが興味をもちそうなおもしろいテーマや広がりのあるテーマなど、さまざまなアイディアを考えてみましょう。

学校からの依頼で、学習のために特定のテーマの本を紹介することもあります。子どもたちが自分の課題を果たせるように、本の内容や特徴など資料紹介をします。時には、そのテーマについて説明することもあります。けれども、「資料紹介」と「ブックトーク」は目的がちがいます。

「ブックトーク」は、子どもの自由な読書を広げますが、「資料紹介」は子どもの学習を支えるのです。「リンゴ」のテーマでブックトークをするときには、子どもがリンゴの本を読みたいという気持ちになるように誘うことが目的で、決してリンゴ博士にさせることではありません。しかし資料紹介では、子どもは本をとおしてリンゴの育ち方や農家について学びます。

ここでは、低学年、中学年、高学年の対象学年別に三本ずつ、全部で九本のブックトークを作りました。

くいしんぼう（低学年向け）

今日は、くいしんぼうの本を集めて紹介します。

■『くいしんぼうのはなこさん』

くいしんぼうといえば、このウシです。

5ページを見せて はなこは、かわいい子ウシです。かわいがって育てられましたが、わがままでご馳走ばかり食べてむくむく大きくなりました。

9ページを見せて 春に山の牧場に行って、よその家のウシたちといっしょになりましたが、はなこにかなうウシはいません。はなこは、ウシたちの女王になりました。

15ページを見せて 水浴びも、はなこがいちばん先にやります。はなこがきれいな水を飲み、からだを冷やしたあとで、ほかのウシたちがおあまりの水を飲むのです。

17ページを見せて 木陰で休むのも、はなこがいちばんです。はなこが大きな陰の真ん中にどっかりと横になってから、ほかのウシたちは、おあまりの陰で寝たり、別の小さな木陰を探したりします。なんでもはなこがいちばんにやりました。

21ページを見せて そしてある日、みんなで分けて食べるはずだった、すごくたくさんのおイモやカボチャを、はなこは全部ひとりで食べてしまったのです。さあどうなったでしょう？

『くいしんぼうのはなこさん』

■『おちゃのじかんにきたとら』

全部ひとりで食べてしまうということなら、このトラにはかないません。ほら、この表紙、女の子とトラがお行儀よくお茶していますね。でも、実際はこんなにお行儀よくなかったんですよ。

ソフィーとお母さんがお茶を飲もうとしているページを見せて　女の子はソフィーといいます。ソフィーとお母さんがお茶の時間にしようとしたとき、玄関のベルが鳴りました。

ソフィーがドアを開けるページを見せて　やってきたのはトラでした。トラはこんなふうに言いました。**「ごめんください。ぼく　とても　おなかが　すいているんです。おちゃのじかんに、ごいっしょさせて　いただけませんか？」**ね、お行儀いいでしょ。こんなふうに言われたらだれだって、どうぞ、って言いますよね。お母さんもこう言いました。**「もちろん　いいですよ。どうぞ　おはいりなさい」**

そこで、トラは台所に入ってきて、テーブルについたんです。

食べるものにしたがってそのページを次々に開いて見せて　そして、テーブルにあったサンドイッチを全部食べて、パンを全部食べて、ビスケットを全部食べて、ケーキを全部食べました。それから、ミルクポットの牛乳を全部飲んで、ティーポットのお茶を全部飲みました。それから、作りかけの夕ご飯を全部と、冷蔵庫の中のものを全部と、戸棚の中の包みや缶詰を全部と、牛乳とオレンジジュースとお父さんのビールと、水道の水を全部飲みました。ぜーんぶです。

トラが帰るページを見せて　そして、**「すてきな　おちゃのじかんを　ありがとう。ぼくは、そろそろおいとまします」**と、お行儀よくあいさつをして帰っていきました。さあ、ソフィーの家《うち》はどうなったと思いますか？　そう、食べ物がぜんぜんなくなっちゃったんです。そこにお父さんが帰ってきました。それからみんなは、どうしたでしょうね？

『おちゃのじかんにきたとら』

■『はらぺこおなべ』

次の本は絵本ではなくて、ちょっと厚い本です。この本の主人公は「おなべ」です。おなべは毎日、野菜を煮たりシチューを作ったりして働いていましたが、急に働くのがいやになりました。

「ひとのために、ごちそうを せっせと つくるなんて、やなこった。あたしゃ、でていくんだ。これからは、おいしいものを おなかいっぱい たべて、くらすのさ」と言って台所を出ていきました。

4ページを見せて 家を出てどんどん歩いていくと、ネズミに会いました。

「おなべさん、おなべさん、どこへ いくの」「おなかいっぱいに なりたくて、おいしいものを たべに いくのさ。ところで、ねずみちゃん。あんたの かかえているものは、そりゃ なんだね」

8ページを見せて ネズミは持っていたソーセージを後ろに隠そうとしましたが、おなべは**「そいつを およこし！ それとも、おまえを しちゅーに しようか！」**とおどして、ソーセージを食べてしまいました。

そのあとも、次から次においしいものを食べます。するとなんとも不思議なことに、おなべはどんどん大きくなっていったのです。でも、どんなに食べてもおなかはぺこぺこ。もっと食べたいよう！

56ページを見せて おなべは、食べ物を探して旅を続けます。

■『くわずにょうぼう』

昔話の中にもくいしんぼうはたくさん出てきます。『くわずにょうぼう』。これは日本の昔話です。

3ページを見せて この男、欲ばりのけちんぼで、**「おらも にょうぼうが ほしいなあ。よっく はたらいて めしを くわない にょうぼうが ほしいもんだ」**って言っています。よく働いて、ご飯を食べな

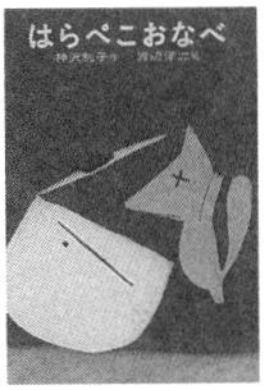

『はらぺこおなべ』

『くわずにょうぼう』

い人なんていると思いますか?

4ページを見せて　そうしたら夜になってから、美しい娘がきたのです。**「おらは　めしを　くわない　おなごだ。めしは　ちょっとも　くわないで、うんと　はたらくから、あんたの　にょうぼうに　してくんろ」**と言われて、男は喜んで女房にしました。

7ページを見せて　ほんとうに何も食べないでよく働くので、男は大喜びです。でも、蔵のお米は減っています。不思議に思った男は山に行くとうそを言って、天井に隠れて女房を見張ることにしました。

11ページを見せて　男が出かけたと思うと、女房は蔵から米俵を持ってきて、大きな釜に米をざぁーっと入れて、じゃぎじゃぎじゃぎといで、釜の下をぼんぼんと燃して、ご飯をどっさり炊きました。炊き上がると、雨戸を一枚はずしてきて、にぎりめしを作ります。大きな釜の飯をみんな握って雨戸の上にずらりと並べると、

13ページを見せて　髪の毛をほどきました。すると頭のてっぺんに大きな口がざくっと開いて、女房が**「ほらくえ　それくえ　ほらくえ　それくえ」**とにぎりめしを投げあげると、それを頭の口が全部食べてしまいました。さあ、天井に隠れてこれを見ていた男はどうしたと思いますか?

■『みしのたくかにと』

さて、次の本は、なんだかわからないご馳走です。

表紙を見せて　**「みしのたくかにと」**変な題名ですね。ちょっと太っちょのおばさんが台所で種を一粒見つけました。何の種かなあ、とおばさんは考えました。なんだかわからないけど、まいてみよう。

6ページを見せて　種を庭にまいていたら、通りかかった近所の男の人が**「ああ、それはあさがおの**

『みしのたくかにと』

たねですよ！」と教えてくれました。

アサガオが咲くの楽しみだなあ、とおばさんが思っていたら、

9ページを見せて　別の女の人が**「あら、これはすいかのたねですよ！」**と言いました。スイカが実ったらおいしそうだな、とおばさんは思いました。あれ？　アサガオなんでしょうか？　スイカなんでしょうか？　おばさんはどっちでもいいなと思って、こんな立て札をたてました。

12ページを見せて　**「あさがおかもしれない／すいかかもしれない／とにかくたのしみ」**ってね。

黒板に書くか、書いた紙を用意して反対から読めるようにするといい

ところが、この立て札の字を反対から読んだ男の子がふたりいるんです。**「いなれしもかおがさあ。いなれしもかかいす」**。そして、**「みしのたくかにと」**です。

27ページを見せて　反対から字を読んだ男の子のひとりは、王子さまでした。王子さまは、**「いなれしもかおがさあ　いなれしもかかいす　みしのたくかにと」**が食べたいと言いました。家来たちはみんな困りました。だれも**「いなれしもかおがさあ」**なんて見たことも聞いたこともなかったからです。たくさんの役人に命じて、それを探させることになりました。町の人たちも大さわぎになりました。

さて、この種は何の種だったのでしょう？

ヒント1　アサガオでもスイカでもありません。

ヒント2　王子さまがおいしいおいしいといって食べるご馳走ができあがります。

さあ考えてみてください。あなたの答えはあたっているかな？　正解はこの本の中です。読んでください。

■『なにをたべたかわかる?』

最後に、いちばんのくいしんぼうを紹介します。

読み聞かせをする

最後のページで、「**なんとなんとなんとなんとなんとなにをたべたかわかる?**」ときいていましたね。さあ、わかりますか?

絵本のページを繰りながら、何を食べたか考えさせる

『なにをたべたかわかる?』

■紹介した本

『**くいしんぼうのはなこさん**』いしいももこ文　なかたにちよこ絵　福音館書店
『**おちゃのじかんにきたとら**』カー文・絵　晴海耕平訳　童話館出版
『**はらぺこおなべ**』神沢利子文　渡辺洋二絵　あかね書房
『**くわずにょうぼう**』稲田和子再話　赤羽末吉絵　福音館書店
『**みしのたくかにと**』松岡享子文　大社玲子絵　こぐま社
『**なにをたべたかわかる?**』長新太文・絵　絵本館

■そのほかの本

『**サリーのこけももつみ**』マックロスキー文・絵　石井桃子訳　岩波書店
『**こねこのチョコレート**』ウィルソン文　大社玲子絵　小林いづみ訳　こぐま社
『**さかなださかなだ**』長野ヒデ子文・絵　偕成社
『**おかあさんになったつもり**』森山京文　西川おさむ絵　フレーベル館
『**ゼラルダと人喰い鬼**』ウンゲラー文・絵　たむらりゅういち、あそうくみ訳　評論社
『**きつねのホイティ**』ウェッタシンハ文・絵　まつおかきょうこ訳　福音館書店
『**おおきなおおきなおいも**』赤羽末吉文・絵　福音館書店
『**いたずらハリー　きかんぼのちいちゃいいもうと3**』エドワーズ文　酒井駒子絵　渡辺茂男訳　福音館書店
『**おだんごぱん**』わきたかず絵　せたていじ訳　福音館書店

■コメント

最後の絵本『なにをたべたかわかる?』はインパクトがとても強いので、もっとやわらかく終わるには、「最後に紹介する絵本には、人間の子どもとクマの子ども、ふたりのくいしんぼうが出てきます」というつなぎ言葉で『サリーのこけももつみ』の読み聞かせをするといいでしょう。『サリーのこけももつみ』は人間の母子とクマの母子が入れ替わってしまうという楽しい話ですが、緊迫感の高まる場面の積み重ねが持ち味なので、一部だけ紹介してもそのおもしろさが伝わりにくい本です。読み聞かせのほうが向いています。

低学年のなかでも、特に小さい子に向くブックトークです。一年生にするときには『くいしんぼうのはなこさん』をやめて『いたずらハリー　きかんぼのちいちゃいいもうと3』を入れるといいでしょう。食べ物の本はたくさんありますから、聞き手に合わせて調整してください。

動物園に行こう!（低学年向け）

みなさんは、動物園に行ったことがありますか?　動物園にはどんな動物がいるでしょう?　ゾウ、ライオン、キリン、カバ……　そう、動物園に行くと、いろんな動物たちに会えますね。残念ながら、今日は動物園には行けません。そのかわりに、本の中で動物園にいる動物たちに会いにいきましょう。

■『ごきげんならいおん』

まずはじめは、ライオンです。

読み聞かせをする

『ごきげんならいおん』

■『わにの はいた』

ごきげんならいおんには、仲よしの友だちがいてよかったですね。次は、ごきげんならいおんと同じように動物園に住んでいるワニのお話、『わにのはいた』です。

表紙を見せて　このワニは「アリ」という名前で、動物園に住んでいます。

2～3ページを見せて　ところがある朝、歯が痛くなってしまいました。

4～5ページを見せながら読む　**「それじゃ、はいしゃさんへいかなくちゃならないね。」**と、**みぎどなりのあらいぐまがいいました。「はいしゃさん」ときくと、アリはとたんにかなしくなって、なみだがでそうになりました。はいしゃさんなんてこわくて、とてもいけそうにありません。**

8～9ページを見せて　係のおじさんが心配して、今日は一日、奥で静かにしているようにと言いました。

14～15ページを見せて　次の日になっても歯痛は治りません。動物園の園長さんが様子を見にきて、**「きみは、やっぱり、はいしゃさんへいかなくちゃなるまいね」**と言いました。

18ページを見せて　そこでアリは、バスに乗って七丁目の病院へ出かけました。すると隣の席のぼうやが、**「七ちょうめなら、あっちのバスにのらなくちゃ」**と教えてくれました。アリはまちがったバスに乗ってしまったのに、**「ほんと！　こりゃありがたいぞ。しめ、しめ！」**なんて言っています。歯医者さんに行くのがこわいからです。でも、そのうち歯が痛くなってきたので、アリはもう七丁目に行くのはやめて、ぼうやの家に遊びに行くことにしました。ぼうやの家では、絵本を見たり、おもちゃで遊んだりしました。

24～27ページを読む

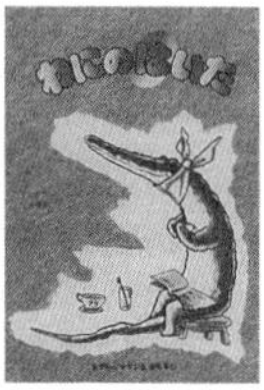

『わにのはいた』

ところが、ひととおりあそびおわると、アリはまた、はがいたみだしました。「どうにかしなくちゃ。」と、アリはこまったようにいいました。（中略）**アリはがっかりして、いまにもなきそうなかおになりました。じかんはもうおそいし、はいたはますますひどくなるばかりです。「どうぶつえんのえんちょうさんにでんわをして、どうしたらいいか、きいてみようよ。」と、ぼうやがいいました。「でも、もうおそすぎるよ。」そういって、アリはなみだをぽろぽろこぼしました。**

37ページを見せて　さて、アリはいったいどうなるのでしょう。歯痛は治るのでしょうか?　続きは自分で読んでみてください。

■『かばくん』

では次は、カバに会いに動物園へ行ってみましょう。

読み聞かせをする

表紙を広げてカバの全体像を見せて　小さいかばくんは、いつもお母さんといっしょにいるんですね。

■『ポケットのないカンガルー』

表紙を見せて　次は、カンガルーのお母さんと子どもが出てくるお話、『ポケットのないカンガルー』です。みなさんは、動物園でカンガルーを見たことがありますか?　カンガルーのお母さんは、おなかの袋の中に赤ちゃんを入れて育てるんですよ。

3ページを見せて　でも、このお母さんカンガルーのケイティには、どうしたわけかポケットがありませんでした。ほかのカンガルーのお母さんたちは、おなかのポケットに子どもを入れて遠くまでびゅ

『かばくん』

『ポケットのないカンガルー』

んびゅん走っていくのに、ケイティは、小さなぼうやのフレディをどこへも連れていくことができません。ケイティは悲しくなりました。

6〜7ページを見せて　ワニのお母さんは、子どもを背中におんぶして運ぶといいます。

8〜9ページを見せて　そこでケイティもフレディをおんぶしてみましたが、背中に乗せるまでが、まずたいへん。なんとか乗せても、前足が短いのでうまくつかまっていることができません。ケイティがびゅんびゅーんと跳び始めると、フレディは、すっとん！　とすぐに落っこちてしまいました。

10〜11ページを見せて　サルのお母さんは、子どもをだっこして運ぶといいます。でも、ケイティの前足は短いので、うまくだっこできません。

14〜15ページを見せて　そこでケイティは、もの知りのフクロウさんに、どうしたらいいか聞きに行きました。

16〜17ページを見せて　フクロウさんは昼間は眠っていましたが、やっと起きてきて、いいことを教えてくれました。ポケットがないなら町に行って、ポケットを買ってくればいい、と言うのです。

18〜19ページを見せて　ケイティは大喜び。びゅんびゅん走って森をぬけ……

20〜21ページを見せて　町に行きました。さあ、ポケットはどこにあるでしょう？

21ページから最後まで読み聞かせる

「とつぜん、ケイティは目をまるくしてたちどまりました。まるで、ポケットだらけのおとこの人がやってくるではありませんか！（中略）**ケイティは、とってもしあわせ。というのはね、ケイティは、せかいいちたくさんポケットのあるおかあさんカンガルーなんですもの。おしまい。**

■『ペンギンたんけんたい』

さてこれで、ライオンとワニとカバとカンガルーを見ました。次のお話にも、動物園でとても人気のある動物が出てきます。それはペンギンです。ペンギンは鳥の仲間ですが、ほかの鳥のように空を飛ぶことはできません。そのかわり、水の中をすいすい泳ぐことができます。水からあがって、氷の上や地面の上を歩くときは、よちよち歩きでいち、にい、いち、にい、と歩きます。動物園では、ペンギンたちが一列になって歩くところを見せてくれるところもありますよ。

表紙を見せて　この『ペンギンたんけんたい』に出てくるペンギンたちも、一列になって歩くのが大好きです。

4ページから20ページまで、挿絵を見せながら読み聞かせる

五十人のりのカヌーにのって、やってきました、みなみのしまへ。ペンギンのたんけんたいです。いちばんせんとうでぼうしをかぶってそうがんきょうをぶらさげているのが、たいちょうです。そのうしろが、ふくたいちょう。（中略）**「エンヤラ、ドッコイ！」とおざかっていくペンギンのうしろすがたを見て、ライオンはおもいました。ペンギンたんけんたいだって？　いったいなにをたんけんするんだろう？　ライオンは、ペンギンたんけんたいのあとをついていくことにしました。**

24ページを見せて　さてそのあと、ペンギンたんけんたいは、大きなニシキヘビにあったり、

33ページを見せて　川ではワニにあったりしましたが、何を言われても**「ぼくたちは……、ペンギンたんけんたいだ！」**と言って、ずんずん先へ進んでいきます。

47ページを見せて　そのうち、あやしい山が現れました。ペンギンたんけんたいは、いよいよ元気に景気よく**「エーンヤ、エーンヤ、エーンヤコラ、ドッコーイ！」**と山を登っていきます。

『ペンギンたんけんたい』

52～53ページを見せながら　ライオンとニシキヘビとワニもあとからついてきました。さて、山の上にはいったい何があるのでしょうか？　続きは自分で読んでみてください。この愉快なペンギンたちのお話は何冊もあるので、別のを読んでもおもしろいですよ。

■『ぞうの子ラウルとなかまたち』

次は、動物園にいる、いちばん大きい動物です。なんでしょう？　そう、ゾウですね。動物園では、ゾウがどんな暮らしをしているのか、ほんの少ししか見ることができません。そこで、この『ぞうの子ラウルとなかまたち』を見てみましょう。

2～3ページを見せて　これは、アフリカのケニアという国にすんでいるゾウの家族の暮らしを写真にとったものです。

4～5ページを見せて　この小さい赤ちゃんは、生まれたばかりのオスのゾウで、名前はラウルといいます。ゾウの赤ちゃんは、生まれたその日から、しゃんと立つことができるんですよ。

7ページを見せて　ラウルは、お母さんだけでなく、お姉さんやおばさんやおばあさんといっしょに暮らしています。これはラウルのおばあさんです。お父さんや大人のオスのゾウは、家族といっしょには暮らしません。ゾウの群れでいちばん頼りにされているのはおばあさんです。ゾウたちはいつもおばあさんの近くにいて、おばあさんが動きだせばみんなも動き、立ち止まればみんなも立ち止まります。

9ページを見せて　これはラウルとお姉さんゾウです。お姉さんはいつもラウルのそばにいて、ラウルのことをよく見ています。

14～15ページを見せて　ゾウの群れは、のどがかわいたので、沼をめざしてゆっくりと歩いていきま

『ぞうの子ラウルとなかまたち』

す。でも歩き疲れたラウルは、お母さんのおなかの下の日陰に寝転んでしまいました。お母さんは立ったまま眠ります。柱のように太い四本の足で、ラウルを守ってくれます。

32〜33ページを見せて　こうやって、ゾウの家族は助け合いながら暮らしています。この本には、ほかにもたくさんの写真が載っています。アフリカの草原にすむゾウの暮らしをじっくり見てください。

■『どうぶつのあしがたずかん』

ラウルのお母さんの足は、柱のように太かったですね。ではゾウの足の裏は、どのくらい大きいのでしょう？　この『どうぶつのあしがたずかん』で見てみましょう。

6〜7ページの折込みを開く　これがゾウの右の前足の足型です。四十センチくらいありますね。

8〜9ページを見せて　ゾウの重さは、おすもうさん三十人分くらいあるそうです。ですから足は丸太のように太く、足の裏は平べったくて、溝がたくさんあります。これが前足の裏、これが後ろ足の裏の写真です。この溝があるおかげで、すべりやすいところでも、うまく歩くことができるそうです。

10〜11ページを「キリン」という字を隠しながら見せて　これはなんの足型かわかりますか？　これはキリンの右前足、こちらは右後ろ足の足型です。

26〜27ページを「ライオン」という字を隠しながら見せて　これはなんの足型でしょう？　これはライオンの足型です。

この本には、ほかにもいろいろな動物の足型と、足の裏の写真が載っていますから、あとでゆっくり見て、自分の手や足と大きさをくらべてみてください。

『どうぶつのあしがたずかん』

■紹介した本

『ごきげんならいおん』ファティオ文　デュボアザン絵　むらおかはなこ訳　福音館書店

『わにのはいた』ドリアン文・絵　光吉夏弥訳　大日本図書

『かばくん』岸田衿子文　中谷千代子絵　福音館書店

『ポケットのないカンガルー』ペイン文　レイ絵　にしうちミナミ訳　偕成社

『ペンギンたんけんたい』斉藤洋文　高畠純絵　講談社

『ぞうの子ラウルとなかまたち』ペイン文・写真　水原洋城訳　岩波書店

『どうぶつのあしがたずかん』加藤由子文　ヒサクニヒコ絵　岩崎書店

■そのほかの本

次のページの表を参照のこと。

■コメント

動物の本は数え切れないほどあるので、動物園の動物というくくりで構成してみました。動物園の動物を想像しながら紹介するので、服を着たものやキャラクター化されすぎたものは避け、なるべくその動物の特徴を生かした描写のものを選びました。その動物が表紙に描かれていて、なるべく物語の最初から登場するもののほうが紹介しやすいでしょう。また、悪者に描かれているものは使いませんでした。動物絵本には幼児向けのものが多いのですが、ここでは絵本でもなるべく物語性のあるものを選び、長い物語への橋渡しになるようにしました。選んだら左のような表にしてみると、絵本、読物、ノンフィクションをとり混ぜていろいろな組み合わせが作れます。ここでは六種類の動物をとりあげましたが、多めに用意しておけば、子どもたちに動物名を言ってもらい、あがったものを紹介するという方式も可能でしょう。なお、十二支に含まれる動物の本は、262～263ページの「十二支の本」を参考にしてください。

低学年には、なるべく本を丸ごと紹介したいので、読み聞かせる部分を多くしました。短い絵本は全部読み聞かせ、長い絵本は途中までをかいつまんで説明したあと、最後の部分を読み聞かせると楽しめます。低学年は、全部読んでもらった本でも、おもしろければ何度でも自分で読みたがります。最後に紹介したノンフィクション二冊の内容は中学年向きですが、本物の動物を写した写真には低学年も興味をひかれ、ノンフィクションに手を伸ばすきっかけになるでしょう。

	絵本（10冊）	読み物（7冊）	ノンフィクション（2冊）
ライオン	●ごきげんならいおん ●アンディとらいおん		
ワニ	●ぼくはワニのクロッカス	●わにのはいた ●しあわせいっぱい荘にやってきたワニ	
カバ	●かばくん ●ちいさなヒッポ		
カンガルー	●ポケットのないカンガルー	●カンガルーのルーおばさん	
ペンギン	●ペンギンのヘクター	●ペンギンたんけんたい	
ゾウ	●ぐるんぱのようちえん	●ぞうのオリバー	●ぞうの子ラウルとなかまたち
ゴリラ	●ちびゴリラのちびちび	●ゴリラのりらちゃん	●お父さんゴリラは遊園地
キリン	●きりんのセシリーと9ひきのさるたち	●ぼくはアフリカにすむキリンといいます	

頭のてっぺんからつま先まで（低学年向け）

寒いですね。寒いときのとっておきの本を紹介しましょう。
頭のてっぺんからつま先まで、しっかり暖かくする本を集めました。

■『ふしぎな500のぼうし』

まず、頭を暖かくするためにどうしましょうか？　そうですね。帽子をかぶりましょう。それも一つでは寒いから、たくさんかぶりましょう！

『ふしぎな500のぼうし』。この男の子、名前はバーソロミューっていいます。バーソロミューだってもちろんはじめは五百も帽子を持っていたわけではありません。ふつうに一つ持っていただけです。

3ページを見せて　その帽子は、バーソロミューのおじいさんもお父さんもかぶっていた古い帽子でした。一本の羽がピンと立っているバーソロミューお気に入りの帽子でした。

9ページを見せて　さて、バーソロミューが歩いていたとき、王さまが通りかかりました。王さまに会ったときは帽子をとらなくちゃいけません。もちろん、バーソロミューも帽子をとりました。

13ページを見せて　でも、バーソロミューは帽子をとったはずなのに、まだ帽子をかぶっていたのです。

17ページを見せて　それで、もう一回帽子を脱いだら、あれ？

20ページを見せて　どれだけとっても、ダメなんです。ほら……。とっても、とっても、とっても、とっても。

49ページを見せて　そして、もっとふしぎなことに、帽子の形が変わり始めました。さあどうなるでしょう？　そう、題名からもわかりますね。帽子は五百もあったんですよ。

■『ばばばあちゃんのマフラー』

帽子の次はどうしましょう？　首に巻くのはなあに？　そう、マフラー。

『ふしぎな500のぼうし』

『ばばばあちゃんのマフラー』

ばばばあちゃんのこと知っていましたか？　イヌとネコといっしょに住んでいて、とっても楽しいおばあちゃんです。最初のページでばばばあちゃんは、こう言っています。

3ページを読む　**かぜひいたのかね、おつきさん。／わたしの　とっときのマフラー　おくるよ。／マフラーまいたら　かぜなんか／なおっちゃうさ。／でも、どうやって　とどけようか、／とおいからねえ。**

4ページを見せて　次のページでは、ばばばあちゃんはそのマフラーを雪だるまに巻いています。

6ページを見せて　その次のページでは、お花に巻いてあげています。いつになったら風邪ひきのお月さまのところに届けるのでしょう？　第一、どうやったらお月さまに届けることができるのでしょう？　ばばばあちゃんの方法に、きっとみなさんもビックリしますよ。読んでみてください。

■『ハリーのセーター』

帽子をかぶってマフラー巻いて、さあ次はどうしますか？　セーターを着ましょう。暖かい毛糸のセーターね。

標題紙を見せて　イヌのハリーは、おたんじょうびにおばあちゃんからプレゼントを貰いました。

見開きの標題紙を見せて　ほら、プレゼントが届いて、ハリーがリボンをほどいています。

本文の1ページ目を見せて　バラの模様のセーターでした。こんなにすてきなセーターなのに、ハリーはバラの模様が気に入りませんでした。

ハリーが鏡の前にいるところからみんなが追いかけてくるページまでゆっくりめくりながら　着てみたらほかほかでぴったりなのにね。それで、ハリーはセーターを捨てちゃおうって思ったのですが、いろいろな人が気づいて追いかけてきてくれるのです。みんな親切ですね。でも、ハリーはおもしろくあ

『ハリーのセーター』

りません。

ハリーが毛糸を引っ張っているところを見せて さて、ハリーが庭にいたとき、ハリーはセーターから毛糸が一本たれているのに気がつきました。ハリーはちょっとだけ引っ張ってみました。それから、もうちょっとだけ引っ張ってみました。するとそれを鳥が見ていて、毛糸の端をくわえて飛んでいってしまったのです。

セーターがほどけていくところを見せて セーターは長い長い一本の毛糸になって空に飛んでいってしまいました。セーターはどうなったかな？ ハリーはどうしたでしょうね？

■『てぶくろ』

さあ、今度はどうしましょう？ 手袋をはめようと思います。手袋って暖かいですよね。

『てぶくろ』。このお話はウクライナという国の昔話です。寒くて、雪がたくさん降るところです。

読み聞かせをする

■『もぐらとずぼん』

帽子をかぶって、マフラーにセーター、手袋したでしょ。そうしたら次は、ズボンかスカートですね。ズボンのほうが暖かいから、ズボンにしましょう。

『もぐらとずぼん』は、モグラ君が、自分でズボンを作って、自分ではく本です。

ズボンが干してある絵を見せて モグラ君は、大きなポケットのついたズボンを見て、とてもほしくなりました。**「どこへいけば、あれとおそろいのずぼんが、てにはいるだろう」**。モグラ君はみんなに聞

『てぶくろ』

『もぐらとずぼん』

いてまわります。

エビガニが顔を出しているところを見せて　すると、川のエビガニが**「わしのところへ　きれをもっておいで。ずぼんのかたちに、きってあげるよ」**と言ってくれました。

モグラがヨシキリに頼んでいるところを見せて　ヨシキリという鳥も、ズボンの形に切ったきれを持ってきたら縫ってくれると言いました。でも、そのきれはどこで見つけたらいいんでしょう？

アマが話しかけるところを見せて　モグラが泣いていると、そばの花が話しかけてきました。**「わたしは、あまっていうはなの。わたしのいうとおりにすれば、ずぼんがてにはいるわ。ほら、わたしのまわりに　あざみや　たんぽぽが、いっぱい　はえているでしょう。みんなにおされて　いきがくるしいの。いきができるように、くさをぬいてちょうだい。それから　このちいさいむし！　わたしのはっぱを　だめにしてしまうの。このむし　みんな、おいはらってちょうだい」**。モグラはアザミやタンポポを抜き、虫を追い払い、アマに水をやりました。アマはぐんぐん育ちました。モグラはアマに教えてもらったとおりにアマを刈りとり、水につけ、干して、折り曲げ、すいて、糸にして、染めて、布にしました。森のみんなが助けてくれました。その布でズボンを作ってもらったのです。

モグラがズボンをはいて鏡を見ている絵を見せて　最後に、ズボンをはいたモグラ君の嬉しそうな顔を見てください。

■『すずめのくつした』

これでやっとズボンをはくことができました。では、最後に靴下をはきましょう。

12ページを見せて　アンガスの家は靴下工場です。工場の機械でどんな模様の靴下でも、どんな大き

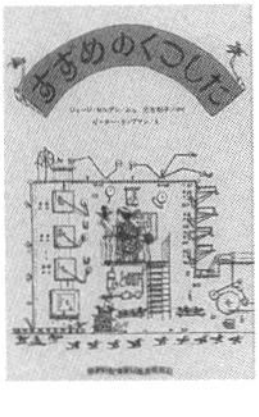

『すずめのくつした』

さの靴下でも編むことができます。でも、靴下はあんまり売れません。

ある冬の朝、アンガスは、友だちのスズメが寒そうなのを見て、スズメに靴下を作ってあげました。

33ページを見せて

そのスズメ、ブルースっていう名前なのですが、嬉しくてスズメの仲間に見せます。**「どう、このぼくのきれいなくつしたは？」**ってね。そうしたらどうなったと思いますか？

34ページを見せて

そう、ほかのスズメたちもみんな靴下をほしくなってしまったのです。

43ページを見せて

アンガスはもちろん作ってあげましたとも。それで、町中のスズメがおそろいの赤い靴下をはいたのです。そのあとどうなったかは、自分で読んでみてください。

■『できるかな？ あたまからつまさきまで』

せっかく靴下まではきましたが、その靴下を脱いでください。寒い日には体操がいちばん暖まります。『できるかな？ あたまからつまさきまで』。この本といっしょに体操しましょう。

読み聞かせをしながら、みんなで体操

みんなあったかくなったかな？ 寒い冬、暖かい洋服を着たり、体操をしたりして、元気に過ごしましょう！

『できるかな？ あたまからつまさきまで』

■紹介した本

『ふしぎな500のぼうし』ドクター・スース文・絵 わたなべしげお訳 偕成社

『ばばばあちゃんのマフラー』さとうわきこ文・絵 福音館書店

『ハリーのセーター』ジオン文 グレアム絵 わたなべしげお訳 福音館書店

『てぶくろ』ラチョフ絵 うちだりさこ訳 福音館書店

『**もぐらとずぼん**』ペチシカ文　ミレル絵　うちだりさこ訳　福音館書店
『**すずめのくつした**』セルデン文　リップマン絵　光吉郁子訳　大日本図書
『**できるかな？　あたまからつまさきまで**』カール文・絵　くどうなおこ訳　偕成社

■**そのほかの本**

『**おさるとぼうしうり**』スロボドキーナ文・絵　まつおかきょうこ訳　福音館書店
『**ペレのあたらしいふく**』ベスコフ文・絵　おのでらゆりこ訳　福音館書店
『**アンナの赤いオーバー**』ジーフェルト文　ローベル絵　松川真弓訳　評論社

■**コメント**

これは冬限定バージョンです。頭からつま先まで次々に着せていくので、冬のほうがやりやすいのです。黒板に人間の姿を描いておいて一枚ずつ描き足していくのもおもしろいでしょう。パネルシアターで作ることもできます。このブックトークでは七冊の本を選びましたが、一冊一冊の本にはかかわりがありません。このように、どの本を選んでもかまわないというブックトークはたいへん作りやすいのです。こういうブックトークは、「色」や「数字」でも作ることができます。

最後に体操で遊ぶようにして終わっていますが、最後の本を「これで身支度ができました。外に出かけるときはこの上にオーバーを着ましょう」というつなぎ言葉を用いて『アンナの赤いオーバー』にすると、対象年齢があがります。子どもの年齢によって調整してください。

おたよりください——手紙の本（中学年向け）

みなさんは、手紙をもらったことがありますか？　だれかに手紙を書いたことはありますか？　お正月に出す年賀状や、夏休みに書く絵はがきは、郵便切手を貼って　ポストに入れると郵便屋さんが届けてくれます。

実物を見せて　手紙やはがきは形が決まっていて、普通は紙でできています。でもじつは、こんな手紙も配達してくれるのを知っていましたか?

葉っぱの手紙の実例を見せて、中身を読んでみる もともと「はがき」って、漢字で書くと「葉書」。葉っぱの「葉」に「書」くという字です。葉っぱの手紙もちゃんと郵便で届くんですね。

■『てがみはすてきなおくりもの』

この『てがみはすてきなおくりもの』という本には、こんなふうに葉っぱの手紙の写真が載っていて、実際に書くときや出すときの注意が書いてあります。

4ページを読んで これはあて名を書く表側。あて名は油性のペンで書いたほうがいいそうです。選ぶのは、丈夫で大きめの葉っぱ。この写真は「タイサンボク」という木の葉っぱです。

この本には、葉っぱの手紙以外にもいろいろな楽しい手紙のアイディアが載っています。

8〜9ページを見せて たとえば夏休みの思い出を伝える貝殻の手紙。大きな平らな貝殻はそのままはがきにして送る。小さい貝殻は、こんなふうにガチャポンの透明なケースにつめて宛名札をつければ郵便になるんだって。そしてこれは、ありがとうの気持ちをこめて手作りした手紙。

29ページを見せて いつもおいしいものを送ってくれるおばあちゃんに「こんなに大きくなりました」ってお知らせするために、自分の「足型」をとって作ったカード。この赤い紐は、自分の背の高さとおなじ長さになっているんですって。すてきなアイディアですね。もらった人はすごく嬉しいでしょうね。

38〜39ページを見せて 本の後ろには、いろいろなアイディアの手紙を出すときには大きさや重さによって値段が変わってきますよ、という郵便屋さんからの注意が載っています。

『てがみはすてきなおくりもの』

■『ネコのタクシー　アフリカへ行く』

さて、葉っぱの手紙もちゃんと配達してもらえることがわかりました。でも、届いた手紙がこんな葉っぱの手紙だったらどうしますか?

表紙を見せて　この本の主人公はネコのトム。トムはネコ専門のタクシードライバーで、人間のタクシードライバー、ランスさんといっしょに住んでいます。そのトムのもとに届いたのは、木の実がはりつけてある、こんな葉っぱの手紙でした。

25ページを見せて　この葉っぱの手紙は、じつはアフリカのゴロンゴロン高原に住むサルの王さまが、トムにアフリカに来てほしいと思って出した招待状だったのです。

表紙裏の地図を見せて　これが、ゴロンゴロン高原への地図です。

トムはもともと足に自信のあるネコで、とっても速く走ることができます。トムのタクシーには、じつはエンジンがありません。なんと、トムが自分で走って、足で地面をけって進んでいるんです。ゴロンゴロン高原のサルたちは、このちょっと変わったネコのタクシーの話が気に入ってしまって、トムに会いたくなってしまったのです。

11ページを見せて　サルの王さまにトムのことを話したのは、トムのお父さんネコのドクター・ジョン。といっても、トムは生まれてからずっと、お父さんに会ったことはなかったんですけどね。ドクター・ジョンは七つの海を旅する生物学者ネコ。十五種類の人間の文字を読むことができ、サルの文字も読めるのだそうです。そのドクター・ジョンによれば、この手紙には**「わたしはサルの王である。サルの国は、ネコのトムを招待することにする」**と書いてありました。でもこれだけじゃ、遠いアフリカまで行けませんよね。足に自信のあるトムだって、海を泳いで渡ることはできません。そこで、サルの王

『ネコのタクシー　アフリカへ行く』

さまはアフリカに行くために必要なお金のかわりに、大きなダイヤモンドを用意してくれていたのです。
海を渡るための船「アフリカのダイヤモンド号」に、ランスさんのタクシーとトムのタクシーを積み込んで、いざアフリカに向けて出発です。

地図を見せて　めざすのはゴロンゴロン高原。はたして船とタクシーで、サルの国にたどり着くことができるでしょうか。ネコのタクシードライバー、トムの冒険旅行が始まりました。
途中、海で釣りをして大きな魚を釣ったり、浅瀬に乗りあげて船が先に進めなくなったり、カバに助けてもらったり、おそろしく大きなゾウに、タクシーが踏みつぶされそうになったりします。

138ページを見せて　こんなふうに、ダチョウの頭にタクシーをのっけてもらって、草原を走ることもありました。冒険旅行のハラハラドキドキは、どうぞ続きを読んでみてください。
トムがどんなふうにネコのタクシードライバーになったのか、どんな仕事をしているのかを先に知りたい人は、こちらの『**ネコのタクシー**』を読んでみてください。こっちのほうが短いので、短い話から順番に読みたい人はどうぞ。

■『きつねものがたり』

79ページを見せて　森の中には人間の言葉で手紙を書いたキツネがいます。このきつねくんです。きつねくんは森番の家で飼われていましたが、その家の女の子が、毎日こうして本を読んでくれました。

12ページを見せて　いちばんよく読んでくれたのは、昔話のキツネの話です。もちろん、よくばりのオオカミやのろまなクマや人間までも負かしてしまう賢いキツネの話です。このきつねくんも、とびきり頭がよくて賢かったので、しばらくすると人間の言葉をすっかり覚えてしまいました。

『きつねものがたり』

19ページを見せて　そして、鉛筆を持って字を書くようになったのです。やがて森番の家を出て、ひとりで暮らすようになったきつねくん。何とか食べ物を手に入れようと、あの手この手を考えますが、昔話のキツネのようにはうまくいきません。

70ページを見せて　でも、ついに電話を上手に使って肉屋さんからハムをせしめましたよ。こんなふうにね。ところが、肉屋さんにきつねくんの仕業だとばれてしまい、ワナをしかけられました。けれど、そんなことでへこたれるきつねくんではありません。そこできつねくんが書いたのが、この手紙です。

79ページを見せながら、読む　**「しんあいなるにくやどの／ぼくは、にんげんごで、ハムをちゅうもんしたのです。それをよくも、くさりかけたソーセージなどもってきてくれましたね。**（中略）**じぶんで、きにいったのをえらばせてもらいますから。　けいぐ　森のきつねより」**

さあ、肉屋さんは湯気が出るほど怒りました。

84ページを見せて　土曜日、きつねくんはこんなかっこうで町へ出かけましたよ。うまくソーセージを手に入れることができるのでしょうか？

■『おたよりください』

さて、手紙を一回もらってそれでおしまいというのではなくて、長い間、手紙をやりとりすることを「文通」といいます。文通する友だちのことをペンフレンドといいますが、ペンフレンドがいないとき、新聞や雑誌で募集することがあります。

表紙を見せて　『おたよりください』の主人公リンダは、冬休みに何もすることがなくて退屈していました。そんなとき、新聞に載っていた**「おたよりください。オルガ（八歳）ペンフレンドぼしゅうち**

『おたよりください』

ゅう」という広告を見つけたので、さっそく手紙を書きました。こんな内容です。

6ページを読む **「こんにちは、オルガさま。しんぶんのこうこくを見ました。わたしの名まえはリンダです。わたしもおなじ八さいです」**

ところが、返事をもらってリンダはびっくり。

8〜9ページの手紙を読む **「リンダさま　この手紙をよまれたら、きっとがっかりなさるでしょう。どんなふうにおはなしすればいいでしょう。**（中略）**わたしは八〇さいのおばあちゃんです。かみの毛は、もうまっ白」**

オルガは八歳ではなく、八〇歳のおばあさんだったのです！　広告にまちがいがあって、八〇のゼロが一つぬけていたというわけです。でもオルガさんの手紙には、リンダからのお返事がほしいですと書いてあります。そこでリンダは、ほんとうのおばあちゃんに書くつもりで文通を続けることにしました。八歳と八〇歳の「手紙友だち」です。いったいどんな文通になるのでしょうか。

■「水晶のおんどり」（『みどりの小鳥』より）

まちがいから始まる文通もあれば、拾われたことから始まる話もあります。この『みどりの小鳥』という本の中には、イタリアのお話が、短いのから少し長いの、おかしいのや悲しいの、恐ろしいものまでいろいろ入っていますが、そのなかに、手紙を拾ったことから始まる「水晶のおんどり」という昔話を見つけました。丸ごとお話ししましょう。

「水晶のおんどり」のストーリーテリングを入れる

『みどりの小鳥』

では、水晶のおんどりが手紙を持って、無事にひよこの結婚式に出かけていったところで、手紙の本の紹介はおしまいです。

■**紹介した本**

『**てがみはすてきなおくりもの**』スギヤマカナヨ文・絵　講談社

『**ネコのタクシーアフリカへ行く**』『**ネコのタクシー**』南部和也文　さとうあや絵　福音館書店

『**きつねものがたり**』ラダ文・絵　内田莉莎子訳　福音館書店

『**おたよりください**』スンド文　セラーノ＝プネル絵　木村由利子訳　大日本図書

『みどりの小鳥』より「**水晶のおんどり**」カルヴィーノ文　ルッツァーティー絵　河島英昭訳　岩波書店

■**そのほかの本**

『**きょうはなんのひ?**』瀬田貞二文　林明子絵　福音館書店

『**おともださにナリマ小**』たかどのほうこ文　にしむらあつこ絵　フレーベル館

『**ひげねずみくんへ**』ナグダ文　井川ゆり子絵　高畠リサ訳　福音館書店

『**ペニーの手紙「みんな、元気?」**』クライン文　ジェイムズ絵　安藤紀子訳　偕成社

『**ぼくはアフリカにすむキリンといいます**』岩佐めぐみ文　高畠純絵　偕成社

『**きえた草のなぞ　めいたんていネート1**』シャーマット文　シマント絵　神宮輝夫訳　大日本図書

■**コメント**

楽しいアイディアがいっぱいの実用書の要素をもつ本を、導入に使うプログラムです。本に載っている手紙を実際に作って見せると、子どもたちの注目度も高くなります。けれど、小道具にばかり力を入れると、肝心の本から子どもたちの気持ちが離れてしまうので、ほどよい加減を心がけましょう。実際に郵便を出す際の注意点についても、きちんと伝える必要があります。最後は手紙がキーポイントになっている昔話を丸ごと入れました。ストーリーテリングだと、より印象度が高くなりますが、本を朗読するかたちでも、もちろん大丈夫です。

リンゴ（中学年向け）

今日のテーマは、リンゴです。ピカピカに磨いた本物のリンゴを見せると楽しい

リンゴには人の運命を決める力があることを知っていますか？　アダムとイブは、リンゴを食べて天国を追い出されました。「しらゆきひめ」がリンゴをのどに詰まらせて倒れたのは、みなさんも知っていますね。リンゴが落ちるのを見て、すごい発見をした人もいるんですよ。リンゴってすごいでしょう？

■『ミオよわたしのミオ』

この『ミオよわたしのミオ』でも、リンゴが主人公の運命を大きく変えました。

ボッセは、九歳の男の子。生まれたときにお母さんが亡くなり、お父さんはだれなのかわかりません。赤ちゃんのときに、おばさんとおじさんのところにもらわれてきましたが、ふたりは、ちっともかわいがってくれませんでした。ボッセはひとりぼっちで、どこかにいるお父さんのことを考えて、いつも泣いていました。ただ、果物屋のルンディンおばさんだけは、なぜかボッセをかわいがってくれました。

ある日の夕方、ボッセが果物屋の前を通りかかると、ルンディンおばさんが赤いきれいなリンゴをくれました。そして、はがきをポストに入れてほしいと言いました。ボッセははがきを受けとってポストに行き、中に入れようとしました。

16ページを見せて　そのとたん、はがきが火のように光り輝きました。ルンディンおばさんが書いた

『ミオよわたしのミオ』

文字が、火の文字になって光ったのです。そこには、こう書いてありました。

「はるかな国の王さまに／あなたがながらくたずねていたその人は、そちらにむかっています。その人は、昼も夜も旅をつづけ、その手には、証拠の金のリンゴをもっています」

ボッセが手に持っているリンゴを見ると、なんとそれは金のリンゴになっていました。はがきに書いてあったことはほんとうでした。はるかな国の王さまが長い間探していたわが子こそ、ボッセだったのです。ボッセは、夜空を高く高く飛んで、お父さんの待つはるかな国へ行きました。お父さんは、「ミオよ、わたしのミオ」と言ってボッセを抱きしめました。ボッセは、はるかな国の王子で、ほんとうはミオという名前だったのです。

ミオは、はるかな国で、楽しく暮らします。

56ページを見せて　金色のたてがみをもつ白馬に乗ったり、

68～69ページを見せて　友だちと笛を吹いたり、

99ページを見せて　お話を聞いたり。

でも、はるかな国は楽しいことだけではなかったのです。はるかな国の隣に、恐ろしい国がありました。残酷な騎士カトーが支配している国でした。騎士カトーは、子どもたちをさらって、鳥に姿を変えてしまうのです。騎士カトーと戦えるのは、王家の血をもつ男の子、ミオだけでした。ミオと騎士カトーの戦いが始まります。戦いがどうなったか知りたい人は、『ミオよわたしのミオ』を読んでください。

■「金の不死鳥」（『トンボソのおひめさま』より）

ミオが持っていたのは金のリンゴでしたが、この『トンボソのおひめさま』という本に載っている

『トンボソのおひめさま』

「金の不死鳥」というお話には、銀のリンゴが出てきます。

昔、あるところにたいへん賢い王さまがいました。王さまの庭には魔法の木が生えていて、その木には毎日、銀色の智恵のリンゴが一つなりました。朝になると、王さまは、そのリンゴを召しあがり、おかげていつも賢く国を治めることができました。

ところがある朝、王さまが庭に出ると、リンゴがありません。夜中に盗まれたのです。そこで、三人の王子が順番に、ひと晩じゅう見張ることになりました。一番目と二番目の王子は、真夜中になると眠たくなって、寝てしまいました。朝になると、リンゴは消えていました。三日目の晩に、末っ子のジャン王子が見張ることになりました。木の上には銀色のリンゴが、月の光で光っています。ジャンは木に登り、このリンゴを今とっておいたら、だれも盗んでいけるはずがないと考えて、リンゴをもぐと、シャツの内側にしまい、きちんとボタンをかけると、すぐに、ぐっすり寝こんでしまいました。

14ページ10行目～16ページ5行目を、挿絵を見せながら読む **けれども、たちまち、だれかに、シャツをぐいぐいひっぱられて、ジャンは目をさましました。**（中略）**いそいで、シャツのなかをさぐってみると、リンゴは、もうありませんでした。**

リンゴは、盗まれてしまったけれど、犯人が金の鳥だとわかりました。ジャンは、金の鳥を追いかけて冒険の旅に出ます。その様子を、ちょっと見てみましょう。ジャンはまず穴に入ります。

21ページ11行目～25ページ11行目を読む **だが、ここで、ジャンは、じゃまものにぶつかりました。**

（中略）**そして、いっしょうけんめい、七つのあたまをみつけて、それぞれ、もとのくびにくっつけるのに、てんてこまいをしていました。**

「金の不死鳥」が載っている『トンボソのおひめさま』には、ほかにも四つの楽しい昔話があります。

■『それ　ほんとう?』

金の鳥は、遠くからリンゴを探しに飛んできましたが、今度はみなさんが、これから私が読む詩のなかから、リンゴを探してみてください。

『それほんとう?』から「り」の詩を読む

りゅうとしたみなりの／りょこうかが／えりに／りんどうのはなをいちりんさし／りらいろのりぼんをくびにまいた／りこうなりすのこを／りゅっくさっくにいれ／りょうほうのぽけっとに／りんごをつめ／りょうてに／りっぱなりょうじゅうをもって／りゅうこうかをうたいながら／りょかくきにのりこみ／りゅうまちにかかった／りゅうのちりょうをしに／りおでじゃねいろにでかけたって

リンゴはどこに入っていたか、わかりましたか?　答えは、両方のポケット。

もう一度ゆっくり読むので、よく聞いてください。

この『それほんとう?』という本には、こういう詩が、「あ」から「わ」まで四十四、入っています。

『それ　ほんとう?』

■『リンゴの木の上のおばあさん』

表紙を見せて　金のリンゴも銀のリンゴもポケットのリンゴも、リンゴは、どれもリンゴの木に実ります。こんなふうにね。

アンディには、おばあさんがいませんでした。友だちにはみんなおばあさんがいて、楽しく遊んでくれるのに、アンディにはひとりもいません。アンディは、おばあさんがほしくてたまりませんでした。

20ページを見せて　ある日、アンディが庭のリンゴの木に登っていると、突然、おばあさんが**「ハロ**

『リンゴの木の上のおばあさん』

ー、アンディ」と言って現れました。おばあさんは、手提げから色とりどりの切符を出して**「みんな、のりもののきっぷなんだよ」**と言いました。そこで、ふたりは切符を持って遊園地に行きました。

25ページを見せて　まず、メリーゴーラウンドに乗りました。アンディは馬に乗りました。おばあさんは、シカに乗って手提げを角に引っかけ、毛糸と編み棒をとりだして編み始めました。ふたりは、三回も乗りました。とてもおもしろかったし、おばあさんがそのくらい乗らなきゃ、編み棒を出したかいがないと言うからです。ふたりは、地面に降りてからも、周りのものがぐるぐるまわっているようで、お互いにつかまりあっていなければなりませんでした。

28〜29ページを見せて　それからボールぶつけをやりました。上下に動いている男たちにボールを当てるのです。おばあさんは、片一方の目をつぶってねらいをつけ、次々と男たちにボールを当てました。アンディの前には賞品が積みあげられました。

32〜33ページを見せて　それから、アンディとおばあさんは、カラシをつけたソーセージを食べ、薄桃色の綿菓子を食べ、

35ページを見せて　ブランコにのり、

38〜39ページを見せて　豆自動車を運転しました。

こうしてアンディは、毎日リンゴの木の上に登っては、おばあさんと愉快に遊びました。

113ページを見せて　そんなある日、アンディがリンゴの木に登って遊んでいると、下から**「ねえ、ぼうや」**と、だれかが呼ぶ声がします。見下ろすと、両手に荷物を持ったおばあさんがいました。このおばあさんは、近所に引っ越してきたばかりで、ひとりで困っていました。

117ページを見せながら　アンディは、あまり気は進まなかったけれど、引っ越しを手伝ってあげまし

た。おばあさんは、リンゴの木の上の元気なおばあさんとはちがって、リュウマチで足が痛くてかがむことができません。

125ページを見せて それで、アンディが手伝ってあげるととても喜びました。おばあさんは、動物と子どもが大好きで、スモモ入りのケーキを焼いてくれると約束してくれました。

さあ、こうしてアンディには、ふたりもおばあさんができてしまいました。アンディは大忙しです。

■『りんごのえほん』

いろいろなリンゴが出てきましたが、最後に『りんごのえほん』を読んで、どんなふうにリンゴが実っていくかをみんなで見ましょう。

読み聞かせをする リンゴの木もひとやすみ。そこで私たちのブックトークもおしまいです。

『りんごのえほん』

■紹介した本

『ミオよ　わたしのミオ』リンドグレーン文　ヴィークランド絵　大塚勇三訳　岩波書店
『トンボソのおひめさま』より**「金の不死鳥」**バーボー、ホーンヤンスキー文　プライス絵　石井桃子訳　岩波書店
『それ　ほんとう？』松岡享子文　長新太絵　福音館書店
『リンゴの木の上のおばあさん』ローベ文　ワイゲル絵　塩谷太郎訳　学習研究社
『りんごのえほん』ネースルンド文　ディーグマン絵　たけいのりこ訳　偕成社

■そのほかの本

『ミス・ヒッコリーと森のなかまたち』ベイリー文　ガネット絵　坪井郁美訳　福音館書店
『しずくの首飾り』より**「空のかけらをいれてやいたパイ」**エイキン文　ピアンコフスキー絵　猪熊葉子訳　岩波書店

『**りんご　津軽りんご園の1年間**』叶内拓哉 文・写真　福音館書店
『**リンゴ　しょくぶつ・すくすくずかん**』ワッツ 文・写真　舟木秋子 訳　評論社
『**おばけリンゴ**』ヤーノシュ 文・絵　やがわすみこ 訳　福音館書店
『**りんごとちょう**』I・マリ、E・マリ 絵　ほるぷ出版
『**りんごのきにこぶたがなったら**』アーノルド・ローベル 文　アニタ・ローベル 絵　佐藤涼子 訳　評論社

■**コメント**

冒頭を「赤いかべ白いうち　いちばんおくは黒い小箱」(『なぞなぞの本』福音館書店編集部編　福音館書店　所収)というスウェーデンのなぞなぞで始めてもおもしろいでしょう。

北原白秋、山村暮鳥、谷川俊太郎、新川和江などにリンゴを歌った作品があるので、そんな詩を紹介したり、人数が多いときは遠目のきかない『りんごのえほん』の読み聞かせを『リンゴ　しょくぶつ・すくすくずかん』に変えるなど、工夫してください。ノンフィクションの『りんご　津軽りんご園の1年間』をとりあげると、対象年齢がやや高くなります。

どんな家に住みたいですか?（中学年向け）

今日はいろいろな家の本を集めました。さあどんなお家が出てくるでしょう?

■『**オンネリとアンネリのおうち**』

みなさんは、自分だけの家がほしいと思ったことはありませんか? お父さんやお母さんにうるさく言われない家、きょうだいにじゃまされないで好きなことができる家。最初はそういう家のお話をしましょう。『オンネリとアンネリのおうち』は、オンネリとアンネリというふたりの女の子のお話です。変わった名前ですね。フィンランドの名前です。

『オンネリとアンネリのおうち』

ふたりはとても仲よしの七歳の女の子です。オンネリは九人きょうだいの五番目で、お父さんやお母さんにちっともかまってもらえません。お母さんはあんまり子どもが多いので、オンネリが家にいなくても気がつかないのです。アンネリのお父さんとお母さんは喧嘩して別居中です。アンネリは、ふたりの家を行ったりきたりしています。お父さんとお母さんは忙しく働いていて、アンネリがどちらの家にいるか気にもとめません。

そんなふたりに、バラの木夫人という不思議な人が家をくれました。その家はバラ横町二番地にあって、ちゃんと小さな女の子がふたりで住むようにつくられていました。だって、玄関を開けてみると、そこの洋服かけには女の子用のコートが二着、レインコートが二着、帽子棚には麦わら帽子が二つ、ふちなし帽子が二つ、雨のときの帽子が二つあって、傘立てには傘が二本入っていたのです。何もかもそろっています。

46ページを見せて　台所には食べるものや食器が、遊び部屋にはおもちゃがたくさんありました。

64ページを見せて　寝室にはきれいなベッドがあって、

56ページを見せて　洋服もたくさんかかっていました。家の中に何があるのか、一日中かかっても見切れないぐらいです。

でも、七歳の女の子がふたりきりで暮らすなんて、学校のお友だちはどう思うでしょう？　ふたりのお父さんお母さんたちは、いつ気がつくのでしょう？

■『ティリーのねがい』

自分の家がほしいと思うのは、子どもだけではありません。この本は、自分だけの家がほしいと思っ

『ティリーのねがい』

たお人形の話です。

最初のページを見せて　ティリーは木の人形で、人形の家に住んでいます。その家には、お父さんとお母さんとふたりの子どもたちと料理番とメイドのティリーが住んでいました。

次のページのティリーが働いているところを見せて　かわいそうに、ティリーは毎朝五時に起きて、かまどをきれいにし、火を熾《おこ》し、朝ごはんの片づけをし、ベッドを整え、一日中仕事をしなければなりませんでした。しかも、料理番はずっと、小言を言ったり怒鳴ったり命令したりするのです。一日の仕事を終えると、ティリーはくたくたでした。

ティリーの部屋のページを見せて　ティリーは**「ずっと このままだわ。ここにいるかぎり、あったりこすったりで、わたしの一生は おわってしまう。自由に くらせて、なんでも じぶんじしんできめられる場所を、みつけなくちゃ」**と決心して人形の家を出ていくことにしました。ティリーはかばんに編物と裁縫道具を入れ、傘を持ってショールをはおりました。

次々にページを繰って、クマにあうところまでゆっくり見せる　ティリーは親切なクマのエドワードに会いました。ティリーは人形の家の暮らしをすっかり話して、自分の家がほしいと言いました。エドワードもいっしょに考えてくれました。

温室の中でティリーが箱を見つけたページを見せて　エドワードが連れていってくれたのは、庭の古い温室です。もう何年もだれも行っていないので、汚れているし散らかっていましたが、だれにも見つからないところです。そこでティリーは、自分の家を持つためにせっせと働くのでした。

最後の前のページを見せて　ティリーがどんなにきれいに家を作ったか、ちょっと見せてあげますね。

■『火曜日のごちそうはヒキガエル』

どんなにすてきな家でも、きれいにしていなかったら住み心地が悪いですよね。

5ページを見せて ウォートンとモートンはヒキガエルの兄弟です。二匹は仲よく土の中の家で暮らしています。ウォートンは掃除が大好きで掃除係、モートンはお料理大好きでお料理係です。モートンが作るお料理はほんとうに上手です。ある冬の夜、デザートにカブトムシの砂糖菓子を作りました。それがあんまりおいしかったので、ウォートンはおばさんに持っていってあげようと思いました。モートンは大反対です。だって、今は冬で、地面の上は雪がいっぱい積もっているのです。そんななかにヒキガエルが出ていけるはずがありません。ウォートンはセーターを三枚、上着を四枚着て、手袋を二つはめて、耳あてのついた帽子をかぶってスキーで行くと言いました。

9ページを見せて ウォートンはカシの木を削って三日かかってスキーを作りあげます。

11ページを見せて 滑りはじめはこんなこともありましたが、すぐに上手になって、ウォートンはおばさんの家をめざして滑っていきました。

21ページを見せて ところが、森の中でミミズクに見つかってしまったのです。逃げようとして転んで足をくじいてしまいました。ミミズクはウォートンをつかまえてカシの木のてっぺん近くの穴に連れていきました。ヒキガエルの家は土の中ですが、ミミズクの家は木の高いところなんですね。あと六日たったら火曜日で、その日がミミズクの誕生日なのです。ウォートンは誕生日のご馳走になる運命なのでした。逃げだしたくても、足は痛いし、こんなに高い木から飛び降りるわけにいきません。

38ページを見せて ところで、ウォートンは掃除大好きの掃除係でしたね。ミミズクの家はほこりだらけでものすごく散らかっていたのです。ウォートンは、足をいためないように注意しながら大掃除を

『火曜日のごちそうはヒキガエル』

始めました。あと六日したら食べられてしまうのに、そのミミズクの家をお掃除するなんて変ですね。

■『ジャクソンねこのほんとうの家』

『ジャクソンねこのほんとうの家』のジャクソンは、自分の家をたくさん持っています。ジャクソンが六月の暑い日に芝生で昼寝していると、隣のネコのマリリンがやってきました。

表紙を見せて これがジャクソン、こっちの白ネコがマリリンです。マリリンは家の人がみんな大きな旅行かばんを持っていなくなってしまい、自分だけ残されてしまった、私はどんどんやせて骸骨みたいになってしまう、と言っています。

22ページを見せて ジャクソンはマリリンをかわいそうに思って、よその家に食べ物をねだりに連れていってやりました。

26ページを見せて 土の上を転がって汚れた格好でのらネコのふりをして、食べ物をもらうのです。

30ページを見せて ジャクソンは、その家ではティドルズと呼ばれて、のらネコだと思われていました。マリリンはびっくりしました。ジャクソンはなぜのらネコのまねをしているのでしょう？　でも、食べ物がもらえるのだから、ジャクソンの言うとおりにしました。

70ページを見せて ジャクソンは、マリリンをちがう家にも連れていきました。ここではジャクソンはクチクーと呼ばれていますが、この家でも、食べ物をくれました。どうなっているんでしょう？　マリリンはふしぎでたまりません。ジャクソンはちゃんとした家で飼われているのに、なぜのらネコのふりなんかするんでしょう？　でも、ジャクソンのふしぎはこれだけではありませんでした。

94ページを見せて ジャクソンはこのあと、マリリンをほんとうの自分の家に連れていったのです。

『ジャクソンねこのほんとうの家』

ジャクソンはどうしてたくさんの家を持っているのでしょう？　そしてほんとうの家とはどんな家なのでしょうね？

■『こんにちは、ビーバー』

さて、次はほんとうの動物のほんとうの家の話です。自分で家を作ってすむ動物を知っていますか？ ビーバーは木をかじって倒し、それでダムを作るということが有名ですね。この本は、アラスカにすんでいるビーバーを観察した本です。

4ページを見せて 湖に浮かぶ島のようなもの。これがビーバーの巣です。どのぐらいの大きさだと思いますか？　直径一メートルぐらい？　とんでもない！　水の上に出ている部分だけで、自動車ぐらいの大きさがあります。水の中に隠れている部分はもっと大きいのです。出入り口は水の中です。

6ページを見せて 出入り口を水の中に作ってあるのは、敵に襲われないようにです。ビーバーを狙うオオカミやヤマネコは水が嫌いなので、巣の中に入れません。でも、水の量が減ると出入り口が水から外に出てしまいますね。それで、ビーバーは下流にダムを作って水をせき止めて、水の量が減らないようにしているのです。

8ページを見せて ビーバーは巣を木の枝や泥、石、コケ、水草などで作ります。壊れそうなところはすぐに修理して、親子代々使うのだそうです。

30ページを見せて 巣はとっても丈夫です。クマがとび乗っても、太い前足で掘り返しても、巣はこわれません。ビーバーがどうやって巣を作るのか、木をどんなふうに切るのか、この本はたくさんの写真でビーバーの家を説明しています。

『こんにちは、ビーバー』

さあ、いろいろな家が集まりました。あなたはどんな家に住みたいですか?

■紹介した本

『オンネリとアンネリのおうち』クレンニエミ文　カルマ絵　渡部翠訳　プチグラパブリッシング
『ティリーのねがい』ジェイクス文・絵　小林いづみ訳　こぐま社
『火曜日のごちそうはヒキガエル』エリクソン文　フィオリ絵　佐藤涼子訳　評論社
『ジャクソンねこのほんとうの家』ボール文　ハリソン絵　清水真砂子訳　童話館出版
『こんにちは、ビーバー』佐藤英治文・写真　福音館書店

■そのほかの本

『大きな森の小さな家』ワイルダー文　ウィリアムズ絵　恩地三保子訳　福音館書店
『ちいさいおうち』ばーとん文・絵　いしいももこ訳　岩波書店
『マンヒのいえ』クォン文・絵　みせけい訳　セーラー出版
『イグルー』をつくる』ステルツァー文・写真　千葉茂樹訳　あすなろ書房
『世界あちこちゆかいな家めぐり』小松義夫文・写真　西山晶絵　福音館書店
『おおきなきがほしい』さとうさとる文　むらかみつとむ絵　偕成社
『鳥の巣ものがたり』鈴木まもる文・絵　偕成社

■コメント

『ティリーのねがい』は全文読み聞かせにしてもいいのですが、文章が長いし、絵が細かくて隅々まで見えないので、何十人も相手の読み聞かせはやりにくいです。ブックトークでは内容を紹介するにとどめて、自分で読ませたい本です。読み聞かせを入れたければ、『おおきなきがほしい』か『マンヒのいえ』がおすすめです。

「家」をテーマにブックトークを作るときは、「建物」としての「家」に限定したほうが作りやすいです。「家庭」という意味でとらえると、もっとたくさんの本が対象となりますが、かえって漠然としてしまって作りにくいものです。

『こんにちは、ビーバー』のかわりに『鳥の巣ものがたり』でもいいでしょう。鈴木まもるの鳥の巣の本は何冊も出版されていますので、子どもたちの年齢や興味によって適当なものを選んでください。

遠いところへ旅に出よう（高学年向け）

みなさんは、ひとり旅をしたことがありますか？　知らないところへ旅に出かけるのは、とてもわくわくするものですが、ひとり旅となると、楽しいことばかりではありません。目的の場所へ無事に着くまではとても不安だし、旅の途中で予想もしなかったことが起こるかもしれません。みなさんは、ひとりではまだそれほど遠くへ旅したことはないと思いますが、物語の主人公たちは、けっこう遠くまで旅に出かけます。しかも、ひとりで出かけます。そして、危険な目にあったり、新しい友だちを見つけたり、何かを初めて体験したりします。今日は、そんな、遠くへ旅に出かける話を紹介しましょう。

■『さすらいの孤児ラスムス』

表紙を見せて　「さすらいの孤児」ラスムスというのは、この男の子のことです。ラスムスには、お父さんもお母さんもいませんでした。さすらいって、なんでしょう？　さすらいというのは、行くところがなくてさまよい歩く、という意味です。

61ページを見せて　そう、このラスムスは、最初は親のいない子どものための家に住んでいたのですが、ある日そこから逃げだしてしまいます。「どうしてもにげなきゃならない」と思ったのです。自由な世界に出ていきたい、と思ったのです。どこに行ったらいいのか、まったくあてはありません。でもラスムスは、連れ戻されないように、走って、走って、とにかく遠くへ行こうと思いました。

67ページを見せて　そして、果てしないさすらいの旅が始まります。着の身着のままで、お金は銅貨

『さすらいの孤児ラスムス』

が一枚だけしかありません。疲れきって寝る場所を探していると、野原の真ん中に小さい納屋がありました。ラスムスはそこで寝たのですが、実は干し草の中に、もうひとり寝ている者がいました。

71ページを見せて この男は、あてもなくあちらこちらをさまよい歩く風来坊で、オスカルという名前でした。ひげづらの大きな男で、みすぼらしい服を着ていますが、やさしそうでした。おなかがすいて、鼻のまわりがまっさおになったラスムスに、ミルクとサンドイッチを分けてくれました。

143ページを見せて ラスムスは、このオスカルといっしょに旅を続けることにしました。オスカルもお金は持っていませんでしたが、さすらいの旅に道づれがいるというのはうれしいものです。

147ページを見せて オスカルは、アコーディオンを持っていて歌が上手でした。ふたりは、よその家の戸口で歌をうたって、お金をもらいました。オスカルは、ラスムスにもお金をくれました。たった二枚の銅貨でしたが、生まれてこのかた、ものをもらったことなどめったになかったラスムスは、どんなにうれしかったでしょう。食べ物のことを考えるだけで、目がくらみそうになり、おいしそうなものがたくさん並んだお店に入ったとたん、膝ががくがくになったような気がしました。

ラスムスは、こんな旅がだんだん楽しくなってきました。この先どうなるのか、それはまったくわかりません。ラスムスは、いつかどこかのおじさんとおばさんが、自分を子どもにもらいたい、と言ってくれたらいいな、と夢見ていました。そうしたら、ほんとうの家ができるのです。でも、**「まだまだそんなことは考えないで、くる日くる日をそのままくらし、目の前に楽しいものがあれば、それを楽しんでくらそう」**と心に決めました。

187ページを見せて ところが、そんなのんきなことを言っている場合ではありませんでした。ラスムスは、町の強盗事件に巻き込まれ、ピストルを持ったふたり組の強盗にねらわれたり、オスカルが犯人とまちがわれて警察につかまったりします。

表紙にもどって　ラスムスのさすらいの旅には、次から次へといろいろな出来事が起こるので、最後まで目が離せません。さすらいの旅には、終わりがあるのでしょうか？　ラスムスは、ほんとうの家を見つけることができるのでしょうか？　ラスムスが、最後にどうなるのか、それを見届けるまでは本を閉じることができなくなりますよ。

■『ニルスのふしぎな旅』上・下

表紙を見せて　この『ニルスのふしぎな旅』も、遠くへ旅に出かけた男の子の物語です。でも、この子は自分から旅に出ようと思ったわけではありません。始まりは、まったくの偶然でした。この子はニルスという名前で、十四歳です。ヨーロッパの北のほうにあるスウェーデンという国の、小さな村に住んでいます。お父さんとお母さんはお百姓さんで、とても働き者でしたが、ひとりっ子のニルスは、学校の勉強はしないし、家の手伝いもちっともしないで、農場の動物をいじめたり、いたずらばかりしている子でした。ある日、お父さんとお母さんが教会へ行って留守のあいだ、ニルスのそばに、トムテという小人の妖精が現れます。スウェーデンでは、トムテというのは、古い農家に現れて、その家を守ってくれるといわれています。ところがいたずらっ子のニルスは、虫とり網でそのトムテをつかまえて、からかいました。すると突然、ニルスはほっぺたに平手打ちをくらって壁にたたきつけられ、気がつくとニルスの体も、トムテのように小さくなっていたのです。

11ページを見せて　これが小さくなったニルスです。トムテが、仕返しに魔法をかけたのでした。ニルスは驚いて、なんとか魔法をといてもらおうと、トムテを追って外へ出ました。

『ニルスのふしぎな旅』

25ページを見せて 外には、ニワトリやガチョウやネコがいました。不思議なことに、ニルスには鳥やネコのしゃべる言葉がわかるようになっていました。でも動物たちはいつもニルスにいじめられていたので、トムテのいる場所を教えてくれません。ニルスは家のまわりの石垣にのぼって、途方にくれました。もし人間の姿に戻れなかったら、教会から帰ったお父さんとお母さんはどう思うでしょう？　もう二度とこの家で、前と同じように暮らすことができなくなるのでしょうか？　見上げると、渡り鳥が飛んでいくのが見えました。ガンの群れがVの字に列を作って、**「北の山をめざそう！」**と叫びながら飛んでいきます。すると農場のガチョウたちも、いっしょに飛んで行きたそうに羽をばたつかせました。

32ページを見せて そのなかで、モルテンという名の若いオスのガチョウが、ガンの誘いにすっかり旅心をかきたてられ、**「待ってくれ。おれも行くぞ！」**と空に向かって叫び、羽を広げて飛びあがりました。ニルスは、モルテンが飛んでいってしまったらきっとお父さんが困ると思って、小さな体になったことも忘れ、ガチョウの首に両腕を巻きつけ、**「飛んでっては、だめだ！」**と叫びました。けれどもガチョウはそのまま大空高く舞い上がりました。ニルスを首にぶらさげたまま！　仕方がないので、ニルスは落ちないように必死でガチョウの背中にまたがりました。恐る恐るまわりを見ると、13羽のガンがそろってばさりばさりと羽を動かして飛んでいます。下を見ようとすると、目が回りそうになってしまいます。

40ページを見せて こうして、ニルスはモルテンの背中に乗ったまま、ガンの群れといっしょに、遠い北の山へ向かって、長い旅に出ることになってしまったのです。

裏見返しの地図を見せて ここがニルスの村ですが、ニルスは結局、スウェーデンの国中を、このようにぐるっとまわって旅することになりました。三月から十一月まで、八か月もかかる空の旅でした。

上下巻を見せながら この本はこんなに厚くて、持つのも重いです。しかも二冊もあります。でもまずは最初のほうを少し読んでみてください。読んでいくと、ほんとうにガチョウの背中に乗って空高く飛んでいく気分が味わえます。

下巻の表紙を見せて 高いところから下を見おろすと、茶色や黄色の四角い畑が、まるでチェックの布をひろげたように小さく見えるんですよ。森や川も小さく見えます。鳥たちは、疲れると地上に降りて休みますが、ガンの仲間とガチョウのモルテンはどんなことを話しているのでしょう？　人間には鳥や動物たちがどんなこと感じ、どんなことを話しているのかわかりませんが、それを詳しく知ることができるのも、この本のおもしろいところです。ほんとうにニルスになったような気持ちになれるので、読み始めると、重いとか、長いとかは感じないと思いますよ。

■『なぞの渡りを追う』

ニルスはガンの群れといっしょに旅をしましたが、ガンというのは渡り鳥です。渡り鳥って知っていますか？　季節によってその鳥にとって過ごしやすい場所に長い距離を移動する鳥のことです。けれども渡り鳥がどこをどうやって旅していくのか、まだすっかりわかっているわけではありません。

表紙を見せて これは、オオヒシクイという渡り鳥のことを調べた本です。

このオオヒシクイというのは、ニルスのお話に出てきたのと同じガンの仲間です。

13ページを見せて 羽を広げると、大人が両手を広げたよりも長い鳥です。ずいぶん大きな鳥ですね。少し小さなヒシクイと、大きなオオヒシクイの二種類がいます。

12ページを見せて ヒシという水草の実を食べるから「ヒシクイ」という名前がつきました。

『なぞの渡りを追う』

9ページを見せて オオヒシクイは日本で冬を過ごす渡り鳥です。毎年夏の終わりごろになると、七千羽以上が主に新潟県に飛んできて、水辺で冬を過ごします。大好きなヒシの実をたっぷり食べて栄養をつけたあと、北海道に渡り、北海道で一か月過ごしてから、もっと北のロシアへ向けて旅立ちます。けれども、わかっているのは日本にいる間のことだけで、オオヒシクイがロシアのどんなところで巣をつくり、たまごを生んでヒナを育てるのかはまだだれも見たことがなく、くわしいことは謎につつまれていました。

　一方、ロシアにもオオヒシクイの研究者がいて、ロシアを旅立ったあと、いったいどこへ行くのか知りたいと思っていました。そこで、日本とロシアの研究者が協力してオオヒシクイの足取りを探ろうということになりました。

42ページを見せて オオヒシクイの首に番号を書いた標識をつけ、それがどこで発見されたかを報告しあうのです。この本には、オオヒシクイのことがだんだんにわかっていく様子がくわしく書かれています。海を渡って旅をする鳥の謎を知りたい人は読んでみてください。

■『くらやみ城の冒険』

　遠くへ旅をする鳥の話をしましたが、この『くらやみ城の冒険』では、小さなネズミたちが旅に出かけます。

11ページを見せて これは、囚人友の会のネズミたちです。ネズミというものは、牢屋に入れられてさびしい時間を過ごしている囚人をはげます役割をもっています。そのために、友の会を作って活動をしているというわけです。今日は、恐ろしいくらやみ城にとらわれている詩人を助けだす方法について、

『くらやみ城の冒険』

話しあっています。その詩人はノルウェー人なので、助けだすにはノルウェー語のわかるネズミが必要です。ノルウェーのネズミを連れてくるためには、飛行機でノルウェーに行かなければなりませんが、そんなことができるのは、大使館に住んでいるミス・ビアンカしかいません。そこで、バーナードというネズミが、ミス・ビアンカに頼みに行くことになりました。

31ページを見せて　これが、バーナードです。ミス・ビアンカは、大使館で大使のぼうやに飼われている白ネズミで、この瀬戸物の塔に住んでいました。

35ページを見せて　これが、ミス・ビアンカです。雪のように白く、目をみはるばかりに美しいネズミで、首には銀のネックレスをかけています。バーナードは恥ずかしがり屋で口下手ですが、ほんとうは勇気のあるネズミです。ミス・ビアンカに、囚人友の会のことやミス・ビアンカが果たす使命についていっしょうけんめい説明しました。

40ページを見せて　ミス・ビアンカは、話を聞いたとたんに気絶してしまいました。でもバーナードが手をとってやさしく介抱すると、気をとり直して、詩人を助けだすために力を貸してくれることになりました。

55ページを見せて　ミス・ビアンカは、大使の大事な書類を入れるかばんの中にはいって、飛行機でノルウェーに着きました。ノルウェー一の勇敢な船乗りネズミのニルスを見つけて、詩人の救出作戦を話します。ミス・ビアンカの任務はここまでで終わりでした。けれどもミス・ビアンカは、あの控えめで親切なバーナードにもう一度会いたいばかりに、大使のぼうやの元を去る決心をします。そして、バーナードとニルスとミス・ビアンカの三匹は、くらやみ城にとらわれている詩人を助けだす長い冒険の旅に出ることになるのです。

117ページを見せて こんなふうに馬車に乗って、険しい道を進みます。

143ページを見せて これが、恐ろしい崖の上に立つくらやみ城です。

197ページを見せて そこに待ち受けていたのは、ふつうのネコの二倍も大きくて、四倍も獰猛なネコのマメルークでした。

表紙を見せて 三匹は、無事に詩人を助けだすことができるのでしょうか?

■「七わのカラス」（『子どもに語るグリムの昔話3』より）

遠いところへ旅をする話も、いよいよ最後です。遠くも遠く、世界の果てまで旅をした女の子の話を読んでみましょう。この『子どもに語るグリムの昔話3』のなかにある、「七わのからす」です。

読み聞かせをする

『子どもに語るグリムの昔話3』

■紹介した本

『さすらいの孤児ラスムス』 リンドグレーン文 パルムクヴィスト絵 尾崎義 訳 岩波書店

『ニルスのふしぎな旅』 上・下 ラーゲルレーヴ文 リーベック絵 菱木晃子 訳 福音館書店

『なぞの渡りを追う』 池内俊雄 文 岩崎保宏 絵 ポプラ社

『くらやみ城の冒険』 シャープ文 ウィリアムズ絵 渡辺茂男 訳 岩波書店

『子どもに語るグリムの昔話3』より **「七わのカラス」** 佐々梨代子、野村泫 訳 こぐま社

■そのほかの本

『ホビットの冒険』 トールキン文 寺島竜一 絵 瀬田貞二 訳 岩波書店

『ポリッセーナの冒険』 ピッツォルノ文 ブレイク絵 長野徹 訳 徳間書店

『渡りをするチョウ』 佐藤英治 文・写真 新日本出版社

『ウナギのひみつ』ウォリス文　ボストク絵　百々佑利子訳　岩波書店
『神の道化師』デ・パオラ文・絵　ゆあさふみえ訳　ほるぷ出版

■コメント
冒険ものには旅先での出来事が多いのですが、長い道中そのものを扱ったものを探すと、そう多くはありません。『さすらいの孤児ラスムス』と『ニルスのふしぎな旅』は、波瀾万丈の旅を味わうにははずせない本でしょう。ほかには、ファンタジー『ホビットの冒険』も旅の話だし、女の子が主人公の『ポリッセーナの冒険』を入れてもいいと思います。旅をするのは人間だけではありません。鳥も、蝶も、魚も旅をします。読み応えのある本が続くので、三冊目か四冊目にノンフィクションを一冊入れて気分を変えましょう。「七わのカラス」は、ストーリーテリングで語るといっそうひきつけられる話なので、ストーリーテリングができる人はぜひやってみてください。図書館では絵本『七わのからす』が手に入るかもしれませんが、この話は絵を見ずに耳だけで聞くほうが物語の世界に入りやすいでしょう。昔話のかわりに絵本の読み聞かせを入れたければ、『神の道化師』がおすすめです。主人公の一生を長い旅ととらえ、しめくくりに読めば、深い感動を残すでしょう。

音楽――本の中から聞こえてくるよ（高学年向け）

みなさんは音楽が好きですか？　演奏できる楽器はありますか？　音楽を聴くだけでなく、自分で歌ったり演奏するのは楽しいものです。でも、上手に演奏するためにはやっぱり練習が必要ですね。

■『セロひきのゴーシュ』

表紙を見せて　この本の主人公はセロひきの青年、ゴーシュです。セロはバイオリンより大きな楽器で、チェロとも呼ばれていますね。こうして椅子に腰かけ、ひざの間で支えて演奏します。四本の弦か

『セロひきのゴーシュ』

ら生まれる音は柔らかい音色です。ゴーシュは金星音楽団という小さな楽団に入っていて、いつもは町の映画館で演奏しています。今は、音楽会で演奏する曲を練習中です。ところが練習のとき、ゴーシュは楽長に怒鳴られてばかりいます。バイオリンやクラリネット、トランペットなど、ほかの楽器となかなか音が合わないのです。楽長は、ゴーシュのセロには「表情がない。おこるも喜ぶも感情というものがさっぱり出ないんだ」と言います。こてんぱんに言われてしまって悔しい思いのゴーシュが、夜遅くまで自分の家で練習していると、扉をたたくものがあります。入ってきたのは三毛猫でした。その場面を読んでみましょう。

12ページ14行目から18ページの最後までを読む

そのとき、だれかうしろの扉をとんとんとたたくものがありました。「ホーシュ君か。」ゴーシュはねぼけたようにさけびました。ところがすうと扉をおしてはいってきたのは、いままで五、六ぺん見たことのある大きな三毛ねこでした。（中略）**それから、やっとせいせいしたというようにぐっすりねむりました。**

次の晩も音楽を習いたいというカッコウがやってきました。その次は子ダヌキです。

31ページ3行目〜37ページ4行目を読む

今夜はなにが来ても、ゆうべのかっこうのように、はじめからおどかして追いはらってやろうと思って、コップをもったまま待ちかまえておりますと、扉がすこしあいて、一ぴきのたぬきの子がはいってきました。（中略）**たぬきの子はたいへんあわてて、譜やぼうきれをせなかへしょってゴムテープでぱちんととめて、おじぎを二つ三つすると、急いで外へ出ていってしまいました。**

次の晩は小さな子ネズミをつれた野ネズミがやってきました。こうして毎晩、いろんな動物が訪ねてきては、さまざまな曲をゴーシュにリクエストし、ゴーシュはそれに応えて演奏しました。すると、自分では気づかないうちに、ゴーシュのセロの弾き方が変わっていったのです。さて、ゴーシュは音楽会でうまく演奏できるでしょうか。

■『パディントン　フランスへ』

表紙を見せて　旅行先の村で大太鼓をたたくことになったのは、この「くまのパディントン」です。パディントンはイギリスのロンドンで、ブラウンさん一家と暮らしています。このクマは、いつも大真面目で、何にでも頭を突っ込む「くせ」があります。パディントンがちょっと頭を突っ込んだだけで、ささいなことがいつのまにか大事件になってしまいます。

夏休みに、ブラウンさん一家がフランスへ行くことに決まると、パディントンは地図と旅行日程の係を引き受けました。それは、旅の間にすることや行く場所を一覧表にする仕事で、パディントンはそういう作業が大好きでした。ところが旅行初日、さっそく道をまちがえて、とんでもない方向に行ってしまったのです。でも、パディントンは居心地のよさそうな小さな村を発見。ブラウンさん一家は、無事にバカンスの宿泊地を決めることができました。

その地域の人たちが楽しみにしていたのは「パルドン」というお祭りで、なかでも村の楽隊のパレードがお祭りの呼び物でした。ところが急に、列の最後で大太鼓をたたく人が病気になってしまいました。そこでパディントンの登場です。大太鼓係を引き受けることになったのです。

88ページを見せて　列の後ろから大きな太鼓のかげに隠れるようにして歩いていくパデイントンは、拍手喝采をうけました。パディントンは太鼓の演奏の間に、何度か前足をふって人々の喝采に応えました。ところが、太鼓が大きすぎてパディントンには前が見えませんでした。おまけに、いつものダッフ

『パディントン　フランスへ』

ルコートのフードが耳の上にすっぽりかぶさってしまったので、じつは何も聞こえていませんでした。ですから、楽隊のみんながまわれ右をして戻っていったとき、パディントンはそれにはまったく気づかずに、自分だけまっすぐに進んでいってしまったのです。その先の地面には穴が開いています。さあ、パディントンと大太鼓の運命は？　愉快なパディントンの本はシリーズになっています。

■『ぶたのめいかしゅローランド』

クマが太鼓をたたくのなら、この『ぶたのめいかしゅローランド』という絵本の主人公、ブタのローランドはギターを弾き、すばらしい歌声をもっていました。

4〜6ページを見せて　パーティーにはローランドが真っ先に呼ばれ、新しい歌をうたっては、友だちに喜ばれました。ローランドは自分で作曲もしたのです。あるとき、友だちがローランドに**「きみのすてきなうたごえが　ここのわずかなしりあいだけしかきけないなんて、なさけないね。どうだろう、とおくへ　たびをして、てんかに　きみののどを　きかせてやっては。みんなが　よろこぶよ」**と言いました。そこでローランドは、歌手として広い世間に旅立っていきました。

12ページを見せて　途中で出会ったのはセバスチャンというキツネ。ローランドの話を聞くと、**「きゅうでんへつれてって、おおさまのごぜんでうたわせてあげますよ。おおさまときたら、ふるなじみなんだから」**と言います。でも、このセバスチャン、どうも目つきが怪しいのです。セバスチャンとふたり連れになったとたん、大きな岩が転がり落ちてきたり、蜂の巣が落ちてきたりと、ローランドは災難つづきです。何かが起こるときには、セバスチャンはいつも姿を消しています。でもローランドはまったく気づいていません。はたしてローランドは王さまの御殿へたどり着けるのでしょうか？

『ぶたのめいかしゅローランド』

■「ねんねこはおどる」（『天国を出ていく　本の小べや2』より）

ローランドのように特別なすばらしい歌声をもっていなくても、子守唄はだれもがうたえます。このお話の主人公、グリゼルダは十歳の女の子で、百十歳のひいおばあちゃんとふたりで小さい家に住んでいました。しっかり者のグリゼルダがひいおばあちゃんの世話をし、毎晩、頭が三つある大男の話を聞かせ、歌をうたって寝かせてあげます。その子守唄は**「ねんねんねん！　ねんねこは　おどる、ねんねこは　おどる、ねんねんねん！」**というのですが、これはひいおばあちゃんが赤ちゃんのとき、ひいおばあちゃんから歌ってもらったもので、そのひいおばあちゃんは、その唄をこれまたひいおばあちゃんから伝えられたのでした。そしてこの「ねんねこはおどる」の唄は、いちばんもとのおばあさんのために作られた歌なのでした。そして、家には代々伝わってきた**『しんぼうづよいグリゼル』**という本があって、その歌のいわれが書いてあるのです。

周りの人は、おばあちゃんを養老院に入れたほうがいいと言いますが、グリゼルダはひいおばあちゃんと暮らすために、学校に通いながらいっしょうけんめい働きました。ところがある日、無理がたたって熱病にかかり、グリゼルダは倒れてしまいました。おばあちゃんと離れ離れになってしまったグリゼルダは、元気になると、元の家でおばあちゃんと暮らしたいと思いますが、お金がありません。そのときグリゼルダを救ってくれたのは、あの「ねんねこはおどる」の子守唄の秘密だったのです。

表紙を見せて　この「ねんねこはおどる」というお話は、『天国を出ていく』という短編集に載っています。この本には短い話が十三話入っていて、それぞれ独立した話なので、どれから読んでも大丈夫です。これはイギリスの女性作家、ファージョンという人の作品です。妖精や王女さまの出てくるもの、小さな子どもたちの暮らしを描いたもの、昔話風のものなどさまざまですが、どれも不思議な雰囲気が

『天国を出ていく　本の小べや2』

あって、じっくりと読んでいくと、なんだか別の世界に入り込んだような静かな気持ちになれる本です。

■「バラの花とバイオリンひき」（『太陽の木の枝　ジプシーのむかしばなし1』より）

昔話にも、素敵な音楽が登場する話があります。この『太陽の木の枝』はジプシー、今ではロマと呼ばれる人々の間に語り継がれてきた昔話を集めた本です。

標題紙のカラーの挿絵を見せて　ロマの人々は、踊りや歌、ギターなどの楽器演奏が上手で、自分たちの文化や伝統を守って旅をしながら暮らしてきたので、その昔話のなかにも、きらきらと輝くような美しい歌や音楽がたくさん詰まっています。今日は最後に、このなかから「バラの花とバイオリンひき」という話を読んでみましょう。

全編読み聞かせ、あるいはストーリーテリングをする

いかがですか、本の中から音楽が聞こえてきましたか？　耳を澄ませて、本の中から気に入った音楽が聞こえてきたら、今度はどうぞ手にとって、じっくりと読んで味わってください。

『太陽の木の枝　ジプシーのむかしばなし1』

■紹介した本

『**セロひきのゴーシュ**』宮沢賢治 文　茂田井武 絵　福音館書店

『**パディントンフランスへ**』ボンド 文　フォートナム 絵　松岡享子 訳　福音館書店

『**ぶたのめいかしゅローランド**』スタイグ 文・絵　せたていじ 訳　評論社

『天国を出ていく　本の小べや2』より「**ねんねこはおどる**」ファージョン 文　アーディゾーニ 絵　石井桃子 訳　岩波書店

『太陽の木の枝　ジプシーのむかしばなし1』より「**バラの花とバイオリンひき**」フィツォフスキ 再話　堀内誠一 絵　内田莉莎子 訳　福音館書店

■そのほかの本

『天才コオロギニューヨークへ』セルデン文　ウィリアムズ絵　吉田新一訳　あすなろ書房
『歌うねずみウルフ』キング＝スミス文　杉田比呂美絵　三原泉訳　偕成社
『ピアノ調律師』ゴフスタイン文・絵　末盛千枝子訳　すえもりブックス

■コメント

本の中から音楽が聞こえてくるような作品を集めたプログラムです。宮沢賢治の作品は、本来の文章のリズムや味わいが伝わるように、本文をそのまま読み聞かせる方法をとりました。茂田井武によるすばらしい挿絵も合わせて、上手に見せるように工夫しましょう。動物が主人公のユーモアいっぱいの物語を続けて紹介した後は、ぐっと雰囲気が変わります。ファージョンの世界を紹介するのは難しいですが、ていねいな言葉で作品のイメージを伝えたいものです。最後の昔話は、もちろん読み聞かせでも大丈夫です。最後の場面では、カラーページになっている美しい挿絵も紹介します。

石（高学年向け）

河原や道端で拾ったきれいな石を用意して、見せるといいでしょう

石は、一つひとつ全部ちがっていて、きれいな色や形をしています。どうしてこんな石ができたのか、どこをどう旅してここまでやってきたのか、知りたくなりませんか？　それを実際にやった人がいます。

■『石ころがうまれた　ビロード石誕生のひみつ』

この本を書いた渡辺さんは、静岡県の三保の松原という海岸できれいな石ころを拾いました。

表紙を見せて　黒っぽい緑色に、うぐいす色の模様が入っていて、握ると布のビロードのような手触りがしました。渡辺さんはこの石がすっかり気に入って「ビロード石」と名づけ、どこからやってきた

『石ころがうまれた』

のか調べることにします。**「ビロード石捜査本部」**の始まりです。

19ページを見せて 海岸の石ころは、どこからやってきたのか、知っていますか？ 川の上流でがけ崩れが起きると、岩が川に落ちて、どんどん下流に流されていきます。石は、流されながら、どんどん小さく丸くなり、最後に海まで運ばれます。それから、潮の力で海岸に打ちあげられるのです。

渡辺さんはまず、三保の松原の近くにある川に、ビロード石があるかどうか、調べてみました。

22〜23ページを見せて これが富士川の石ころ、大井川、興津川、天竜川、安倍川の石ころです。似ているようだけど、よく見ると川によってちがいますね。ビロード石は、安倍川にだけありました。

そこで渡辺さんは、安倍川を探検することにします。安倍川といっても、川は上流から下流まで、一本ではありません。

30ページを見せて これは安倍川の地図ですが、こんなにたくさんの小さな川が流れ込んでいます。

渡辺さんは、一つひとつの流れを調べて、ビロード石が見つかったら○、見つからなかったら×をつけて、石が生まれたところをしぼりこんでいきます。まるで犯人を捜す探偵みたいですね。

31ページを見せて 探偵の道具は、地図、ビロード石を入れるビニール袋、軍手、ノート、カメラ、ルーペ、岩石用のハンマーです。この広い川のどこかに、きっとビロード石のがけがあり、そのがけが崩れて、石が川に落ちているにちがいありません。渡辺さんはビロード石の誕生の地を見つけることができるでしょうか？

■『ドリトル先生航海記』

大きな岩が崩れるときには、命にかかわるような事故が起きることがあります。次に紹介する本では、

『ドリトル先生航海記』

岩が崩れて洞穴に閉じ込められてしまった人々が登場します。

ドリトル先生という名前、知っているという人はいますか？　そう、とても有名なイギリスのお医者さんであり、動物や植物のことを研究する博物学者でもあります。それも、普通の博物学者ではありません。ドリトル先生は、動物の言葉を話すことができます。だから、ほんとうは人間のお医者さんなのに、人間の患者はこないで、動物の患者ばかりやってきます。動物だって、言葉が通じない獣医さんより、話をわかってくれるドリトル先生に診てもらうほうがずっと安心ですよね。先生は、動物の病気を治すだけでなく、正義心が強くて、動物たちがつらい目にあっていると、必ず助けてくれます。だから動物たちも、先生が困っていると、どこにいても助けにかけつけます。

そんなすばらしいドリトル先生に負けないくらいすばらしい博物学者がいました。その人は、文字を読んだり書いたりすることができません。でも、驚くべき深い知識をもっています。ペルーの山奥に住み、名前をロング・アローといいました。

131ページを見せて　ドリトル先生にロング・アローの話をしてくれたのは、紫ゴクラクチョウのミランダです。ミランダは毎年、渡りの途中で、ドリトル先生の家に寄って、話をしていくのです。ドリトル先生は、ロング・アローと話がしたいと、長いあいだ願ってきました。ところがあるとき、ミランダは悪い知らせをもってきました。ロング・アローが行方不明だというのです。なんでも知っている黒オウムたちに聞いてもわかりません。最後に見かけたのは、クモサル島という島でした。そこで先生は、家族を連れてクモサル島へ、船で出かけます。航海中にはいろいろあって、

217ページを見せて　こんな目にもあいましたが、無事クモサル島に着きました。

ドリトル先生たちがロング・アローを捜して山を登っていくと、先生は珍しいカブトムシを見つけま

す。夢中になって追いかけて、捕まえました。ジャビズリーという名前の美しいカブトムシで、前足に枯葉のようなものがクモの糸で結びつけてありました。枯葉をそっととると、そこには絵や記号が描いてあります。人が山を登って洞穴に入っていく絵、山が崩れ落ちる絵、人が指をくわえたり寝たりしている絵。これこそが、ロング・アローが自分の血で書いて、ジャビズリーの足に結びつけて、助けを求めた手紙だったのです。ドリトル先生たちは、その手紙に描いてあったのと同じ形の山を見つけると、いっしょうけんめい洞穴を探します。そしてとうとう、大きな岩が穴をふさいでいるところを発見します。みんなで掘って掘って、ようやく岩を倒しました。

245ページを見せて

こうして偉大なふたりの博物学者、ドリトル先生とロング・アローは出会ったのです。ふたりはお互いの言葉がわかりません。

244ページ12行目～246ページ4行目を読む

「こんにちは。」と、先生は、犬のことばでいいました。「お会いできて、うれしく思います。」と、馬のあいずでいいました。（中略）**ロング・アローの、石のように無表情な顔に、たちまち明るい微笑が浮かびました。そして、ワシのことばで答えがありました。「偉大なる白い人よ。おかげで、命びろいをいたしました」**

ドリトル先生のお話は、全部で十二冊あります。どれもおもしろい動物たちが出てきて、ドリトル先生と驚くような冒険をします。

■『せかい1おいしいスープ』

石は、災害を起こすだけではなく、私たちの役にも立ちます。こんな使い道があるんですよ。

読み聞かせをする

『せかい1おいしいスープ』

■『肥後の石工《いしく》』

石がスープの材料になるなんて、知りませんでしたね。石は、スープだけでなく、石垣や橋の材料にもなります。次に紹介する『肥後の石工《いしく》』は、江戸時代の九州のお話です。肥後というのは、今の熊本県ですが、肥後には昔から優れた石工たちがいました。石工というのは、大きな岩から石を切りだし、それを刻んで形を整え、石を組み合わせて、石垣や橋を作る人たちのことです。岩永三五郎は、そんな石工たちの頭領で、たいへんすぐれた技術をもっていました。

三五郎は、となりの薩摩藩に呼ばれて、弟子たちと五年がかりで立派な石の橋を作りました。橋には秘密がありました。中央の石を一つとると次々に石が崩れ落ち、簡単にとり壊せる仕組みになっていたのです。敵が攻めてきたときに橋を落として城を守るためでした。この秘密をよそにもらさないために、橋が完成すると石工たちは「永送《ながおく》り」になったといわれています。「永送り」とは、ひと目につかないように刺客という、殺す役割の人を送り、国境近くで切り捨てることでした。

三五郎は、工事が終わると、弟子たちとは会えなくなってしまいました。薩摩藩のお侍に聞くと、先に帰ったといいます。弟子たちが自分に挨拶もせずに帰るはずがない、何かあったのではと怪しみながら、三五郎はひとりで城を出て、肥後に向かいます。ところが、道中を怪しい男がつけてきます。三五郎は、馬に乗って夜道を走ったり、街道からはずれて山道を歩いたりしますが、男はぴったり後をつけてきます。三五郎は、いよいよ自分も切られる番がきたのだ、弟子たちと同じ運命を受け入れようと覚悟します。

九州には、三五郎のような肥後の石工たちが作った美しいアーチ型の橋がたくさんあります。

『肥後の石工』

■「小石投げの名人タオ・カム」（『子どもに語るアジアの昔話2』より）

石は、何かの材料になるだけでなく、道具にもなります。タオ・カムという男の子は、小石を投げて、すばらしいものを作りました。

タオ・カムはお父さんもお母さんもなくして、ひとりきりでした。その上、両足が不自由で歩けなかったので、じっと座っているしかありませんでした。そこでタオ・カムは、地面に落ちている小石を拾って親指と人差し指ではさみ、的に向けて飛ばして遊ぶようになりました。

指でやってみせる　こんなふうにです。

毎日、毎日、練習しているうちにとても上手になり、的を決めさえすれば、どんな遠くからでも必ず命中させることができるようになりました。村の子どもたちは、タオ・カムのために小石を集めてきて、そばに山を作ってやりました。そしてあっちこっちに行けるように車を作って、タオ・カムを乗せて、いっしょに遊びました。

ある日、すばらしいことが起こりました。子どもたちが車を大きなバニヤンの木の陰に引っ張っていくと、タオ・カムは、頭の上のバニヤンの大きな葉っぱめがけて、次々と小石を飛ばしました。葉っぱに穴が開いて、タオ・カムが石を飛ばすのをやめたあとには、その穴はゾウの形になっていました。子どもたちは大喜びしました。次に、別の葉っぱをめがけて小石を投げると、今度は羊の形、次には水牛の形がくりぬかれていました。これは、子どもたちの大好きな遊びになりました。

ある日、いつものように遊んでいると、王さまの行列がやってきました。王さまは、バニヤンの木陰で休もうと、乗っていたゾウから降りました。何気なく地面を見ると、動物の形をした影が躍っているではありませんか。驚いた王さまは、この動物の絵を作ったタオ・カムを呼び、御殿にきてくれぬか、

『子どもに語るアジアの昔話2』

小石投げの技を使ってやってほしいことがあるのだと言いました。御殿で、タオ・カムはどんなことをやったのでしょう。それは続きを読んでください。

『子どもに語るアジアの昔話2』には、アジアの珍しいお話がほかにも入っています。

■紹介した本

『**石ころがうまれた　ビロード石誕生のひみつ**』渡辺一夫文　宮崎耕平、岩崎保宏絵　ポプラ社

『**ドリトル先生航海記**』ロフティング文・絵　井伏鱒二訳　岩波書店

『**せかい1おいしいスープ**』ブラウン文・絵　わたなべしげお訳　ペンギン社

『**肥後の石工**』今西祐行文　太田大八絵　岩波書店

『子どもに語るアジアの昔話2』より「**小石投げの名人タオ・カム**」松岡享子訳　こぐま社

■そのほかの本

『**ぬすまれた宝物**』スタイグ文・絵　金子メロン訳　評論社

『**石ころ地球のかけら**』桂雄三文　平野恵理子絵　福音館書店

『**石のねずみストーンマウス**』ニモ文　クレイグ絵　安藤紀子訳　偕成社

『**名探偵カッレくん**』リンドグレーン文　ラウレル絵　尾崎義訳　岩波書店

『**海のたまご**』L・M・ボストン文　P・ボストン絵　猪熊葉子訳　岩波書店

『**カモメがおそう島　巨大石像物語**』ピウミーニ文　末崎茂樹絵　高畠恵美子訳　文研出版

『**あたまにつまった石ころが**』ハースト文　スティーブンソン絵　千葉茂樹訳　光村教育図書

『**水晶さがしにいこう　ひけつとこころえ**』関屋敏隆文・絵　童心社

■コメント

石は、大きな岩から手のひらにのる小石まで、大きさもさまざまで、建物や橋、彫刻の材料にもなれば、斧など道具にもなります。宝石、石炭、化石、さらに恐竜も石です。どこにでもころがっている石をテーマに、広がりのあるブックトークができます。

※『ドリトル先生航海記』のように長く読みつがれている本は、古い本と新しい本で挿絵の位置が変わっていることがあります。

3 連想によるブックトーク

突然、明日三年生にブックトークをしてほしいという依頼が飛び込むことは、現場ではしばしば起こります。そのとき、今書架にあって、ふさわしい本を一冊ずつ、次々と紹介してもいいでしょう。でもひと工夫して、前の本と次の本を上手につなげたら、魅力的なブックトークになります。ここでは、「連想によるブックトーク」を低学年、中学年、高学年向けにそれぞれ二本ずつ試みてみました。前の本と次の本の共通点を見つけて、そこをつなぎにして紹介していきます。

たとえば『ぐりとぐら』をとりあげたあとは、ぐりとぐらがカステラを作ったように、クッキーを焼いて誕生した『クッキーのおうさま』を紹介します。クッキーの王さまはいばっていますが、同じ王さまでも心やさしいライオンの話『ジオジオのかんむり』につなぎ、ライオンから『としょかんライオン』を紹介していきます。

このように、自由に連想して次の本につないでいくと、聞き手は興味をひかれ、まとまりのある紹介を聞いたという満足感をもちます。臨機応変に、いろいろ工夫してみてください。

低学年向け1

みなさんは、毎日学校に通っていますが、動物の子どもたちも学校に行っているんですよ。

■『おともださにナリマ小』

ハルオくんは一年生。学校は山の中にあって、生徒は十五人。一年から六年まで同じ教室で勉強しています。ハルオくんは毎朝、友だちのケンタとリョウくんと待ち合わせて学校へ行きます。

ところがその日、待ち合わせ場所にふたりはいませんでした。

8ページを見せて　ずっと遠くでふたりの声が聞こえたので、ハルオくんは追いかけていきました。走って走って心細くなったころ、やっと学校に着きました。教室に入ると、いつもと様子がちがいます。

17ページを見せて　隣の席のハナちゃんは、ポニーテールがろうそくのように頭のてっぺんで突っ立っています。

19ページを見せて　生徒会長で六年のヤマモトさんは、いつものように賢そうに見えますが、両方の耳に二本ずつ鉛筆をはさんでいて、とっても変。ケンタは上着を後ろ前に着ています。それだけではありません。壁に貼ってある「あかるい子ども」と書いてあったはずのポスターが、「おかるい子ども」になっています。そして先生は、人々といっしょに食事をするときには、なるべく咳をしない、お稲荷さんばかりを食べないなんて、おかしなことを注意するのです。

お稲荷さんと聞いてピンときましたか？　そう、ハルオくんは、いつの間にかキツネの小学校に迷い

『おともださにナリマ小』

込んでしまったのです。キツネたちは、人間が近くに住み始めたので、人間に出会っても困らないように、小学生に化ける勉強をしていました。それで、ハルオくんの友だちに化けていたのです。でもやっぱりどこか変だったのですね。

表紙を見せて　この「おともださにナリマ小」というのも、キツネたちがハルオ君たち人間の子どもに書いた手紙です。ほんとうはなんと書いてあるか、もうわかりますね。

■『あひるのジマイマのおはなし』

キツネ学校のキツネたちは、「おともださにナリマ小」なんて手紙をくれるくらい、いいキツネでしたが、世の中には悪いキツネもいます。

7ページを見せて　あひるのジマイマは、農場に住んでいました。

11ページを見せて　ある日、ひとりで遠くの森へ出かけていきました。卵を産んで、自分で温めて、ヒナにかえそうと思ったのです。

20ページを見せて　すると森で、ひとりの紳士に会いました。

23ページを見せて　黒くてピンとつき出た耳、薄茶色のひげ、太いしっぽ。みなさんには、もうだれだかわかりましたね。でも、おばかさんのジマイマには、とても立派な紳士に見えたのです。

キツネは**「おくさま、みちに　おまよいになりましたかな?」**と聞きました。ジマイマは、卵を産むのにいい場所を探していると話しました。

24ページを見せて　キツネは、自分の小屋なら安心して卵を温められると、案内してくれました。

28ページを見せて　小屋の中は鳥の羽でいっぱいでした。ジマイマはちょっとびっくりしましたが、

『あひるのジマイマのおはなし』

すぐにすわり心地のいい巣を作り、卵を一つ産みました。キツネは、自分は卵が大好きなので、番をしてあげますと言いました。

32ページを見せて そしてキツネの紳士は、ほんとうに卵が大好きで、ジマイマがいなくなると、いつも卵をひっくり返して、数をかぞえるのでした。

キツネの小屋で卵を温めても大丈夫でしょうか？

■『ぐりとぐら』

アヒルの卵は、ニワトリの卵よりひとまわり大きいです。次の本には、大きなアヒルの卵よりもっともっと大きい卵が出てきます。

読み聞かせをする

■『クッキーのおうさま』

お菓子作りは楽しくて、おいしくて、だれもが大好きです。この本に出てくるりさちゃんも、お母さんといっしょにお菓子を作りました。

表紙を見せて りさちゃんが作ったのはクッキー。王さまの形をした、特別のクッキーです。

6〜7ページを見せて 普通の形のクッキーと並べて焼きました。

8〜9ページを見せて お母さんがオーブンのふたをあけると、**「あち、あち、あちち！」**と叫びながら、クッキーの王さまが飛び出してきたのです。

10〜11ページを見せて りさちゃんが**「わあ、おいしそう」**と手を出すと、クッキーの王さまは、ぱ

『ぐりとぐら』

『クッキーのおうさま』

っととびのきました。そして胸を張って大きな声で**「おいしそうだって？　ぶれいもの。わたしは　おうさまだ」**なんて言うのです。

12〜13ページを見せて　りさちゃんが、冠のところをちょっとかじらせてと頼んでも**「とんでもない。これは　おうさまの　しるしの　だいじな　ものだぞ」**と食べさせてくれません。そしてこんな歌をうたいました。

「わたしは　クッキーのおうさまだ　ホー！　こんがり　やけた　おうさまだ　ホー！　バターと　たまごと　こむぎこと　さとうも　たっぷり　はいってるぞ　ホー！」

26〜27ページを見せて　こうして、クッキーの王さまは、りさちゃんの家の台所に住むことになりました。

32〜33ページを見せて　ところがある日、**「わたしは　おうさまなのに、おしろが　ないなんて　おかしいぞ」**と言いだし、空き箱でお城を作ることにします。

35ページを見せて　ものさしとセロテープとはさみを家来にして、こんな立派なお城ができました。でも、これだけで満足するような王さまではありません。もっともっと、いろんなことをやりたがります。何をしたか、知りたい人は続きを読んでね。

■**『ジオジオのかんむり』**

表紙と裏表紙全体を見せて　クッキーの王さまは、ちょっといばりんぼうな王さまですが、ジオジオはやさしい王さまです。

2〜3ページを見せて　ジオジオはライオン、ライオンのなかでもいちばん強いライオンでした。だ

『ジオジオのかんむり』

から動物たちはだれも、ジオジオがチラッと見えると、こそこそと隠れてしまうのです。

4~5ページを見せて　でもほんとうは、ジオジオはつまらなかったのです。だれかとゆっくり話してみたかったのです。

6~7ページを見せて　ジオジオがつまらなそうにしていると、灰色の鳥が話しかけてきました。**「ジオジオの　おうさま、つまらなそうですね。わたしも　つまんないんです。だって、むっつも　あったたまごが、みんな　なくなって　しまったんですよ」**。卵はヒョウやヘビに盗まれてしまったというのです。ジオジオは考えているうちにいいことを思いつきました。

8~9ページを見せて　自分の頭の上、冠の中に卵を産んだらどうでしょう。

10~11ページを見せて　さっそくやってみました。ほらこんなふうにね。これで、卵も安全、ジオジオも話し相手ができて、さびしくありません。よかった、よかった。

春になったらどんな小鳥が生まれるか、楽しみですね。

■『としょかんライオン』

ライオンは、森の中や動物園にいるだけではありません。

表紙から次々見せて　図書館にもいるんですよ。ほらね。

ある日、図書館にライオンが入ってきました。ライオンは、貸出カウンターの横を通って、ずんずん歩いていきます。図書館の中をゆっくり歩きまわって、絵本の部屋で寝てしまいました。

そして、おはなしの時間が始まると、立ち上がって子どもたちといっしょに、お話を聞いていました。

おはなしの時間が終わっても、もっともっと読んでもらいたかったので「うおおおお」と大きな声で

『としょかんライオン』

ほえました。でも、それはいけないことでした。図書館では静かにしてなくてはいけないのです。

ライオンは、図書館長さんにおこられました。でも、静かにすると約束すれば、明日もおはなしの時間にきてもいいですよと言われました。よかったですね。

次の日から、ライオンは毎日図書館にやってきて、図書館の仕事を手伝うようになりました。それから大事件が起こります。

あれ、今そこをライオンが通らなかった？

■紹介した本

『おともださにナリマ小』たかどのほうこ文　にしむらあつこ絵　フレーベル館

『あひるのジマイマのおはなし』ポター文・絵　いしいももこ訳　福音館書店

『ぐりとぐら』なかがわりえこ文　おおむらゆりこ絵　福音館書店

『クッキーのおうさま』竹下文子文　いちかわなつこ絵　あかね書房

『ジオジオのかんむり』岸田衿子文　中谷千代子絵　福音館書店

『としょかんライオン』ヌードセン文　ホークス絵　福本友美子訳　岩崎書店

■コメント

ブックトークは、知らない本を紹介するのが基本ですが、低学年には『ぐりとぐら』のようなだれもが知っている絵本をとりあげると、かえって興味をもち、読んでみようという気持ちになります。『ぐりとぐら』の読み聞かせでは幼すぎるなら、『ジオジオのかんむり』か『としょかんライオン』を読んでもいいでしょう。

低学年向け2

■『ワニのライルがやってきた』

みなさんのなかに、おうちでペットを飼っている人はいますか？　飼っているのはイヌ？　ネコ？　それとも小鳥ですか？

ペットは友だち。そして家族の一員ですね。でも、こんな動物が家族になったらどうしますか？

3ページを見せて　プリムさんの一家は、この東88番通りの家に引っ越してきました。

4ページを見せて　「ドコデモイキマスひっこし会社」のトラックが荷物を運んでくれました。プリムさんの家族は、プリムさんにプリムさんの奥さん、そして小さな息子のジョシュアくんの三人です。

荷物が片づいて、プリムさんの奥さんは手を洗いに二階に行きました。すると、シュッ、シュッ、バシャン、バシャン……と音が聞こえてきます。お風呂場のドアを少し開けてみて、奥さんはびっくり！

10ページを見せて　中からこんな顔が覗いています。プリムさんを呼んできてドアを開けると、そこにいたのは、こんなに大きなワニでした!!

12ページをゆっくり見せる　みんなが大さわぎしていると、へんてこな身なりの男の人がやってきて、ジョシュアくんに手紙をわたしてどこかへ行ってしまいました。その手紙はこんなふうでした。

16ページの手紙を読む　**わたしのクロコダイル・ワニをよろしくたのみます。このワニは、それはそれは　きだてがよくて、ノミ1ぴきだってきずつけはしません。**（中略）**ワニのなまえは、ライルです。**

『ワニのライルがやってきた』

さあ、どうしましょう。

18〜20ページを見せながら　でも、大丈夫。ワニのライルはほんとうに気立てがよくて、いろいろな芸当ができるワニでした。ほらこんなふうに、ボールを操ったり、逆立ちしたり、ビューンと飛んだり、フラフープだって、とても上手にできるのです。こうしてライルはプリムさんたちと仲よしになり、新しい家族になったんです。ライルはお手伝いも大好き。毎朝、古い新聞を捨てにいったり、牛乳をとりにいったりして働きます。テーブルをきれいにセットしたり、ベッドをきちんと片づけるのも得意です。ワニのライルとの暮らしは、なんだかとても楽しそう。

ライルのお話はシリーズになっていて、全部で八冊あります。続きは読んでみてくださいね。

■『うさんごろとおばけ』

52ページを見せて　さて、プリムさん一家は「ドコデモイキマスひっこし会社」のトラックで新しい家に引っ越してきましたが、自分で荷物を運んで引っ越したのは、この「うさんごろ」です。

2ページと5ページを見せて　うさんごろは、体がでっかい目玉もでっかい、話もでっかいウサギです。母さんウサギがうさ八幡に願かけして生まれたウサギ。うさ八幡のお祭りは満月の晩。だから、満月の晩になると、うさんごろは特別な力が出るんですって。

そのうさんごろ、おばけに会いたくなったので、新聞でおばけに会えそうな家を探しました。すると こんな広告がありました。

50ページを見せて　**「寺隣墓地付お化け見込み」**。さっそく引っ越したうさんごろは、早くおばけに会いたくて、家で待っていられません。

『うさんごろとおばけ』

56ページを見せて　お墓の中で眠ることにしました。どんな様子か読んでみましょう。

59〜60ページを読む　**ところが、なかなかおばけがでてこないんだ。「ちぇっ、つまんないなあ。」そのうちに、うさんごろは、だんだんねむくなってきた。**（中略）**うさんごろがねむったかとおもうと、ぽっとひのたまが一つでた。どろどろどろ。つづいて、でるわでるわ。そのにぎやかなこと！**

絵を見せてお化けの名前を読みあげながら72ページまで見せる。続けて本文を読む　**「あっ、なんにもでなかった！」**（中略）**うさんごろは、ぷんぷんおこって、また、ひっこしていったとさ。うさんごろは、いつもこんなちょうしさ。**

表紙を見せて　この本には「うさんごろとおばけ」のほかにもう二つ、うさんごろの話が入っています。

■『おばけのジョージーおおてがら』

表紙を見せて　うさんごろに会いにきたのは日本に住むおばけたちでしたが、今度はアメリカに住んでいる小さなおばけのお話を紹介しましょう。名前はジョージー。おとなしくて恥ずかしがり屋で控えめで、人を脅かすことのできないおばけでした。

8ページを見せて　ジョージーは、フクロウのオリバーやネコのハーマンと仲よしでした。

ジョージーが住んでいるホイッティカーさんの家には古くて素敵な家具がたくさんあります。ベランダの揺り椅子や居間にあるソファー、ジョージーが暮らしている屋根裏にも素敵な古いものがいっぱい。

11ページを見せて　こういう家具はアンティークといって、とても高く売れるのです。

12ページを見せて　ある晩、ホイッティカーさんと奥さんが出かけた留守に、黒い覆面をしたふたりの男がトラックに乗ってやってきました。どろぼうです。アンティークの家具を盗みにきたのです。ふ

『おばけのジョージーおおてがら』

たりは揺り椅子を盗み、ソファーを盗み、屋根裏の古いものも全部運び出してしまいました。

16〜18ページを見せて たいへん、どうしたらいいでしょう。逃げる途中、トラックのタイヤがパンクしました。どろぼうたちは人に見られないように、牛小屋の中でタイヤを直すことにしたようです。

26ページを見せて こうなったらやるべきことはただ一つ。どろぼうを脅かしておっぱらうのです。おばけならば怖がらせることができるはず。でも、ジョージーは恥ずかしがり屋のやさしいおばけでした。しかもこんなに小さなおばけです。**「ああ、ぼくが、もっとおおきくて、もっとおっかないおばけだったら、よかったのに」**とジョージーはしょんぼりと考え込みました。そのとき、風がびゅうっと吹いて、干草の山にかけてあった布がふくらんで、ばさばさ大きな音を立てました。

31〜32ページを見せて それを見てジョージーは、小さなおばけが大きなおばけになるすごい方法を考えついたのです！ さあ、どんな方法かな？ ジョージーはうまくどろぼうを脅かせるのでしょうか。

ジョージーのお話には、**『おばけのジョージーともだちをたすける』『おばけのジョージーのハロウィーン』**という続きと、絵本**『おばけのジョージー』**もあります。

■『ふくろうくん』

ジョージーの大の仲よしは、フクロウのオリバーでした。オリバーはとても賢い鳥でしたが、同じフクロウでも、こちらは、ちょっととぼけたフクロウです。

表紙を見せ、続いて目次を見せて この『ふくろうくん』という本には、ふくろうくんの短いお話が五つ入っています。その中から「うえとした」を読んでみましょう。

40〜49ページまでを丸ごと読み聞かせる

『ふくろうくん』

ちょっとおかしなふくろうくん。このほかにどんなことをしたのか、とっても気になりますよね。

■『ふしぎなえ』

ふくろうくんがどんなにがんばって走っても、上と下に同時にいることはできませんでした。そんなことできっこないって？　いえいえ、そうでもないのです。

表紙を見せて　この『ふしぎなえ』の世界なら、上と下に同時にいることもできるのです。この本は絵を楽しむ本なので、言葉はありません。じっくり絵を見てみましょう。

6～7ページをゆっくり見せ、小人の動きを指で示しながら　階段を下からのぼって、上の階に着きました。上の階からまた階段をのぼったら、あらあら、さっきの下の階。どっちが一階でどっちが二階？　ここは、上の階でもあるし下の階でもある。ふくろうくんも、このふしぎな絵の世界にくれば、上と下に同時にいられますよね。

26～27ページを見せて　この絵では水道の蛇口から流れ出した水が川になって町を流れますが、行き着いたところはまた蛇口。高いところから低いところへ流れていったはずなのに。じーっと絵を見ていると、頭がくらくらしてきそうですから、気をつけながら楽しんでくださいね。

『ふしぎなえ』

■紹介した本

『ワニのライルがやってきた』ウェーバー文・絵　小杉佐恵子訳　大日本図書

『うさんごろとおばけ』瀬名恵子文・絵　グランまま社

『おばけのジョージーおおてがら』『おばけのジョージーともだちをたすける』『おばけのジョージーのハロウィーン』　ブライト文・絵　なかがわちひろ訳　徳間書店

『**おばけのジョージー**』ブライト文・絵　光吉夏弥訳　福音館書店
『**ふくろうくん**』ローベル文・絵　三木卓訳　文化出版局
『**ふしぎなえ**』安野光雅絵　福音館書店

■コメント
読み聞かせから、ひとり読みに移行していく低学年の子どもたちに、「絵物語」の本を続けて紹介していくプログラムです。愉快な挿絵を十分に見せ、本文をそのまま読む紹介の仕方を多用し、作品のもつ明るく楽しい雰囲気が子どもたちに伝わるように工夫しました。

中学年向け1

みなさんのなかには、バイオリンやピアノを習っている人や、サッカーや水泳の教室に通っている人がいると思います。ダンスやバレエを習っている人もいるかもしれません。

■『バレエをおどりたかった馬』
今日は、まずはじめに、バレエを習いたくてたまらなかったウマのお話を紹介します。この『バレエをおどりたかった馬』に出てくるウマは、もともと田舎でのんびり暮らしているウマでした。（11ページを見せて）ところが、ある日旅のバレエ団のバレエを見てからというもの、ウマはバレエに夢中になってしまいました。**「どうして、あんなに長く、つま先で立っていられるんだろう？　……どうやったら、あんなふうにくるくるまわれるんだ？」**。バレエ団の人たちは、**「おれたちは、町のバレエ**

『バレエをおどりたかった馬』

学校でならったんだ」と、教えてくれました。さあそれから、ウマはバレエ学校に入りたくて入りたくてたまらなくなりました。

15ページを見せて　そこで、とうとう決心して町へ出かけていきます。

27ページを見せて　そしてバレエ学校を見つけて入学するのですが、なにしろウマですから、レッスンはなかなかたいへんでした。**「一、二、左足をうしろ、三、四、左足を前に……」**と言われても、ほかの子たちとちがって足が四本あるので、足を動かすのは簡単ではありませんでした。でもウマは、それはそれはいっしょうけんめいに練習をします。ウマはバレエをおどれるようになるのでしょうか?

■『天才コオロギニューヨークへ』

田舎から町へ出てきたのは、バレエをおどりたかったウマだけではありません。この『天才コオロギニューヨークへ』では、コオロギが田舎から町へ出てきます。ニューヨークというのは、アメリカにあるとても大きな町です。コオロギは田舎にピクニックをしにきた人たちの持っていたバスケットにまちがって入ってしまい、そのまま町へと連れてこられてしまったのです。

12ページを見せて　そのコオロギを見つけたのは、大きな地下鉄の駅の売店で働く、マリオという男の子でした。

19ページを見せて　マリオはコオロギをそっとつかまえ、マッチ箱の中に入れました。

36ページを見せて　さて、この駅にはタッカーという名前のネズミが住んでいました。タッカーは親切なネズミで、コオロギの身の上話を聞いて友だちになり、食べものも分けてくれました。コオロギは、チェスターという名前でした。

『天才コオロギニューヨークへ』

44ページを見せて　ネズミのタッカーには親友がいました。ネコのハリーです。ネコとネズミは仲が悪いと決まっていますが、この二匹は大の仲よしでした。ネコとネズミは、ひとりぼっちのコオロギの友だちになります。

70ページを見せて　新聞売りのマリオは、中国人のおじいさんの店で、昔中国の皇帝がコオロギを入れていたという美しいかごを手に入れました。

79ページを見せて　マリオはコオロギをこのかごに入れ、売店の棚に置いて飼うことにしました。毎日、ネコとネズミがやってきて、コオロギの話し相手になってくれました。

85ページを見せて　時にはネズミのタッカーが、かごに入って寝てみたりもしました。

177ページを見せて　やがて、コオロギのチェスターには特別な才能があることがわかりました。ラジオから音楽が流れると、すぐにメロディーを覚えて、そのとおりに演奏することができるのです。羽のかたむけ具合で、高い調べも低い調べも思いどおりに出し、賛美歌でも、オペラでも、イタリア民謡でも、見事に演奏してみせました。地下鉄の駅の売店にいるコオロギの演奏は一躍有名になり、一日に二回、演奏会が開かれました。みんな大喜びです。でもコオロギのチェスターは、どう思っていたでしょうか？　チェスターは、おおぜいの人にじろじろ見られるのが好きではありませんでした。決まった時間に演奏するのにも慣れていませんでした。さて、チェスターはこのあとどうするのでしょうか？

■**「鳥かごのなかのようせい」**（『月あかりのおはなし集』より）

マリオは、コオロギをきれいなかごの中に入れて飼いましたが、この『月あかりのおはなし集』には、虫ではなく、なんと妖精をかごに入れて飼う男の子のお話が出てきます。

『月あかりのおはなし集』

81ページの題を見せて　それは、この「鳥かごのなかのようせい」というお話です。
84ページを見せて　ディックは、ある日たったひとりで森へ遊びにいきました。
88ページを見せて　森の中で、チョウチョウのような羽のはえた小さな妖精がぐっすり眠っているのを見つけ、さっとつかまえました。
91ページを見せて　そして家に持って帰ると、妖精を古い鳥かごに入れてしまいました。妖精がどんな様子をしていたか、少し読んでみましょう。
90ページ10行目～93ページ4行目を読む

ようせいのかみの毛は、くしゃくしゃにもつれていました。羽も、しわだらけになっています。小さな顔をしかめて、ようせいは、両手をしっかりにぎりしめました。（中略）**こうして、ようせいは、夕方までしょんぼりしたままでいました。ディックは、やわらかい羽毛でようせいをなでてやったり、鳥かごにバラの葉をしいてやったりしました。でも、ようせいはぴくりともうごきません。おしゃべりもしなければ、とびもせず、歌もうたわないのです。**

それから、ディックの家に不思議なことが次々に起こり始めました。急に冷たい風が入ってきたり、食器やイスが動いたりするのです。妖精は、自分の命が危ないと思ったときに悪さをするといわれています。さあ、ディックはどうするのでしょうか？
目次を見せて　この本には、全部で六つのお話が入っています。どれも、ちょっと不思議なお話ばかりです。

■『おふろのなかからモンスター』

妖精をかごに入れて飼うなんて、なかなかできないことですよね。でも、世の中にはとても珍しいものを飼っている子もいるのです。この『おふろのなかからモンスター』は、小さい恐竜を飼うことになった女の子のお話です。

13ページを見せて カースティという女の子が、ある日浜辺で四角い袋のようなものを拾います。浜辺には、ツノザメの卵が入った四角いふくろのようなものがよく打ちあげられていているのですが、今度のはいつもよりずっと大きく、ビスケットの缶くらいありました。カースティは、それを持って帰って、おふろに水をはって入れておきました。

25ページを見せて 次の朝、なんとそこにはこんなものが！　カースティと弟のアンガスは、目を丸くしました。アンガスは恐竜が大好きで、たくさん絵本を持っているので、この動物が恐竜だということがすぐにわかりました。

49ページを見せて ふたりは、外にあった金魚用の池でこの恐竜を飼うことにしますが、もちろん恐竜はどんどん大きくなっていきます。そうなったら、もちろん困ったことが次々に起こります。さあ、いったいどうなるのでしょうか？

■『たまごのはなし』

カースティが見つけた恐竜の卵は、四角い袋のようなものに入っていました。どんな卵なのか、見てみたいものですね。恐竜というのは、今はもういません。でも、恐竜の卵は、化石になって残っているのです。そのことは、この『たまごのはなし』に書いてあります。

『おふろのなかからモンスター』

『たまごのはなし』

化石になった卵が描いてあるページを見せて　これが化石になった恐竜の卵です。

そのページに描かれている本に書いてある文章を読む　**何億、何千万年もまえの生物が、石のようにかたくなって残ることがある。化石だ。恐竜のたまごの化石は、世界中で発掘されている。まるいたまごも、ほそながいたまごもある。直径2・5センチのたまごもあれば、50センチのたまごもある。恐竜はみんなたまごからうまれたと考えられている。**

たくさんの卵が描いてある最初の見開きを見せて　この本にはいろいろな卵が載っています。

「かたちもいろいろ」のページを見せて　形も、丸いのや細長いのやいろいろあるし、

「たまごはおおきさもいろいろ」のページを見せて　大きさも、こんなに大きいのからこんなに小さいのまであります。

「たまごはおしゃれ」のページを見せて　色やもようもいろいろです。

最後の見開きを見せて　ここに出ているのは全部、さっき見せた卵からかえった動物たちです。虫もいるし、魚もいるし、鳥もいるし、カエルやイグアナも、卵から生まれます。

表紙を見せて　こんなきれいな卵のことをもっと知りたい人は、この本を読んでみてください。

■『こいぬがうまれるよ』

みなさんも、卵から生まれたんですよね？　えっ、ちがうんですか？　そうですね、みなさんは、お母さんのおなかから生まれたんでしたね。今はこんなに大きくなったけれど、生まれたときはみんな小さな赤ちゃんだったんですね。この子イヌも、お母さんのおなかから生まれました。さいごに、子イヌが生まれるところを見てみましょう。

『こいぬがうまれるよ』

■紹介した本

『**バレエをおどりたかった馬**』ストルテンベルグ文　さとうあや絵　菱木晃子訳　福音館書店
『**天才コオロギ ニューヨークへ**』セルデン文　ウィリアムズ絵　吉田新一訳　あすなろ書房
『月あかりのおはなし集』より「**鳥かごのなかのようせい**」アトリー文　いたやさとし絵　こだまともこ訳　小学館
『**おふろのなかからモンスター**』キング＝スミス文　はたこうしろう絵　金原瑞人訳　講談社
『**たまごのはなし**』アストン文　ロング絵　千葉茂樹訳　ほるぷ出版
『**こいぬがうまれるよ**』コール文　ウェクスラー写真　つぼいいくみ訳　福音館書店

■コメント

まず、ぜひ読んでほしいと思う本を十冊ほど候補として並べ、つながりになるキーワードがないか、あれこれ考えました。つながりそうもないものを除きながら、一組、二組とつながりができてくると、次第にまとまってきます。こうしてしぼりこんでいったのが最初の四冊です。連想式のブックトークを作るときは、いきあたりばったりに考えるより、このような方法のほうがうまくいきます。あとは新刊のなかからぜひ紹介したいと思っていたノンフィクションを一冊入れ、最後の読み聞かせには、子どもたちの興味をひくことまちがいなしの定評ある絵本を選びました。

中学年向きの読みものは挿絵が多いので、絵を順序よく見せながらあらすじを紹介すれば、少し長くてもよく聞いてくれます。もちろん最終的な結末を明かすのは控えますが、いよいよおもしろくなりそうなところまで話したほうが、自分で読んでみようという気になるようです。とはいえ、どの本も詳しく紹介すると飽きてしまうので、読みもの四冊のうち、楽しい挿絵がたくさんついている『天才コオロギニューヨークへ』をほかよりも詳しく説明し、あとは短めにまとめました。

中学年向け2

■『やかまし村の子どもたち』

この本は『やかまし村の子どもたち』という本です。表紙に子どもが六人描かれていますね。やかまし村の子どもたちはこれで全部です。やかまし村には家が三軒、子どもが六人しかいないのです。

表紙裏を見せて ほら、これがやかまし村の家です。子どもたちは男の子が三人、女の子が三人です。年齢《とし》は七歳から九歳まで。七歳の女の子リーサがこのやかまし村の暮らしを話してくれます。七歳のお誕生日にあったこと、家のめんどりが産んだ卵を見つけたこと、カブラ抜きのお手伝いをしてお金をもらったこと、男の子たちが夏休みに秘密の小屋を作ったこと、干し草の中で寝たこと、学校のこと。やかまし村には学校がないので、リーサたちは毎日長い距離を歩いてとなりの村の学校に通います。

リーサは、七歳の誕生日にすばらしいプレゼントをもらいました。こんなふうにもらったのです。お母さんがハンカチでリーサに目隠しをしました。お父さんはリーサをくるくるまわらせてから、かつぎあげました。お父さんは階段をおりて家の外に出ると、また階段をのぼりました。いったいどこに行くのでしょう？　やっとお父さんが降ろしてくれました。お母さんがハンカチをとってくれました。リーサは見たこともない部屋にいます。ここはどこでしょう？　おやびっくり！　リーサは自分の家の二階にいたのです。お父さんとお母さんはリーサをびっくりさせようと、わざと階段をおりて、家の外へ行ったのでした。

27ページを見せて 今まで空き部屋だったその部屋にお父さんが壁紙を貼って、たんすとテーブルと椅子と戸棚を作ってくれました。お母さんはカーテンを縫ってじゅうたんを織ってくれました。この部屋はリーサひとりのものです。自分の部屋をもらうなんて、とってもすてきな誕生日プレゼントですね。

『やかまし村の子どもたち』

■『くつなおしの店』

誕生日のプレゼントといえば、この本『くつなおしの店』のポリー・アンという女の子も、すてきなプレゼントをもらいます。

標題紙を見せて　プレゼントをくれたのはこのふたり、靴屋さんのニコラスじいさんとその孫のジャックです。ポリー・アンは足が悪くてうまく歩けません。そこでジャックは、軽い靴を作ってあげて、とおじいさんに頼みました。ジャックが貯めたお金で靴を作る革を買い、おじいさんはひと針ひと針心をこめて軽いやわらかい靴をこしらえました。

22ページを見せて　それをもらったとき、ポリー・アンはどんなに喜んだことでしょう！　ポリー・アンは、もらった靴を履いてから足がどんどんよくなりました。ほかの子どもたちと同じように、走ったり跳ねたりできるようになったのです。

28ページを見せて　さて、おじいさんはほんの少しあまった革で小さな小さな靴を作りました。人形か妖精が履くのにピッタリです。

35ページを見せて　その靴を店の窓に下げておいたら、なくなってしまいました。妖精が持っていったのです。妖精は嬉しそうに歌をうたって、赤い靴をとると、さっと自分の足にはき、はきふるした自分の靴を部屋の隅に投げて出ていったのです。

47ページを見せて　このあと、おじいさんはもっとたくさん妖精のための靴を作ります。たくさんの靴にたくさんの妖精たちがどんなに喜んだか、わかりますか？

50ページを見せて　ほら、こんなふうに踊っていますよ。

『くつなおしの店』

■『はがぬけたらどうするの?』

妖精はほんとうにいると思いますか? みなさんは、妖精をあまり信じていないかもしれませんが、世界中には妖精の出てくるお話がたくさんあります。なかでも有名なのは、抜けた乳歯を持っていく妖精です。聞いたことありませんか?

『はがぬけたらどうするの?』。この本は、世界中の子どもたちに「乳歯がぬけたら、それをどうしますか?」と聞いてまとめた本です。乳歯というのは、赤ちゃん歯のことです。みなさんの中にも、抜けた人がいるでしょう? 今、ぐらぐらしているお友だちもいるかもしれません。

6ページを見せて アメリカの男の子は、こんなことを言っています。

「ぼくは ぬけた はを まくらの したに いれて おくんだ。ぐっすり ねむって いる あいだに、はの ようせいが やって きて ぬけた はを もって いく。それで おかねを おいて いって くれるんだよ」

25ページを見せて 日本の子は、こんなふうに言っています。

「うえの はが ぬけたら えんの したに なげる。したの はが ぬけたら やねに ほうりあげる。あたらしい はが まっすぐに はえるようにね。あたらしい はは、ふるい はの あるほうに のびるんだよ」

あなたは知っていましたか? 歯が抜けたとき、そうやっていますか?

4~5ページの世界地図を見せて 別の国ではどう言っているでしょう? この本には、世界の六十四の地域から集めた六十六のやり方が書いてあります。国によって、いろいろなやり方があるんですね。

『はがぬけたらどうするの?』

■『歯いしゃのチュー先生』

歯といえば歯医者です。ネズミの歯医者さんの本を読んでみましょう。

『歯いしゃのチュー先生』

読み聞かせをする

■『放課後の時間割』

歯医者をしているネズミもいれば、学校に住んでいるネズミもいます。『放課後の時間割』。これは小学校の図工の先生と学校ネズミのお話です。学校ネズミって？　どぶに住んでいるのがドブネズミ、野原に住んでいるのが野ネズミですから、学校に住んでいるのが学校ネズミです。

15ページを見せて

学校ネズミは、生まれるとすぐに一年生の教室の天井に住んで、勉強を始めます。二年目は二年生の教室の天井に、三年目は三年生の教室の天井に……。もうおわかりですね。人間の言葉も文字も覚えて六年間で卒業すると、学校の好きなところに住むのです。このネズミは、この学校最後の学校ネズミでした。昔はたくさんいたのにね。

と言って79ページを見せる

標題紙を見せて

ネコにおそわれたところを図工の先生に助けられたネズミは、その先生にいろいろな話をしてくれました。音楽室に住んでいたネズミが作った「ナメクジのうた」もうたってくれましたよ。ナメクジって知っていますか。そう、塩をかけると溶けちゃうんですよ。学校に住んでいたナメクジのことを、音楽室ネズミがこんな歌にしたのです。

67ページからの詩を読む。68ページのナメクジの絵を見せる

「むかしむかし　この学校に／五ひきのナメクジ　すんでいた／ナメ太　ナメ吉　ナメ夫に　ナメ造／そしてさいごは　ナメ右衛門／さてさて　ある日の話題といえば／いったい　学校なにするところ／学校ってなあに　学校ってなあに／学校ってなあに　学校ってなあに」

この後、72ページまで詩を全部読む

『放課後の時間割』

学校ネズミがしてくれるお話はとっても楽しい話ばかりですから、きっとみなさんも気に入ると思います。

■紹介した本

『やかまし村の子どもたち』リンドグレーン文　ヴィークランド絵　大塚勇三訳　岩波書店

『くつなおしの店』アトリー文　こみねゆら絵　松野正子訳　福音館書店

『はがぬけたらどうするの?』ビーラー文　カラス絵　こだまともこ訳　フレーベル館

『歯いしゃのチュー先生』スタイグ文・絵　うつみまお訳　評論社

『放課後の時間割』岡田淳文・絵　偕成社

■コメント

『やかまし村の子どもたち』は続編が二冊あって、どれもリーサが語っています。やかまし村で起こるたくさんの事件のエピソード集なので、どの話をとりあげるかによって、いろいろな主題のブックトークに使うことができます。

子どもにとって、乳歯が生え変わるというのは大事件です。そこから世界へ目を広げられればいいなあと思い、こういうつながりにしました。この『はがぬけたらどうするの?』に世界のいろいろな国が出てきますから、一つの国を選んでその国へ連想を広げていくこともできます。

高学年向け1

■『ライオンと魔女』

この本は『ライオンと魔女』といいます。私たちがいるこの世界とはちがう「ナルニア国」という世界が舞台の物語です。ナルニア国では、人間やものを言う動物や妖精たちがみんないっしょに暮らして

『ライオンと魔女』

います。上半分は人間なのに足はヤギの足をしていてしっぽのあるフォーンや、上半分が人間で下半分はウマのセントールなど、神話に出てくるような人々もいます。

45ページを見せて このなかに悪い魔女がいて、ナルニア国をずっと冬にしてしまったのです。いつになっても春がきません。雪と氷に閉ざされているのです。その冬のナルニア国に、人間のきょうだいが行くお話です。男の子ふたりと女の子ふたりの四人きょうだいです。四人は、古いお屋敷の衣装だんすを通ってナルニア国に行きます。

163ページを見せて そしてナルニアの動物や小人、それに不思議な力をもつライオンと力を合わせて、悪い魔女と戦うのです。四人は魔女を倒したあと、ナルニア国の王さまになって長い年月をナルニアで暮らします。でも、元の世界に戻ってきたとき、時間はぜんぜんたっていなかったのです。

この後、四人がまたナルニアに行くお話に続きます。ナルニアの話は全部で七冊あって、全部読むとナルニア国の誕生から終末までの長い歴史になっています。なぜ、古いお屋敷の衣装だんすからナルニアに行くことができたのかという不思議もわかります。

■『ツバメ号とアマゾン号』

ナルニア国に行ったのと同じく男ふたり女ふたりの四人きょうだいが主人公のお話が、この『ツバメ号とアマゾン号』です。でも、こちらの話には魔法も魔女も出てきません。楽しい夏休みの話です。

表紙裏を見せて 四人は、夏休みにお母さんと生まれたばかりの赤ちゃんとばあやといっしょに、湖に行きます。これがその湖です。

目次裏の小帆船の各部のページを見せて 湖では、借りた帆船ツバメ号に乗って湖を航海したり、

『ツバメ号とアマゾン号』

81ページを見せて 子どもたちだけで島でキャンプをしたり、湖のほとりに住む女の子たちと友だちになって帆船で競争をしたりします。みんなは島に自分たちだけの名前をつけます。

表紙裏に戻って 島だけでなく、お母さんたちが夏の間借りている家にも、その村にも、全部自分たちだけの名前をつけます。湖の周りの地図を作って、名前を書き込んでいきます。

指差しながら ここがキャンプした島「やまねこ島」、ここは屋形船があってその船に人が住んでいるので「屋形船湾」、ここが湖の南の端なので「南極」、こっちが北の端なので「北極」、この川はアマゾン川といいます。この川をボートで漕ぎのぼったら、この沼で櫂《かい》が睡蓮のくきに絡まってしまって困ったので、その睡蓮をタコだということにして「たこの沼」。ほらおもしろい名前でしょ？　自分たちで勝手に名前をつけるなんて、楽しいですね。

■『ルドルフとイッパイアッテナ』

名前をつけるといえば、ペットの名前は飼い主がつけますね。

表紙を見せて この黒ネコはルドルフという名前です。飼い主の小学校五年生のリエちゃんがつけてくれました。まだ子どものネコですが、迷子になってしまいました。

23ページを見せて 助けてくれたトラネコに名前を聞いたら、「おれの名前はいっぱいあってな」と言われました。このトラネコはのらネコですから、会った人が勝手な名前で呼ぶのです。大きいから「デカ」とか、トラネコだから「トラ」とか、「ボス」とか、いろいろな名前で呼ばれているので、「おれの名前はいっぱいあってな」と言ったのですが、ルドルフは「イッパイアッテナ」というのが名前だと思い込んでしまいました。ルドルフは、イッパイアッテナにのらネコとしての生き方や常識を教えて

『ルドルフとイッパイアッテナ』

もらいます。

111ページを見せて　それだけでなく、字の読み方や書き方も教えてもらいました。字を覚えたルドルフが書いたのが、この本なのです。

ところで、ルドルフがなぜ迷子になったのでしょう。じつは、ルドルフは魚屋さんからししゃもを一匹盗んだのです。魚屋さんに追いかけられてトラックの荷台に逃げ込み、そのトラックが高速道路を走って遠くの町まできてしまったというわけです。ルドルフは字を覚えたので、自分が住んでいたのは岐阜県で、ここは東京都だということもわかるようになりました。でも、岐阜に帰るにはどうしたらいいのでしょう?

■『チンパンジーとさかなどろぼう』

魚一匹盗んだために、ルドルフはたいへんな目にあいましたが、こっちにも魚を盗んだ動物がいます。こちらはネコでなく、イヌです。

読み聞かせをする

表紙を見せながら　この絵を見て、変わった服装だな、と思った人はいますか?　これはアフリカのタンザニアという国のお話で、タンザニアの人たちはこういう格好をしているのです。こういうふうにその国の人たちが身につけている特別な服装を、民族衣装といいます。

■『ズボンとスカート』

この本は世界中を旅して、民族衣装を研究した人が書いた本です。ズボンとスカートのちがいってわ

『チンパンジーとさかなどろぼう』

『ズボンとスカート』

かりますか？　男がはくのがズボンで、女が……とはいえませんよね。女の人でもズボンをはいている人はたくさんいます。では、男の人はスカートをはかないのでしょうか？　男の人がスカートをはく国もあるのです。

4ページを読む。女の人がキルトをはいて怒られたところを強調して　では、ズボンとスカートのちがいってなんでしょう？

5ページを指差して　この男の子たちがはいているのはスカートに見えますが、右足と左足に分かれているのでズボンです。はいたときに足が二つに分かれるものがズボンで、いっしょになるものをスカートと呼ぶんですって。

7ページを見せて　モンゴルの人は小さいときから馬に乗るので、みんなズボンをはいています。

20ページを見せて　一枚の布を身体に巻きつけて服にする人たちもいます。インドのサリーという服がその代表です。タンザニアの人たちの格好も、サリーに似ていますね。

■『ペニーの日記　読んじゃだめ』

日本でもスカートは女の子がはくものと思っている人は多いですよね。ズボンばかりはいている女の子は活発だとか、おてんばだとか言われたりすることもあります。『ペニーの日記　読んじゃだめ』の女の子ペニーもそうでした。

11ページを見せて　ペニーは馬が大好きで、馬のカードをいっぱい持っています。これがペニーの持っている馬のカードの一部です。乗馬を習いたいし、大きくなったら競馬の騎手か騎馬警官になりたいと思っているのです。騎馬警官というのは、馬に乗るおまわりさんのことです。ペニーが、学校のク

『ペニーの日記　読んじゃだめ』

ラスのみんなと老人ホームに行くことになったとき、お母さんはペニーにピンクのワンピースを着せて、髪をカールさせて、とてもかわいらしくしてくれました。

43ページを見せて　これが、お母さんがペニーに着せたピンクのワンピースです。ペニーがいつもジーンズしかはかないので、老人ホームに行くときぐらい女の子らしくと考えたのです。でも、ペニーはそんなの真っ平。女の子らしい格好なんて大きらいです。ペニーはジーンズと馬の絵のついたトレーナーをこっそり学校に持っていって、トイレで着替えました。髪の毛もぬらしてカールをとりました。老人ホームに着いても、コンサートの舞台からこっそり抜けだして、庭に逃げました。だってペニーは、おばあさんなんて耳が遠くて、退屈で、おもしろくないと決めつけていたのです。

ペニーは、老人ホームの庭でひとりのおばあさんに会います。そのおばあさんは、子どもがリコーダーを吹いたり歌をうたったりするのを聞くのは嫌いだから、庭に逃げていたのです。ペニーとそのおばあさんは気が合いました。だって、そのおばあさんのお父さんは牧場をやっていたのですし、おばあさんは子どものころ馬で学校に通っていたのですし、亡くなっただんなさんは鍛冶屋をしていて、馬の蹄鉄を作ってつけていたのです。

58ページを見せて　だから馬のことは何でも知っているおばあさんでした。これが馬の蹄鉄です。

57ページを見せて　これが子どものころのおばあさんです。

翌日、ペニーは学校で先生にさんざん怒られました。昨日老人ホームで舞台を抜けだしたからです。家でもママに怒られました。ペニーは馬のカードを見て気持ちを落ち着けますが、この馬のカードをあのおばあさんに見せてあげようと思いつきました。あんなに老人ホームに行くのをいやがっていたペニーなのに、次の日には自分ひとりで老人ホームを訪ねたのです。おばあさんは、馬のカードをゆっくり見てくれましたし、自分が乗った馬の話もしてくれました。牛の乳絞りの方法や昔の学校の様子など、ペニーの知らないことをいろいろ話してくれるのです。

43〜45ページを見せて　この本は、挿絵だけでなくてあちこちに写真がいっぱいあって、とても楽しく読める本です。

■紹介した本

『ライオンと魔女』ルイス文　ベインズ絵　瀬田貞二訳　岩波書店
『ツバメ号とアマゾン号』ランサム文・絵　岩田欣三、神宮輝夫訳　岩波書店
『ルドルフとイッパイアッテナ』斉藤洋文　杉浦範茂絵　講談社
『チンパンジーとさかなどろぼう』キラカ文・絵　若林ひとみ訳　岩波書店
『ズボンとスカート』松本敏子文・写真　西山晶絵　福音館書店
『ペニーの日記　読んじゃだめ』クライン文　ジェイムズ絵　安藤紀子訳　偕成社

■コメント

『ライオンと魔女』は「ナルニア国物語」全七冊の一冊目にあたります。全七冊をとおしてこちらの世界とはちがう国の、始まりから終わりまでの長い歴史を描いています。キリスト教に基づいていますが、子どもたちは宗教色を感じないようで、楽しい物語として読むことができます。読み始めると次々に読んでいきますが、全体が長いことによる抵抗感もあるようなので、こんなふうにブックトークで紹介をするのが効果的です。

※『ライオンと魔女』のように長く読みつがれている本は、古い本と新しい本で挿絵の位置が変わっていることがあります。

『ツバメ号とアマゾン号』も「アーサー・ランサム全集」全十二巻の一冊目です。四人きょうだいの楽しい夏休みから始まって、巻を追うごとに子どもたちは成長し、友だちも増え、冒険の幅も広がっていきます。いきなり大冒険が始まるというわけではないので退屈に感じる子も多いようですが、楽しく愉快な野外活動なので、おすすめです。子どもたちを見守る大人の目が、過保護にならず、放任でもなく、ちょうどよい加減なのが、子どもが読んでも大人になって読んでも気持ちよく読むことができる要素だと思います。

高学年向け2

■『ホビットの冒険』

40ページの地図を見せて 一枚の地図から物語が始まることがあります。この地図から始まったのは、竜にさらわれた宝物をとり戻す、はるかな旅の物語です。

『ホビットの冒険』の主人公、ホビット族のビルボ・バギンズは、平和なホビットの村で、冒険などとはまったく関係なくのんびりと暮らしていました。そもそもホビットというのは小人です。白雪姫のお話に出てくるドワーフ小人より小さくて、おなかがぽっこりふくらんでいて、緑か黄色の鮮やかな色の服を着ています。足の裏は丈夫で、ふかふかした茶色の毛がはえています。髪の毛も茶色でくるくるの縮れ毛です。笑うときはこぼれるようないい笑顔。ご馳走が大好きで、お茶の時間をのんびり過ごすことを大切にしています。

15ページと238ページを見せて これがビルボです。ビルボは、あるとき魔法使いのガンダルフに推薦され、ドワーフ小人の宝をとり返す冒険の旅に連れだされてしまいます。ビルボはどちらかというと引っ込み思案で臆病で、ちょっぴり間の抜けたところもある気立てのいいホビットです。そんなビルボを待っていたのは、乱暴なトロルや残酷で腹黒いゴブリン小人、そして恐ろしい竜との戦いです。仲間といっしょに、時にはひとりで冒険を続けるうちに、ビルボの心の中に勇気と知恵が育っていきます。

120ページを見せて そんな冒険の一つが、このゴクリとの「なぞなぞ問答」です。冒険の途中で仲間とはぐれ、暗闇の中にひとりでとり残されたとき、ビルボはゴクリになぞなぞ問答をしかけられました。

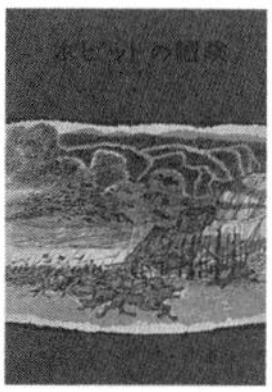

『ホビットの冒険』

ゴクリは気味の悪い生き物です。長い間、地下にある湖にたったひとりで暮らしてきたゴクリは、自分に話しかけるような変な話し方をするので、余計に不気味です。

129ページを見せて ゴクリはビルボを食べようかどうしようかと考えながら、時間稼ぎになぞなぞをしかけてきました。**「なぞなぞ、なんだ、木よりも高いが、根を見た者なし、ぐんとそびえて、のびっこないもの」**ビルボも問題を出します。**「この箱には、ちょうつがいも、かぎも、ふたも、ありません。それでも、なかには黄金《きん》の宝ものがかくしてある。なんでしょう?」**

答えは「山」と「卵」です。でも、こんなふうに横に座られて自分の体をなでたりさすったりされたらたまりません。ビルボはぐうぜん拾った不思議な力をもつ指輪の力も借りて、なんとかこの問答をきりぬけますが、旅はまだまだ続きます。

長い物語ですが、森や谷や地下の道を進むうちに、ハラハラドキドキすることが次々に起こります。ビルボが知恵と勇気でピンチを切り抜けていく様子を、応援したくなってきたらしめたものです。本の厚さに負けないで最後まで応援してください。

■『ぽっぺん先生の日曜日』

表紙を見せて さて、なぞなぞに答えられないと本の世界から抜け出せなくなってしまうというピンチを迎えてしまったのは この「ぽっぺん先生」です。ぽっぺん先生はれっきとした生物学者ですが、面倒くさいことがきらいでした。仕方なく整理していた書斎で子どものころに読んだなぞなぞの絵本を読んでいるうちに、どうしたはずみか本の世界に入り込んでしまいました。本の世界から出るためには、一問ずつなぞなぞの正解を言って、ページを進んでいかなくてはなりません。

『ぽっぺん先生の日曜日』

絵本の中のペリカンが出題した最初の問題はこうです。**「ペリカンのくちばしには、なぜふくろがあるのでしょう」**それは簡単！　とぽっぺん先生は思いました。先生は生物学者、動物の専門家なんですから。**「答えは魚を水からすくうためと、すくった魚を貯蔵しておくためです」**と答えました。ところがペリカンは、**「ぜんぜん、なっとらん」**と不愉快そうに言いました。**「おまえさんの言っとるのはりくつじゃ。なぞなぞの答えとはほど遠いよ」**。そうです。このなぞなぞの絵本の答えは、普通の正解ではだめなのです。疲れはてた先生がふとひらめいて、**「『ペリカンのくちばしには、なぜふくろがついているのでしょう』その答えは『ポケットがないからです。』」**と答えたとき、あたりの景色が変わりました。先生の答えは当たり！　ぽっぺん先生は次のページに進んでいたのです。

「タヌキ、クロブタ、ダチョウ、トガリネズミ。この中で、はなしのおもしろいどうぶつはどれでしょう」「服がおふろにゆくとき、ポケットには何がはいっているでしょう」など、へんてこななぞなぞが続きます。物語を楽しみながらなぞなぞに挑戦してみてください。でも、この本のなぞなぞは、だいぶひねくれていますので、まず頭を柔らかくして、それからこんなふうにちょっとななめにして読むとうまくいくかもしれません。

■『マチルダはちいさな大天才』

本の世界に入り込んだのは、ぽっぺん先生だけではありません。小さな女の子マチルダも、本の世界に入り込んだひとりです。といっても、マチルダの場合は本を熱心に読んで、ほかのことを忘れるくらい熱中していたという意味です。

21ページを見せて　マチルダは最初、図書館の大きな肘かけ椅子に座って本を読みました。こんなふ

『マチルダはちいさな大天才』

うに。これは普通のこと？　いえいえ、マチルダはこのときたった四歳と三か月だったのです。マチルダは、図書館の子ども用の本は全部読んでしまい、ディケンズとかヘミングウェイとかオースティンとかいう、大人にはとても有名な作家の、大人のための小説を次々に読んでいたのです。そしてマチルダは五歳半になって小学校に通うことになり、穏やかで優しいハニー先生と出会いました。先生は、マチルダがもう二倍のかけ算どころか、「14かける19は266」というような大きな数のかけ算まで、ぱっとできてしまう天才少女だと気づきました。さらにマチルダは、難しい言葉を使った長い文章もすらすら読めるし、言葉をいろいろ工夫した詩も書けることを知ってとてもびっくりしました。先生は、マチルダは家でお父さんやお母さんから進んだ教育を受けたのだろうと思いましたが、マチルダは自分で本を読んだといいます。

34ページを見せて　そう、マチルダのお父さんとお母さんはマチルダのことを少しも大切にしてくれず、なんの世話もしてくれないいやな大人だったのです。

111ページを見せて　しかも、学校のトランチブル校長先生は恐ろしい女の人で、子どものことを「小さな悪党」と呼ぶような人でした。マチルダのことなんか考えてくれません。でも、マチルダにはハニー先生がいます。とんでもない両親と、恐ろしい校長先生からマチルダを守り、マチルダのために何かできるはずだとハニー先生は考え、マチルダの才能を活かすように手助けをしてくれました。ハニー先生が大好きなマチルダのほうも、ハニー先生のためにものすごいことをしてあげましたが、その様子はどうぞ自分で読んで楽しんでください。

■『こんにちはアグネス先生』

大好きな先生がいると、学校はとても楽しくなります。この『こんにちはアグネス先生』という物語は少し昔のお話で、舞台はアメリカのアラスカというところの小さな村です。そこに生徒が十二人しかいない小さな学校がありました。街から遠く離れたこの学校には、毎年新しい先生がやってきますが、学年が終わらないうちにいなくなってしまう先生もいるほどで、長く学校に残ってくれる先生は今までひとりもありませんでした。

でも、今度やってきたアグネス先生はちょっとちがっています。まず先生は、教室にものすごく大きな世界地図を貼ってくれました。教室にたくさんの本を持ってきて、おもしろい物語を読んでくれます。古い教科書は使いません。色鉛筆や何十色もあるクレヨンもみんなで使っていいのです。レコードで音楽を聴くこともあります。算数の計算もひとりずつていねいに教えてくれます。顕微鏡で水の中の小さな生き物の観察もできますし、先生は広い宇宙の話もしてくれるのです。そして、耳の聞こえない女の子には手話も教えてくれます。

アグネス先生がきてから、学校には村の大人もくるようになりました。人はずっと勉強し続けなくてはいけない、そして勉強というのはゆったりとした気持ちで時間をかけて楽しむものだと、先生は教えてくれたのです。

『こんにちはアグネス先生』

■『オーロラのひみつ』

手持ちの世界地図を見せながら アグネス先生の学校は、アラスカというところにありましたが、アラスカはアメリカの中でも北のほうにあたります。北の極地に近いところでは夜空に舞うオーロラを見

『オーロラのひみつ』

ることができます。みなさんはオーロラを知っていますか？　オーロラは夜空に広がる大きな光のカーテンのような姿を見せてくれる現象です。

136～137ページを見せて　この『オーロラのひみつ』という本では、三十年以上もオーロラを研究してきた上出《かみで》さんが、オーロラについてのいろいろなことを説明してくれます。オーロラはどんなふうに見えるのか、まずそこを読んでみましょう。

7ページ9行目～11ページ1行目を読む　**夕方に北の地平線近くを見ると、青白くほそいオーロラが、東と西の地平線を結ぶ橋のようにかかります。**（中略）**オーロラが頭上から、やさしく語りかけてくるときもあります。**

巻頭のカラー写真を見せる　上出さんがオーロラに興味をもったのは、小学生の高学年のころでした。ちょうどそのころ、南極からのレポートがニュースになっていました。人工衛星が撮った写真も見ることができるようになりました。そんななかで特にオーロラの記事に興味をもった上出さん。「オーロラはどうして動くのだろう」「オーロラは街のネオンサインのようなもの」「オーロラが光っている高さは」など次々に疑問がわいてきました。そのころ、オーロラがどうして現れるのかを解き明かす研究は進んでいませんでした。理科の先生に聞いてもはっきり答えてはくれなかったそうです。そんなとき読んだ「オーロラは太陽の活動とも関係があります。オーロラを宇宙の現象としてとらえる学問は、今始まったばかりです」というある科学者の言葉が、上出さんの将来を決めました。オーロラの本場、アラスカの大学で研究する道を選んだのです。

　そして、私たちの暮らす地球は、空気にすっぽりと包まれているけれど、時折、太陽風と呼ばれる、太陽の大気が地球の圏内に入り込むことがオーロラの原因となっていることがわかってきました。太陽から飛んでくるプラズマという電気をもつ粒子が、地球をとり巻く宇宙空間でぶつかって、電気が発生する光が生まれるのだそうです。宇宙や天体に興味のある人はどうぞ自分でじっくり読んで確かめてみてください。たくさんの図やイラストで細かく説明されています。

■『マウイたいようをつかまえる』

太古の昔から太陽は私たちの暮らしに深く関わっていますから、太陽についての古い言い伝えや昔話は、世界各地に残っています。最後に、アラスカから遠く離れたニュージーランドの、マオリの人々に伝わる昔話の絵本を読んでみましょう。

読み聞かせをする

『マウイたいようをつかまえる』

■紹介した本

『ホビットの冒険』トールキン文　寺島竜一絵　瀬田貞二訳　岩波書店
『ぽっぺん先生の日曜日』舟崎克彦文・絵　筑摩書房
『マチルダはちいさな大天才』ダール文　ブレイク絵　宮下嶺夫訳　評論社
『こんにちはアグネス先生』ヒル文　朝倉めぐみ絵　宮木陽子訳　あかね書房
『オーロラのひみつ』上出洋介文　つだかつみ絵　偕成社
『マウイたいようをつかまえる』ゴセージ文・絵　浜島代志子訳　MOE出版

■コメント

読み応えのある物語を続けて紹介するブックトークです。たくさんのエピソードのなかから、子どもの興味をひきそうな一つの要素にスポットを当てて（ここでは「なぞなぞ」など）紹介します。「おもしろさ」を具体的にとりだして見せることで、「むずかしそう」と感じて入り口でまよっている子どもたちの背中を、「大丈夫、おもしろいよ」と、後押ししてあげたいものです。

III

個人に向けたブックトーク

一対一で子どもに本をすすめるときは、子ども一人ひとりの読書経験に合わせて、きめ細かいブックトークができます。子どもが本棚の前で迷っていたり、「おもしろい本ない？」と聞いてきたときが本を紹介するチャンスです。

相手の子どもをよく知っている場合には、どんな本をすすめれば喜ばれるかわかるし、互いに信頼関係があれば、あれこれ言わなくても「この本おもしろいよ」のひとことで、手にとってくれます。家庭で親が子どもに本をすすめる場合も同じです。

そこまでわからない場合には、「どんな本が好き？」「どんな本を読みたい？」などと聞きながら、手探りで本をすすめていきます。成功すれば、子どもはこの人に相談すればまちがいないと心を開き、次回につながっていきます。普段から子どもを観察し、気軽に話しかけやすい雰囲気を作ることが、個人へのブックトークの成功につながります。

本が好きな子が、自分の知らないおもしろい本を求めている場合には、見た目に地味で、最初の何ページかは我慢して読むような本であっても、子どもを夢中にさせる力のある本を紹介できます。一方、読みたくないけれど仕方なくという子どもには、見た目に魅力があり、その場で興味をひく要素が求められます。さらに、読書に苦手意識のある子どもには、年齢より低めの本で、なおかつ年長の子どもでも満足できる本を紹介します。このように、同じ年齢であっても、ブックトークのやり方は少しずつちがってきます。

一人ひとりに合わせたブックトークを成功させるためには、「この時期の子どもにはこんな本を」

という具体的な書名を常に頭に置いておくと役に立ちます。

ここでは、低学年、中学年、高学年に分けて、その時期の子どもの傾向や、どんな本を求めているかを考えてみました。

低学年向けの本には、絵本はとりあげていません。自分で読み始めた子どもたちが、絵本から物語への過渡期に読みやすい本をあげました。楽しい挿絵や愉快な主人公に親しみながら、しだいに本を読むことに自信をもっていくでしょう。

好奇心旺盛な中学年は、物語の主人公にたやすく同化できて、動きのある明快なお話を楽しみます。

関心の幅が広がる高学年では、人の一生を描いたスケールの大きな物語やオチを楽しむお話、ノンフィクションなど、多様な本を求めるようになります。

ここにとりあげた書名は、一例としてブックトークの参考にしてください。

本の内容をもう少し詳しく知りたい人は、V「本書でとりあげた本のリスト」を参考にしてください。

1 低学年向けの本

一、二年生は、一字一字文字をたどって自分で読むことに挑戦し始めます。この時期に満足のできる本に出会えば、本は自分を楽しませ、広い世界に連れていってくれると信頼するようになります。この年代の読書は、まだまだ絵本が中心で、絵本をたっぷり楽しんでほしいものです。

絵本から物語へとスムーズに移行するには、大人の橋渡しが必要です。なんといっても子どもは、おもしろくて満足のできるストーリーと魅力的な挿絵を備え、見た目も楽に読めそうな本を求めています。そんな本を何冊か知っておくと、絵を見せながら、おもしろい主人公やわくわくする事件を紹介し、興味をひくことができます。

1 挿絵が多い物語

絵本から初めて物語の本に進むには、各ページに挿絵があるお話がおすすめです。たどたどしい読み方でも、絵に助けられてイメージを描くことができ、お話をじゅうぶんに楽しむことができます。『**みどりいろのたね**』は、まちがって地面に蒔かれてしまったメロンあめの愉快なお話で、少ない文字で明快なストーリーが展開します。ネズミの国を探しにでかけた元気な『**あおい目のこねこ**』や、台所から逃げだした『**ふらいぱんじいさん**』のようなユニークな主人公は、生き生きした挿絵とともに読者の心に残ります。

『みどりいろのたね』たかどのほうこ文　太田大八絵　福音館書店
『あおい目のこねこ』マチーセン文・絵　せたていじ訳　福音館書店
『ふらいぱんじいさん』神沢利子文　堀内誠一絵　あかね書房
『ふたごのでんしゃ』渡辺茂男文　堀内誠一絵　あかね書房
『はじめてのキャンプ』林明子文・絵　福音館書店
『おおきなおおきなおいも』赤羽末吉文・絵　福音館書店
『きょうりゅうくんとさんぽ』ホフ文・絵　いぬいゆみこ訳　ペンギン社
『こぐまのくまくん』ミナリック文　センダック絵　まつおかきょうこ訳　福音館書店
『こねずみとえんぴつ』ステーエフ文・絵　松谷さやか訳　福音館書店
『ぞうのオリバー』ホフ文・絵　三原泉訳　偕成社
『とうさんおはなしして』ローベル文・絵　三木卓訳　文化出版局

2　子どもの日常を描いた物語

日常生活を描いた本は、多くの子どもに素直に受け入れられます。この年代は、複雑で深刻な悩みとはまだ無縁で、友だちと愉快に遊んだり、おいしいご馳走を食べたり、家族と過ごしたりするお話に自分を重ねて、楽しんだり、あこがれたりします。主人公が動物であっても、その楽しみ方は変わりません。**『こぎつねコンチ』**は、お月見、お正月などキツネ一家の四季の暮らしぶりを楽しく描いています。**『あのね、わたしのたからものはね』**は、小学校で自分の宝物を発表する女の子の気持ちをていねいに追い、共感を呼びます。

『**こぎつねコンチ**』中川李枝子文　山脇百合子絵　のら書店
『**あのね、わたしのたからものはね**』ユードリィ文　ミル絵　かわいともこ訳　偕成社
『**おかあさんになったつもり**』森山京文　西川おさむ絵　フレーベル館
『**くまの子ウーフ**』神沢利子文　井上洋介絵　ポプラ社
『**ごきげんなすてご**』いとうひろし文・絵　徳間書店
『**ターちゃんとルルちゃんのはなし**』たかどのほうこ文・絵　アリス館
『**ちびっこ大せんしゅ**』ホフ文・絵　光吉夏弥訳　大日本図書
『**ちいさいロッタちゃん**』リンドグレーン文　ヴィークランド絵　山室静訳　偕成社
『**わたしのおかあさんは世界一びじん**』ライアー文　ガネット絵　光吉郁子訳　大日本図書

3　冒険や不思議なできごと

子どもは、日常から離れた冒険や不思議なできごとにワクワクするのも好きです。地図を持って探検に出かける『**たんたのたんけん**』、小さなおばけがどろぼうをつかまえる『**おばけのジョージーおてがら**』など、自分が主人公になりきって楽しみます。

『**たんたのたんけん**』中川李枝子文　山脇百合子絵　学習研究社

『おばけのジョージーおおてがら』ブライト文・絵　なかがわちひろ訳　徳間書店
『のはらクラブのこどもたち』たかどのほうこ文・絵　理論社
『おしいれのぼうけん』ふるたたるひ文　たばたせいいち絵　童心社
『いたずらでんしゃ』グラマトキー文・絵　わたなべしげお訳　学習研究社
『番ねずみのヤカちゃん』ウィルバー文　大社玲子絵　松岡享子訳　福音館書店
『ねことバイオリン』キット文　ラッセル絵　光吉夏弥訳　大日本図書
『エルマーのぼうけん』R・S・ガネット文　R・C・ガネット絵　わたなべしげお訳　福音館書店

4　ユーモラスな物語

おかしな状況や登場人物のまぬけな行動などユーモラスな話は、子どもをひきつけ、読書に対して親しみをもたせます。笑いは子どもをのびのびさせると同時に、ユーモアのセンスを育てます。『**なんでもふたつさん**』は、服でも靴でも家でもなんでも二つ持たないと気のすまない男の人で、とうとう奥さんまでふたり持ちたがります。『**おっとあぶない**』には、してはいけないことをやって、ひどい目にあうさまざまな「まぬけ」が登場します。

『なんでもふたつさん』クラッチ文　ビーゼ絵　光吉夏弥訳　大日本図書
『おっとあぶない』リーフ文・絵　わたなべしげお訳　フェリシモ出版
『おさるのまいにち』いとうひろし文・絵　講談社

『ゆきだるまのるんとぷん』たかどのほうこ 文・絵　偕成社
『わにのスワニー』中川ひろたか 文　あべ弘士 絵　講談社
『うさんごろとおばけ』瀬名恵子 文・絵　グランまま社
『クッキーのおうさま』竹下文子 文　いちかわなつこ 絵　あかね書房

5　さらに一歩進んで

少し読めるようになってくると、字が多くても、おもしろそうだと思えば手が出せるようになります。ひろしとかみなりの子どもの愉快なつきあいを描いた**『かみなりのちびた』**、お隣同士の男の子と女の子の毎日を描いた**『イップとヤネケ』**などが楽しめれば、厚い本を読めたという自信も生まれます。

『かみなりのちびた』松野正子 文　長新太 絵　理論社
『イップとヤネケ』シュミット 文　ヴェステンドルプ 絵　西村由美 訳　岩波書店
『なぞなぞのすきな女の子』松岡享子 文　大社玲子 絵　学習研究社
『おばあさんのひこうき』佐藤さとる 文　村上勉 絵　小峰書店
『ジェインのもうふ』ミラー 文　パーカー 絵　厨川圭子 訳　偕成社
『世界でいちばんやかましい音』エルキン 文　太田大八 絵　松岡享子 訳　こぐま社
『こぎつねルーファスのぼうけん』アトリー 文　ウィグルズワース 絵　石井桃子 訳　岩波書店
『ねずみのアナトール』タイタス 文　はまだみちこ 絵　たがやたえこ 訳　文研出版

『**ロージーちゃんのひみつ**』センダック文・絵　なかむらたえこ訳　偕成社
『**エーミルと小さなイーダ**』リンドグレーン文　ベリイ絵　さんぺいけいこ訳　岩波書店
『**おはようスーちゃん**』ロビンソン文・絵　中川李枝子訳　アリス館

2 中学年向けの本

三、四年生になれば文字を読むことにも慣れ、物語の世界をイメージすることができるようになります。この時期の子どもたちは、主人公と一体になって本の世界に入りこむことのできる稀有な時間を生きています。この時期にこそ、心から夢中になれる本を紹介したいものです。けれど一方では、文字をたどるようにしか読めない子もいます。そんな子には、字の多さや本の厚さが壁になり、自分の興味を満足させてくれる本を見つけるのがむずかしくなります。ひとり読みが完成するこの時期は、大人が「この本、おもしろいよ」と手渡す絶好の機会。子どもたちにおもしろさを伝える切り札を、ポケットにいつも用意しておきたいものです。

1　とっぴな事件や思いがけない展開に好奇心を抱きます

読書経験が浅いうちは、おもしろくなければすぐに本を閉じてしまいますが、冒頭から意外なことが起こると、先を読みたくなります。『**ぺちゃんこスタンレー**』は、寝ているときに大きな板が落ちてきて、紙のようにぺちゃんこになった男の子のお話です。ぺちゃんこになったスタンレーを見て、興味をもたない子がいるでしょうか？　『**キロコちゃんとみどりのくつ**』では、靴が勝手に踊りだし、『**小さなスプーンおばさん**』は、突然スプーンのように小さくなってしまいます。

『**ぺちゃんこスタンレー**』ブラウン文　ウンゲラー絵　さくまゆみこ訳　あすなろ書房
『**キロコちゃんとみどりのくつ**』たかどのほうこ文・絵　あかね書房
『**小さなスプーンおばさん**』プリョイセン文　ベルイ絵　大塚勇三訳　学習研究社
『**ドングリ山のやまんばあさん**』富安陽子文　大島妙子絵　理論社
『**魔女学校の一年生**』マーフィ文・絵　松川真弓訳　評論社
『**ネコのタクシー**』南部和也文　さとうあや絵　福音館書店
『**ものぐさトミー**』デュボア文・絵　松岡享子訳　岩波書店
『**うみのべっそう**』竹下文子文　沢田としき絵　佼成出版社

2　同じ年ごろの主人公が活躍すると主人公になりきって読み進みます

学校と家庭の狭い範囲で暮らしている子どもにとっては、自分と同じ年ごろの子どもが活躍する物語は、新鮮な驚きや共感、笑いを運んでくれます。『**ちかちゃんのはじめてだらけ**』は、初めて美容院へワクワクして行ったのに、前髪を短くされ、失望のどん底に落とされるちかちゃんのお話です。七人きょうだいの『**すえっこO《オー》ちゃん**』は、ネコを乳母車に入れて町を歩き、大騒ぎを巻き起こします。読者は主人公といっしょにがっかりし、主人公といっしょに大笑いします。

『**ちかちゃんのはじめてだらけ**』薫くみこ 文　井上洋介 絵　日本標準
『**すえっこO《オー》ちゃん**』ウンネルスタッド 文　スロボドキン 絵　石井桃子 訳　フェリシモ出版
『**ソフィーとカタツムリ**』キング＝スミス 文　パーキンズ 絵　石随じゅん 訳　評論社
『**ひげねずみくんへ**』ナグダ 文　井川ゆり子 絵　高畠リサ 訳　福音館書店
『**ラモーナ、明日へ**』クリアリー 文　ティーグリーン 絵　松岡享子 訳　学習研究社
『**ワニてんやわんや**』イエップ 文　ワタナベユーコ 絵　ないとうふみこ 訳　徳間書店
『**やかまし村の子どもたち**』リンドグレーン 文　ヴィークランド 絵　大塚勇三 訳　岩波書店
『**金魚はあわのおふろにはいらない!?**』ウィーブ 文　しまだしほ 絵　宮坂宏美 訳　ポプラ社

3　短編連作は毎日一話ずつ読んでも一つのお話を読んだ満足感が得られます

同じ主人公が活躍する短いお話で構成された物語を短編連作といいます。エピソードが一話ずつ完結しているので、一話だけ読んでも満足できるし、次のお話も設定が同じなので安心して読み進められます。困ったときには、濡れタオルを頭に巻いて目をつぶるといい考えが浮かぶ『**あたまをつかった小さなおばあさん**』は、ユニークな発想がおもしろく、あたたかな人柄にも共感を覚えます。元船乗りの『**町かどのジム**』が語る大海原を舞台にしたお話は、どれも不思議でスケールが大きく、個性的です。

『**あたまをつかった小さなおばあさん**』ニューウェル文　山脇百合子絵　松岡享子訳　福音館書店
『**町かどのジム**』ファージョン文　アーディゾーニ絵　松岡享子訳　童話館出版
『**ポリーとはらぺこオオカミ**』ストー文　ワッツ絵　掛川恭子訳　岩波書店
『**ぼくは王さま**』寺村輝夫文　和田誠絵　理論社
『**チム・ラビットのぼうけん**』アトリー文　中川宗弥絵　石井桃子訳　童心社
『**またたびトラベル**』茂市久美子文　黒井健絵　学習研究社

4　読みなれていない子どもには絵本が読書への扉を開いてくれます

読書が苦手という子どもでも、絵本なら楽しく読めるでしょう。けれど小さい子向きのものには抵抗を示すので、見た目が子どもっぽくなく、内容も手ごたえのある絵本を手渡してみましょう。『**ねぼすけはとどけい**』では、小さな村の時計屋さんで鳩時計がいっせいに鳴くのに、一羽だけ遅れてしまう時計がどうやってねぼすけを直したかが、楽しい絵とともに語られます。『**グロースターの仕たて屋**』などピーターラビットの絵本シリーズは、じっくりと楽しめます。

『**ねぼすけはとどけい**』スロボドキン文・絵　くりやがわけいこ訳　偕成社
『**グロースターの仕たて屋**』ポター文・絵　いしいももこ訳　福音館書店
『**おさらをあらわなかったおじさん**』クラジラフスキー文　クーニー絵　光吉夏弥訳　岩波書店
『**赤い目のドラゴン**』リンドグレーン文　ヴィークランド絵　ヤンソン由実子訳　岩波書店

『ウルスリのすず』ヘンツ文　カリジェ絵　大塚勇三訳　岩波書店
『神の道化師』デ・パオラ文・絵　ゆあさふみえ訳　ほるぷ出版
『ロバのシルベスターとまほうの小石』スタイグ文・絵　せたていじ訳　評論社

5　昔話は頼りになる味方です

中学年の子どもたちは、昔話をとても楽しみます。「昔々あるところに」と始まるとすぐに話が動きだし、クライマックスを経て大団円にいたるまでまっすぐに進むので、どんな子も迷わずについていくことができます。たとえば三人兄弟が同じ試練にあうような繰り返しや耳に心地よい唱え言葉も、子どもの感性や理解の仕方にかなっています。昔話を読んでちがう世界を体験する楽しさを知った子どもは、自然に次のステップに進むことができます。**『エパミナンダス』**をはじめとする「愛蔵版おはなしのろうそく」シリーズには、昔話を中心に短いお話が収められています。**『白いりゅう黒いりゅう』**などの「岩波おはなしの本」は、物語性の高い昔話を集めています。

『エパミナンダス　愛蔵版おはなしのろうそく1』
東京子ども図書館編　大社玲子絵　東京子ども図書館
『白いりゅう黒いりゅう』賈芝、孫剣冰編　赤羽末吉絵　君島久子訳　岩波書店
『子どもに語るグリムの昔話1〜6』佐々梨代子、野村泫訳　こぐま社
『みどりいろの童話集　ラング世界童話全集1』佐竹美保絵　川端康成、野上彰編訳　偕成社

『**こども世界の民話**』上・下　内田莉莎子他文　鈴木裕子絵　実業之日本社
『**日本のむかしばなし**』瀬田貞二文　瀬川康男、梶山俊夫絵　のら書店

6　昔話の雰囲気をもつ物語は本格的な創作物語に進む橋渡しになります

昔話の構造や素材を生かした起承転結のはっきりした物語は、中学年の子どもたちに最適です。この年代は「なぜそうなったのか?」より「それでどうなったの?」に強くひかれます。主人公の心理描写や情景描写、事件の因果関係には興味をもたず、何が起こったか、話の行方を知りたがります。『**ちびっこカムのぼうけん**』では、カムはイノチノクサを求め、旅に出かけます。次々と展開するストーリーと明確なイメージが子どもをひきつけます。『**大どろぼうホッツェンプロッツ**』では、少年たちが盗まれたコーヒーひきをとり戻します。賢い少年、悪い大泥棒、まぬけな警官など、はっきりした性格の人物が活躍し、最後まで息つく暇もありません。

『**ちびっこカムのぼうけん**』神沢利子文　山田三郎絵　理論社
『**大どろぼうホッツェンプロッツ**』プロイスラー文　トリップ絵　中村浩三訳　偕成社
『**魔女のこねこゴブリーノ**』ウィリアムズ文　平出衛絵　中川千尋訳　福音館書店
『**はんぶんのおんどり**』ロッシュ=マゾン文　ほりうちせいいち絵　やまぐちともこ訳　瑞雲舎
『**見習い職人フラピッチの旅**』ブルリッチ=マジュラニッチ文　二俣英五郎絵　山本郁子訳　小峰書店
『**白鳥とくらした子**』バーカー文・絵　八木田宜子訳　徳間書店

『**ウサギの丘**』ローソン文・絵　田中薫子訳　フェリシモ出版

7　ノンフィクションは子どもの興味や関心を満足させてくれます

中学年では、趣味や関心もそれぞれ個性的になります。自分の好きなことについて書いた本には大いに興味をそそられます。また、ほんとうにあったことも知りたがります。そんな子どもにはノンフィクションがおすすめです。クワガタを三年間飼い続けた太郎君の記録『**クワガタクワジ物語**』は、虫好きの子どもなら少々読書が苦手でも挑戦したくなります。子どもたちが関心をもつ『**エジプトのミイラ**』は、わかりやすく人類の歴史を語ってくれます。

『**クワガタクワジ物語**』中島みち文　中島太郎絵　偕成社
『**エジプトのミイラ**』アリキ文・絵　神鳥統夫訳　あすなろ書房
『**森からのてがみ**』スラトコフ文　あべ弘士絵　松谷さやか訳　福音館書店
『**ヤドカリ　科学のアルバム**』川嶋一成文　あかね書房
『**手で食べる?**』森枝卓士文・写真　福音館書店
『**野をわたる風にのる　植物のたび**』メッラー文・絵　今泉みね子訳　岩波書店
『**どうしてわかるきょうりゅうのすがた**』工藤晃司文・絵　大日本図書

3 高学年向けの本

五、六年生ともなると、見かけのおもしろさだけにとびつくわけではないので、本をすすめるのもなかなかむずかしくなります。大人の言うことを素直に聞かない年代でもあり、生半可な知識はすぐに見抜かれてしまいます。けれども、本のことをよく知っている大人が本気で相手をすれば、耳をかたむけてくれます。それが、一生の愛読書との出会いにつながるかもしれません。

1 現代を生きる同じ年頃の子どもが登場する話に親しみをもちます

学校や家庭の様子が自分たちと似ていれば、状況を理解しやすく、親近感をもって物語の中にすんなりと入っていけます。『**チームふたり**』では、小学校最後の試合を目前にした卓球部の毎日が描かれ、『**ほこらの神さま**』では、橋の下を秘密基地にして遊ぶ少年たちが登場します。環境の異なる外国の物語でも、『**ジュディ・モードはごきげんななめ**』のように、同じ年ごろの主人公の気持ちや考え方が手にとるように描かれた作品なら、共感をもって読むことができます。

『**チームふたり**』吉野万理子 文　宮尾和孝 絵　学習研究社
『**ほこらの神さま**』富安陽子 文　小松良佳 絵　偕成社
『**ジュディ・モードはごきげんななめ**』マクドナルド 文　レイノルズ 絵　宮坂宏美 訳　小峰書店

『**キャプテンはつらいぜ**』後藤竜二 文　杉浦範茂 絵　講談社
『**ユウキ**』伊藤遊 文　上出慎也 絵　福音館書店

2　次々と事件の起こる波乱万丈な物語は読書の醍醐味を味わえます

ほんとうの親を探す旅に出る元気な少女の物語『**ポリッセーナの冒険**』は、思いがけない出会いあり、出生の秘密あり、どんでん返しありの筋運びで、先を読まずにはいられません。『**王への手紙**』では、冒頭から主人公に思わぬ使命が与えられ、即座に困難な旅が始まり、道中では敵か味方かわからない人物が入れかわり立ちかわり登場します。

目的をもってまっすぐに進む主人公の身の上に次から次へと事件が起こり、場面転換が早く、読者を一気に結末まで連れていってくれる展開をもつ物語なら、ページ数が多くても、装丁が地味でも大丈夫です。読んだ後に、長いドラマを楽しんだという満足感も与えてくれます。

『**ポリッセーナの冒険**』ピッツォルノ 文　ブレイク 絵　長野徹 訳　徳間書店
『**王への手紙**』上・下　ドラフト 文　西村由美 訳　岩波書店
『**ウィロビー・チェースのオオカミ**』エイキン 文　マリオット 絵　こだまともこ 訳　冨山房
『**ホビットの冒険**』トールキン 文　寺島竜一 絵　瀬田貞二 訳　岩波書店
『**西遊記**』上・中・下　呉承恩 文　吉岡堅二 絵　伊藤貴麿 編訳　岩波書店

3　ユーモアは子どもの心を元気にします

『**クマのプーさん**』は、主人公をはじめ個性的な動物たちがまきおこすちょっとした騒ぎの顛末がおかしいだけでなく、語り口そのものに独特のユーモアが感じられます。プーさんのアニメやグッズは知っていても本は読んだことがないという子が多いのですが、文章で読んでこそ伝わるユーモアを味わってほしいものです。『**パーシーの魔法の運動ぐつ**』には、日常生活の中で子どもが感じるうれしいことも悲しいことも、ユーモアたっぷりに描かれています。ユーモアのある本は、読んだ後に楽しい気持ちが残ります。おもしろおかしいことだけでなく、心を痛める出来事も、ユーモアのある筆致で描かれていれば元気を出して前にすすめます。

『**クマのプーさん**』ミルン文　シェパード絵　石井桃子訳　岩波書店
『**パーシーの魔法の運動ぐつ**』スタルク文　はたこうしろう絵　菱木晃子訳　小峰書店
『**くまのパディントン**』ボンド文　フォートナム絵　松岡享子訳　福音館書店
『**ルドルフとイッパイアッテナ**』斉藤洋文　杉浦範茂絵　講談社
『**ぽっぺん先生の日曜日**』舟崎克彦文・絵　筑摩書房

4　ひねった書き方や大人っぽいオチも楽しめるようになります

本が好きでいろいろ読んでいる子に次の一冊をすすめるなら、ありきたりの展開でないものを選ばないと満足してくれません。アイディアとオチでうならせる短編を楽しめるようになると、読書の幅が広がります。『**おとうさんがいっぱい**』では、日常生活の中でありえない出来事が起こり、ほんとうにそんなことが起こったらどうしようとゾクッとさせられます。切れ味のいい結末で勝負する短編は、一度はまると次々に読みたくなります。少し大人っぽい本に手を伸ばしたい年ごろなので、『**ねらわれた星**』や『**声が聞こえたで始まる七つのミステリー**』にも挑戦してみるといいでしょう。

『**おとうさんがいっぱい**』三田村信行 文　佐々木マキ 絵　理論社
『**ねらわれた星**』（星新一ショートショートセレクション）星新一 文　和田誠 絵　理論社
『**声が聞こえたで始まる七つのミステリー**』小森香折 文　アリス館
『**悪魔の物語**』バビット 文・絵　小旗英次 訳　評論社
『**ダニーは世界チャンピオン**』ダール 文　ブレイク 絵　柳瀬尚紀 訳　評論社

5　人の一生にどんなことが起こったかに興味をもちます

高学年になると、人間が生きていくうえで避けて通れない運命に興味をもち、どんな過酷な運命にもまっこうから立ち向かう主人公にひかれるようになります。『**北のはてのイービク**』では、エスキモーの少年が海へ狩りに出かけますが、目の前でお父さんがセイウチと壮絶な戦いの末に命を落としてしまいます。冒頭の数ページでこんなことが起こるので、主人公の行く末に一気に興味をひきつけられます。『**天山の巫女ソニン**』は、生後間もなく巫女として天山に召し出された少女が、十二年の修業の末に素質がないと里へ帰された後、数奇な運命に翻弄されますが、どんなことが起こっても明るく元気に立ち向かいます。

人の一生に起こったドラマが史実をもとにしたものであれば、いっそう説得力があります。六世紀の砂漠の王国の王子であれ、十七世紀スペインの宮廷画家に仕える奴隷であれ、江戸時代の橋造りの名工であれ、主人公の歩んだ道が生き生きと描かれていれば、強い印象を残します。

『北のはてのイービク』フロイゲン文　ニイマン絵　野村泫訳　岩波書店
『天山の巫女ソニン1　黄金の燕』菅野雪虫文　講談社
『漂泊の王の伝説』ガルシア文　松下直弘訳　偕成社
『赤い十字章』トレビノ文　吉川聡子絵　定松正訳　さ・え・ら書房
『肥後の石工』今西祐行文　太田大八絵　岩波書店

6　不思議な世界を深く味わえるようになります

ファンタジーの本は、種類も規模もいろいろなものが出ています。高学年になると、魔女や小人の出てくる物語を単純に楽しむことから一歩すすんで、不思議な世界に深く入りこみ、想像の翼を存分にひろげるようになります。個性的な乳母が見せてくれる秘密の世界が楽しい**『風にのってきたメアリー・ポピンズ』**のような古典的ファンタジーから、木の上に住む身長たったの一・五ミリという人たちの冒険を描いた**『トビー・ロルネス1　空に浮かんだ世界』**のような新しいファンタジーまで、バラエティに富んだ不思議の世界にワクワクしてほしいものです。架空の世界がリアリティをもって描かれているかどうかがポイントです。

『**風にのってきたメアリー・ポピンズ**』トラヴァース文　シェパード絵　林容吉訳　岩波書店
『**トビー・ロルネス1　空に浮かんだ世界**』フォンベル文　プラス絵　伏見操訳　岩崎書店
『**かはたれ**』朽木祥文　山内ふじ江絵　福音館書店
『**とぶ船**』上・下　ルイス文　ラヴリン絵　石井桃子訳　岩波書店
『**ほんとうの空色**』バラージュ文　大社玲子絵　徳永康元訳　岩波書店

7　物語をつらぬく謎は子どもを最後のページまで連れて行きます

『**グリーン・ノウの煙突**』では、英国の古い屋敷で休暇を過ごす少年が、過去の時代の子どもたちといっしょに、その昔屋敷から消えた宝石の行方をさぐります。『**クラバート**』の主人公は、止まり木に止まった十一羽のカラスが「水車場へ来い」と誘う奇妙な夢を見て水車場の粉引き職人の見習いになりますが、そこはいくつもの暗い秘密を抱えた場所でした。外国の古い時代の話は状況になじむのに時間がかかるものですが、最初から謎めいた設定があると、それにひきつけられて一気に読めます。

『**グリーン・ノウの煙突**』Ｌ・Ｍ・ボストン文　Ｐ・ボストン絵　亀井俊介訳　評論社
『**クラバート**』プロイスラー文　ホルツィング絵　中村浩三訳　偕成社

『バスカビル家の犬』 ドイル 文　パジェット 絵　各務三郎 訳　偕成社
『クローディアの秘密』 カニグズバーグ 文・絵　松永ふみ子 訳　岩波書店
『精霊の守り人』 上橋菜穂子 文　二木真希子 絵　偕成社

8　本は知らない世界に向けて開かれた窓です

『大きな森の小さな家』の舞台は十九世紀後半のアメリカ中西部。森に丸太小屋を建てて住む開拓民の家族の暮らしぶりがひとつひとつ丹念に描かれているので、主人公の体験がまるで自分のことのように感じられます。知らない国の物語を読み、そこで暮らす子どもたちの喜怒哀楽を自分と重ねて読む体験は、異文化理解への第一歩になります。欧米だけでなく、アジアやアフリカを舞台にした物語も少しずつ翻訳されています。

読書は知らない世界を体験する一番の近道です。たとえば奈良時代の物語**『氷石』**を読めば、疫病の蔓延する平城京で懸命に生きる市井の人々の姿が生き生きと感じられ、歴史上の出来事にも関心が高まります。オオカミ王の**『ロボ』**をはじめとするシートン動物記を読めば、野生動物の厳しい生と死の戦いに感動します。

『大きな森の小さな家』 ワイルダー 文　ウィリアムズ 絵　恩地三保子 訳　福音館書店
『氷石』 久保田香里 文　飯野和好 絵　くもん出版
『ロボ』 シートン 文・絵　今泉吉晴 訳　福音館書店

『モギ』パーク文　藤川秀之絵　片岡しのぶ訳　あすなろ書房
『シルクの花』マースデン文　齋藤木綿子絵　代田亜香子訳　鈴木出版

9　たまにはほっとするあたたかい本もいいものです

『たのしい川べ』は、のどかな川辺に暮らす善良な小動物たちの毎日を描いたファンタジー。春の気配にじっとしていられず、大掃除を放りだして穴から外へ飛びだしたモグラや、午後の陽射しがかたむいたなかを、詩を口ずさみながらゆったりとボートをこぐネズミ。四季折々の自然を愛し、ささやかな暮らしを楽しむ姿に心がなごみます。**『小さい牛追い』**は、ノルウェーの農場で雨の日も風の日も牛を追って暮らす四人きょうだいの日常を淡々と描いた物語。素朴な暮らしのなかで、子どもが子どもらしい感情を素直に表し、それを大人があたたかく見守るというあたりまえのことにほっとします。こういった本には、折にふれて読み返したくなる魅力があります。

『たのしい川べ』グレーアム文　シェパード絵　石井桃子訳　岩波書店
『小さい牛追い』ハムズン文　ジェム絵　石井桃子訳　岩波書店
『長い長いお医者さんの話』K・チャペック文　J・チャペック絵　中野好夫訳　岩波書店
『シャーロットのおくりもの』ホワイト文　ウィリアムズ絵　さくまゆみこ訳　あすなろ書房
『天狗童子』佐藤さとる文　村上豊絵　あかね書房

10　事実のもつ力が読書の世界をひろげます

ノンフィクションの中には、知識を深めるためだけではなく、読みものとしておもしろい本もたくさん出ています。『**ぼくはマサイ**』は、ケニアの遊牧民として生まれた著者が、アメリカに留学し教職を得るまでを綴った半生記。サバンナで暮らした幼少時代の体験が興味深いだけでなく、伝統文化と西欧社会の双方を自然体で受け入れる著者の生き方そのものに感動をおぼえます。『**ホタルの歌**』は、徳島県の小学校教師と生徒たちの三年間にわたるホタル観察記録が臨場感たっぷりに綴られ、一緒に観察しているような興奮が味わえます。文学だけでなく、ノンフィクションからも愛読書がみつかると、読書の世界が一気にひろがります。

『**ぼくはマサイ**』レクトン文　さくまゆみこ訳　さ・え・ら書房
『**ホタルの歌**』原田一美文　未知谷
『**どんぐりの穴のひみつ**』高柳芳恵文　つだかつみ絵　偕成社
『**クジラ**』水口博也文・写真　金の星社
『**コンチキ号漂流記**』ハイエルダール文　神宮輝夫訳　偕成社

Ⅳ

お楽しみプログラム

●本の木、なんの日？

●十二支の本、大集合

●お話かるた

1月の本の木

お話の中で、事件やいろいろな出来事のあった日付を取り出してみました。
本の紹介はもちろん、「きょうはなんの日?」として展示などに使えます。

2月	3	菜の子先生はどこへ行く?	●安田小学校に菜の子先生が現れる
	3	べんけいとおとみさん	●豆まきをする
	10	長い冬休み	●ツバメ・アマゾン・Dきょうだい北極探検隊が北極に到着
	20	おたよりください	●8歳のリンダがオルガにはじめて手紙を書く
	20	王子とこじき	●偽王子戴冠式の日
3月	1	ダイドーと父ちゃん	●ダイドーの誕生日
	9	二年間の休暇	●15人の少年を乗せた船が漂流
	14	ふしぎの国のアリス	●裁判で帽子やが「お茶を飲み始めたのは3月14日」と証言
	22	床下の小人たち	●父さんのポッド、人間に見られる
	25	もしもしニコラ	●リーズ、ニコラと初めて電話で話す

4月の本の木

5月	1	つるばら村の三日月屋さん	●つるばら村駅前にパン屋の「三日月屋」開店
	1	帰ってきた船乗り人形	●ローリー大佐、トーマス、カーリー三人の人形が帰ってくる
	14	あらしの前	●オランダ降伏
	17	小さい牛追い	●ランゲリュード農場で牛を納屋から外に出す
	35	五月三十五日	●コンラート、南洋へ出発する
6月	3	村は大きなパイつくり	●パイ競技会
	10	パパが金魚になっちゃった!	●パパが金魚になる
	11	オタバリの少年探偵たち	●オタバリ講和条約の調印
	25	少女ポリアンナ	●ポリアンナがおばさんのミス・ポリーの家にやってくる
	29	1999年6月29日	●ロバート・バーネイブ、巨大なカブが空に浮かぶのを見る

8月の本の木

7月	4	すえっ子のルーファス	●ルーファス、ジェーン、ジョーイ、サンディ・ビーチで遊ぶ
	7	ムンジャクンジュは毛虫じゃない	●良枝がクロヤマでムンジャクンジュを見つける
	18	わたしたちの島で	●ペッレ、スズメバチがどのくらい物事を知っているんだろうと考える
	25	セシルの魔法の友だち	●てんじくねずみのジャン＝ピエール、世界一周のとちゅうでホノルルを通過
	28	カッレくんの冒険	●エーヴァ・ロッタ・リサンデル、死体を発見する
9月	1	風の又三郎	●風の又三郎（高田三郎）転入してくる
	6	ねずみとくじら	●ねずみのエーモス「かじり号」で出航
	12	そばかすイェシ	●イェシの誕生日
	22	指輪物語	●ビルボとフロドの合同誕生祝い
	24	あしながおじさん	●ジェルーシャ、初めて手紙を書く

10月の本の木

11月	3	ハンサムガール	●少年野球連盟　秋の大会開幕
	5	いたずらニャーオ	●ラーナが日記を書き始める
	5	ガリバー旅行記	●船が難破し、ガリバーがリリパット国に上陸する
	8	ニルスのふしぎな旅	●ニルス、我が家に帰る
	30	町かどのジム	●ジムの船、霧の中に突入
12月	20	銀のスケート	●スケート大会で、グレーテル優勝
	23	飛ぶ教室	●劇「飛ぶ教室」初演
	24	わんぱく天国	●「按針号」試験飛行
	24	とびきりすてきなクリスマス	●マッティ無事帰還
	25	ソフィーと黒ネコ	●ソフィーの誕生日

来年はとら年！

十二支の動物が出てくる本を集めてみました。
「来年は○○年です。○○の出てくる本を集めてみました。どうぞよいお年を！」
「あけましておめでとうございます。今年は○○年です。○○の出てくる本を 読んでみましょう」
など、本の紹介や展示などにも使えます。

トラは自分が一番強いと思っていました。
でも、村の家で聞いた話では…
韓国の昔話です。

とらのこちゃんの家は
ペンキ屋さんです。
だるまちゃんはペンキで
絵を描いてみたいと
思いました。

トラの子とらたが朝起きてみると、
外は真っ白。
雪がふったのです。
とらたの大事な砂場も
バケツもシャベルも見えません。

くいしんぼうのトラが
お茶の時間に
やってきて……。

おじいさんはトラを
助けてあげたのに、
トラはおじいさんを
食べるというのです。

ベンガル虎の男の子、
名前はまだありません。
自分の名前を求めて旅に出ます。

クマのプーさんのところに、
トラーがやってきました。

ものぐさで
くいしんぼうのトラ、
名前は
トラノ・トラゴロウ。

来年はうさぎ年！

クリスマスの朝、
ぼうやのくつ下の中に
ビロードうさぎが入っていました。

〈おどりがじょうずになりたい
おじょうさんへ　山のくつや〉
と書かれたカードとバレエ
シューズが小包で届きました。

チムはウサギの男の子。
おとうさんおかあさんと
いっしょに村の
草かりばのはずれにある
おうちに住んでいます。

けんた・うさぎはパジャマを
ぬぐと言いました。
「なんにも　きないの
いいきもち　おなかも
せなかも　いいきもち
ぴょん　ぴょん
とんじゃう　いいきもち」

二ひきのウサギは
毎日楽しく遊びます。
うまとび・かくれんぼ・
どんぐりさがし・かけっこ・
ひなぎくとび・クローバーくぐり…
でも、くろいうさぎは
かなしそうな顔をするのです。
どうしたのでしょう？

元気なウサギの
うさんごろは
おばけに会いたくて、
おはかのとなりに
ひっこししました。
おばけはでるかな？

マグレガーさんの
はたけにだけは
いっちゃいけませんよ。
とおかあさんが言ったのに、
いたずらっこの
ピーターは……。

のうさぎの毛は
冬の間は白くて、
夏は茶色なんですって！
あなたは知って
いましたか？

うま

●書名	●著者	●画家	●訳者	●出版社
くろうまブランキー	伊東三郎	堀内誠一		福音館書店
スーホの白い馬	大塚勇三	赤羽末吉		福音館書店
タチ　はるかなるモンゴルをめざして	オールドリッジ		中村妙子	評論社
バレエをおどりたかった馬	ストルテンベルグ	さとうあや	菱木晃子	福音館書店
ペニーさんと動物家族	エッツ	エッツ	松岡享子	徳間書店
ペニーの日記読んじゃだめ	クライン	ジェイムズ	安藤紀子	偕成社
まぼろしの白馬	グージ		石井桃子	岩波書店
名馬キャリコ	バートン	バートン	せたていじ	岩波書店

ひつじ

●書名	●著者	●画家	●訳者	●出版社
子ブタシープピッグ	キング=スミス	レイナー	木原悦子	評論社
アローハンと羊	興安	興安		こぐま社
ペレのあたらしいふく	ベスコフ	ベスコフ	おのでらゆりこ	福音館書店
まりーちゃんとひつじ	フランソワーズ	フランソワーズ	与田準一	岩波書店
ひつじ	ロイストン	クレイトン	山口文生	評論社
クリスマスのねこヘンリー	カルホーン	イングラハム	猪熊葉子	リブリオ出版
ブルッキーのひつじ	ゴフスタイン	ゴフスタイン	谷川俊太郎	ジー・シー・プレス
ひつじのラッセル	スコットン	スコットン	ときありえ	文化出版局

さる

●書名	●著者	●画家	●訳者	●出版社
おさるとぼうしうり	スロボドキーナ	スロボドキーナ	松岡享子	福音館書店
おさるのまいにち	いとうひろし	いとうひろし		講談社
西遊記	呉承恩		伊藤貴麿	岩波書店
さるじぞうほいほい	大川悦生	梅田俊作		ポプラ社
サルのいる森	菊間かおる	木村しゅうじ		新日本出版社
さるのオズワルド	マチーセン	マチーセン	松岡享子	こぐま社
さるのゼフィール	ブリュノフ	ブリュノフ	やがわすみこ	評論社
ひとまねこざる	レイ	レイ	光吉夏弥	岩波書店

とり

●書名	●著者	●画家	●訳者	●出版社
おしゃべりなたまごやき	寺村輝夫	長新太		福音館書店
おとなしいめんどり	ガルドン	ガルドン	谷川俊太郎	童話館出版
たまごとひよこ	セルサム	竹山博	松田道郎	福音館書店
ととけっこうよがあけた	こばやしえみこ	ましませつこ		こぐま社
ハンダのめんどりさがし	ブラウン	ブラウン	福本友美子	光村教育図書
はんぶんのおんどり	ロッシュ=マゾン	ほりうちせいいち	やまぐちともこ	瑞雲舎
ロージーのおさんぽ	ハッチンス	ハッチンス	わたなべしげお	偕成社
ケイゾウさんは四月がきらいです	市川宣子	さとうあや		福音館書店

いぬ

●書名	●著者	●画家	●訳者	●出版社
アバラーのぼうけん	クリアリー	ダーリング	松岡享子	学習研究社
アンガスとあひる	フラック	フラック	せたていじ	福音館書店
こいぬがうまれるよ	コール	ウェクスラー	つぼいいくみ	福音館書店
しろいいぬ?くろいいぬ?	クック	池田龍雄	光吉夏弥	大日本図書
どろんこハリー	ジオン	グレアム	わたなべしげお	福音館書店
ナガナガくん	ホフ	ホフ	小船谷佐知子	徳間書店
マドレーヌといぬ	ベーメルマンス	ベーメルマンス	せたていじ	福音館書店
名犬ラッシー	ナイト	岩淵慶造	飯島淳秀	講談社

いのしし

●書名	●著者	●画家	●訳者	●出版社
いのしし親子のイタリア旅行	渡辺茂男	太田大八		理論社
ウリボウなかよしだいかぞく	結城モイラ	福田幸広		ポプラ社
椋鳩十のイノシシ物語	椋鳩十	おぼまこと		理論社
いのしし	前川貴行	前川貴行		アリス館
レイザーバック・フォーミィ	シートン	シートン	今泉吉晴	福音館書店
おしゃれなのんのんさん	風木一人	にしむらあつこ		岩崎書店
森のイノシシ王ダイバン	草山万兎	金尾恵子		フレーベル館

●書名	●著者	●画家	●訳者	●出版社
十二支のはじまり	岩崎京子	二俣英五郎		教育画劇

	●書名	●著者	●画家	●訳者	●出版社
ねずみ	14ひきのひっこし	いわむらかずお	いわむらかずお		童心社
	アレクサンダとぜんまいねずみ	レオニ	レオニ	谷川俊太郎	好学社
	歌うねずみウルフ	キング＝スミス	杉田比呂美	三原泉	偕成社
	ぐりとぐら	なかがわりえこ	おおむらゆりこ		福音館書店
	ねずみくんのチョッキ	なかえよしを	上野紀子		ポプラ社
	ねずみじょうど	瀬田貞二	丸木位里		福音館書店
	歯いしゃのチュー先生	スタイグ	スタイグ	うつみまお	評論社
	番ねずみのヤカちゃん	ウィルバー	大社玲子	松岡享子	福音館書店
うし	うんがにおちたうし	クラシロフスキー	スパイアー	みなみもとちか	ポプラ社
	おうしのアダムがおこりだすと	リンドグレーン	テーンクヴィスト	今井冬美	金の星社
	おどる牛	川重茂子	菊池日出夫		文研出版
	くいしんぼうのはなこさん	いしいももこ	なかたにちよこ		福音館書店
	はなのすきなうし	リーフ	ローソン	光吉夏弥	岩波書店
	ぼくじょうにきてね	星川ひろ子・星川治雄			ポプラ社
	めうしのジャスミン	デュボアザン	デュボアザン	乾侑美子	童話館出版
	モーモーまきばのおきゃくさま	エッツ	エッツ	やまのうちきよこ	偕成社
とら	おちゃのじかんにきたとら	カー	カー	晴海耕平	童話館出版
	とらとおじいさん	トレセルト	アキノ	光吉夏弥	大日本図書
	ベンガル虎の少年は・・・	斉藤洋	伊藤寛		あかね書房
	目をさませトラゴロウ	小沢正	井上洋介		理論社
	トラーのあさごはん	ミルン	シェパード	石井桃子	岩波書店
	はじめてのゆき	なかがわりえこ	なかがわそうや		福音館書店
	とらとほしがき	パク・ジェヒョン	パク・ジェヒョン	おおたけきよみ	光村教育図書
	だるまちゃんととらのこちゃん	加古里子	加古里子		福音館書店
うさぎ	うさぎのくれたバレエシューズ	安房直子	南塚直子		小峰書店
	うさんごろとおばけ	瀬名恵子	瀬名恵子		グランまま社
	しろいうさぎとくろいうさぎ	ウィリアムズ	ウィリアムズ	松岡享子	福音館書店
	チム・ラビットのぼうけん	アトリー	中川宗弥	石井桃子	童心社
	けんた・うさぎ	中川李枝子	山脇百合子		のら書店
	ピーターラビットのおはなし	ポター	ポター	いしいももこ	福音館書店
	ビロードうさぎ	ウィリアムズ	ニコルソン	いしいももこ	童話館出版
	のうさぎにげろ	伊藤政顕	滝波明生		新日本出版社
たつ	ウロコ	澤田徳子	太田大八		教育画劇
	白いりゅう黒いりゅう		赤羽末吉	君島久子	岩波書店
	龍の子太郎	松谷みよ子	田代三善		講談社
	てんりゅう	代田昇	北島新平		岩崎書店
	ほしになったりゅうのきば	君島久子	赤羽末吉		福音館書店
	竜の巣	富安陽子	小松良佳		ポプラ社
	りゅうのたまご	佐藤さとる	村上勉		偕成社
	タツノオトシゴ	バターワース	ローレンス	佐藤見果夢	評論社
へび	へびくんのおさんぽ	いとうひろし	いとうひろし		鈴木出版
	へびのクリクター	ウンゲラー	ウンゲラー	中野完二	文化出版局
	町かどのジム	ファージョン	アーディゾーニ	松岡享子	童話館出版
	りゅうになりたかったへび	松谷みよ子	丸木俊		大日本図書
	へびの子しどこ	おざわとしお/きたがわきみこ	ひろのたかこ		くもん出版
	ぺろぺろん	筒井敬介	東君平		あかね書房
	さるのせんせいとへびのかんごふさん	穂高順也	荒井良二		ビリケン出版
	うろこだま	長谷川摂子	下田昌克		岩波書店

お話かるた

おなじみの絵本や物語で、かるたを作りました。このかるたを使って、低学年や中学年を対象に、こんなことができます。

絵札を作って、かるたで遊ぶ。

しおりにして、本にはさむ。

掲示したり、印刷して、本を当てるクイズにする。

子どもたちと新しいお話かるたを作る。

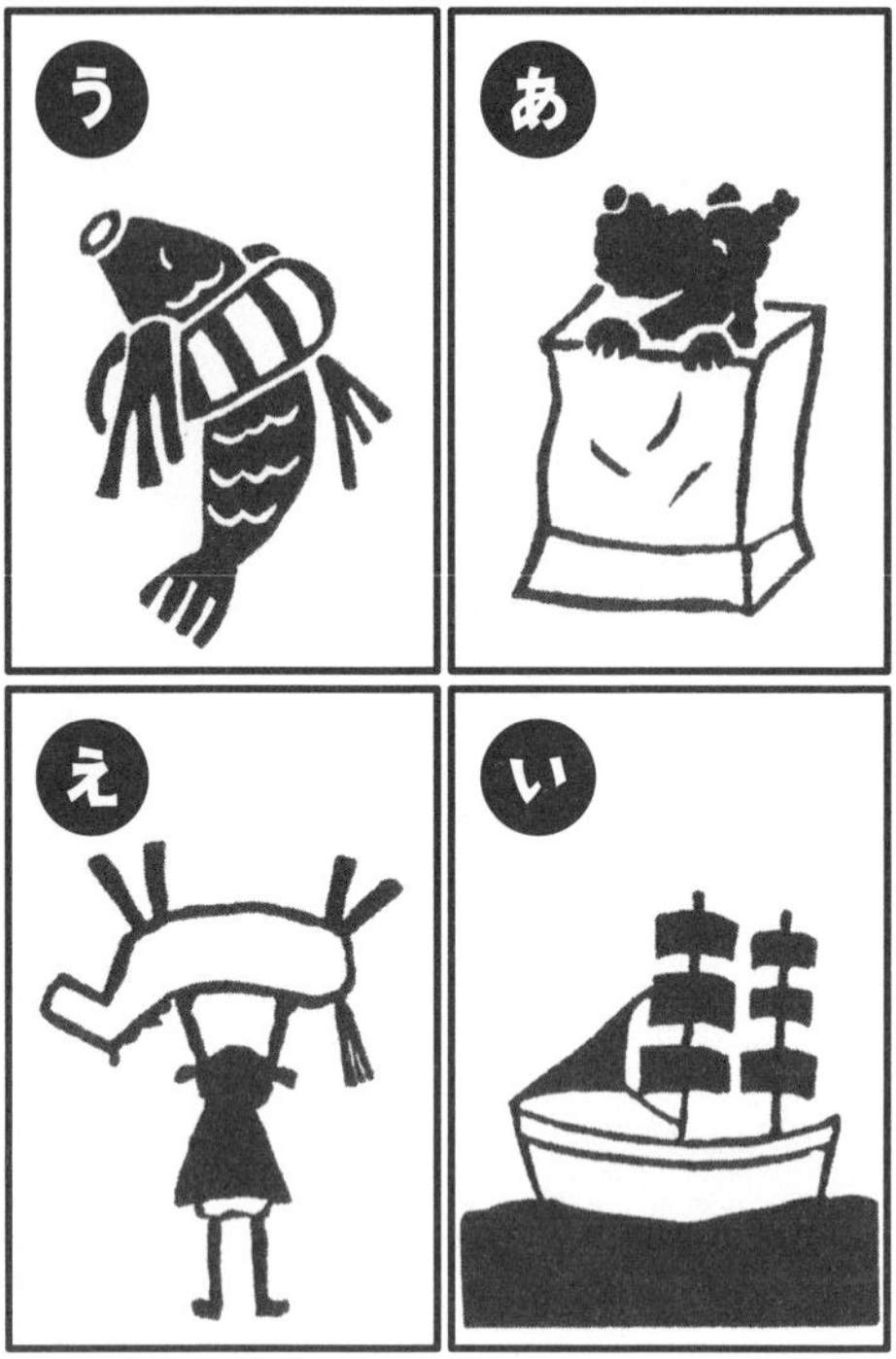

あばらーを　ふくろにいれて　バスにのせ
≫ がんばれヘンリーくん

いえでして　ふねにみっこう　チムぼうや
≫ チムとゆうかんなせんちょうさん

うきぶくろ　こわしたさかな　たすけだす
≫ 屋根うらべやにきた魚

えふらいむのむすめ　うまもちあげる
≫ 長くつ下のピッピ

おおきなたまごで　かすてらづくり
≫ ぐりとぐら

かぶひっぱって　うんとこしょ
≫ おおきなかぶ

きょうもあそぼう　がまくんかえるくん
≫ ふたりはともだち

くるまのおきゃくは　きつねにやまねこ
≫ 車のいろは空のいろ

けむりのしんごう　エスオーエス
≫ ちびっこタグボート

こいしのまほうで　いわになる
≫ ロバのシルベスターとまほうの小石

さがしだせ　ぞうのたまごは　どこにある
≫ ぼくは王さま

しずかにと　ヤカちゃんいつも　ちゅういされ
≫ 番ねずみのヤカちゃん

すずならし　せんとうをいく　ウルスリ
>>>ウルスリのすず

せなかのりゅっくに　まけるな　なほちゃん
>>>はじめてのキャンプ

そっとにげて　マグレガーさんに　つかまるな
>>>ピーターラビットのおはなし

たおるまき　よいちえうかぶ　おばあさん
>>>あたまをつかった小さなおばあさん

ちいさくなっても　げんきなおばさん
>>>小さなスプーンおばさん

つむにさされて　ひゃくねんのねむり
>>>ねむりひめ

てをあげろ　さんにんぐみの　おでましだ
>>>すてきな三にんぐみ

とうさんと　ひのくつチムは　たびにでる
>>>火のくつと風のサンダル

なぞなぞとけない　もりのおおかみ
>>>なぞなぞのすきな女の子

にげだした　きかんしゃかわを　とびこえる
>>>いたずらきかんしゃちゅうちゅう

ぬすまれた　コーヒーひきを　とりもどせ
>>>大どろぼうホッツェンプロッツ

ねずみのくに　げんきなこねこ　さがしだす
>>>あおい目のこねこ

の **はらのはなに　うっとり　うしのこ**
＞＞＞はなのすきなうし

は **しをきしらせ　やぎとうじょう**
＞＞＞三びきのやぎのがらがらどん

ひ **つじのけ　つむいでおりあげ　あおいふく**
＞＞＞ペレのあたらしいふく

ふ **ろぎらい　いえをぬけだし　どろんこに**
＞＞＞どろんこハリー

へ **やじゅうに　ジャングルえがく　じょーじくん**
＞＞＞ひとまねこざる

ほ **そくなり　あなからぬけた　プーくまくん**
＞＞＞クマのプーさん

ま **るたごや　とうさんのひく　バイオリン**
＞＞＞大きな森の小さな家

み **んなはいって　てぶくろ　まんいん**
＞＞＞てぶくろ

む **ちゅうでえんそう　インドのとらがり**
＞＞＞セロひきのゴーシュ

め **ろんあめ　なめてげんきに　たねそだつ**
＞＞＞みどりいろのたね

も **うちょうの　きずがじまん　マドレーヌ**
＞＞＞げんきなマドレーヌ

や **まごやのかじ　じぷたしゅつどう**
＞＞＞しょうぼうじどうしゃじぷた

ゆ きみちを　スキーですべる　ウォートンくん
>>> 火曜日のごちそうはヒキガエル

よ ごれたおさらが　いえじゅういっぱい
>>> おさらをあらわなかったおじさん

ら いおんの　とげをぬいて　ともだちに
>>> アンディとらいおん

り ゅうをたすけに　どうぶつじまへ
>>> エルマーのぼうけん

る るときき　こおりのうえで　うまれたよ
>>> ながいながいペンギンの話

れ つをつくって　かもさんこうしん
>>> かもさんおとおり

ろ くじぞう　かさをかぶせた　おじいさん
>>> かさじぞう

わ けあってたべよう　クッキーじゅうにまい
>>> おまたせクッキー

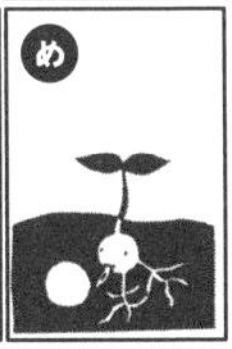

あたごの浦
讃岐のおはなし

P68

脇和子、脇明子 再話　大道あや 絵
福音館書店　1993　絵本　低

月夜の晩に、タコと鯛の呼びかけで、砂浜で魚たちの演芸会が始まる。鯛が松に登って「松にお日さん」、フグが松に登って「松にお月さん」など、魚たちが次々に見立てをして、喝采を浴びる。「妙々々々」の囃し声が耳に楽しい、讃岐の昔話。

あたまにつまった石ころが

P193

キャロル・オーティス・ハースト 文　ジェイムズ・スティーブンソン 絵　千葉茂樹 訳　光村教育図書　2002　絵本　中

「私」の父は子どものころから石が好きで、ガソリンスタンドを経営しながら、店の奥に石を並べてお客さんに見せていた。アメリカの恐慌時代を背景に、石への変わらぬ愛情がすばらしい仕事へと実るまでの父の生涯を淡々と語り、共感を呼ぶ。

あたまをつかった小さなおばあさん

P241, 242

ホープ・ニューウェル 文　山脇百合子 絵　松岡享子 訳
福音館書店　1970　読物　中

貧乏なおばあさんは、困ったときにはいつも濡れタオルを頭に巻き、目をつぶって考える。すると、いい知恵が浮かぶのだ。ガチョウが庭を出入りしたがるので、出るときと入るときのために木戸に穴を２つ作るなど、とぼけた行動にあたたかい人柄が感じられる。

アナベル・ドールと世界一いじのわるいお人形

P97

アン・M・マーティン、ローラ・ゴドウィン 文　ブライアン・セルズニック 絵　三原泉 訳　偕成社　2005　読物　高

『アナベル・ドールの冒険』の続編。前作で親友になったアナベルとティファニーが、ひょんなことからよその家の子ども部屋に迷い込んでしまう。そこには、とてつもなく意地悪なプリンセス人形のミミが君臨していた……。

アナベル・ドールの冒険

P93-94, 97

アン・M・マーティン、ローラ・ゴドウィン 文　ブライアン・セルズニック 絵　三原泉 訳　偕成社　2003　読物　高

クラシカルなドールハウスに住む陶器製の人形が主人公という設定で、意表をつく冒険と謎解きで読者をひきつける。「永久お人形状態」「行方不明者のそうさくおよび発見に力をつくします隊＝略して、つくし隊」など独自の表現も楽しい。

あのね、わたしのたからものはね

P235-236

ジャニス・メイ・ユードリィ 文　エリノア・ミル 絵
かわいともこ 訳　偕成社　1983　読物　低

小学1年生のメアリー＝ジョーは恥ずかしがり屋。クラスでは毎朝だれかが自分の宝物の話をするけれど、メアリー＝ジョーはいつもチャンスを逃してしまう。でも、とうとう素敵なアイディアがひらめいた。学校生活を始めたばかりの1年生にすすめたい。

あひるのジマイマのおはなし

P196-197, 200

ビアトリクス・ポター 文・絵　いしいももこ 訳
福音館書店　2002　絵本　低

バカなアヒルのジマイマは、紳士とばかり信じたキツネにだまされて食べられそうになるが、犬のケップの機転で命拾いする。動物たちが直面する厳しい自然の仕組みを妥協なく描いている。「ピーターラビットの絵本」シリーズの1冊。

アボカド・ベイビー

P80

ジョン・バーニンガム 文・絵　青山南 訳
ほるぷ出版　1993　絵本　低

体が弱かったハーグレイブさんちの赤ちゃん。アボカドをもりもり食べたら大変身。どんどん強くなって、とんでもない力持ちになってしまった。赤ちゃんの活躍ぶりとユーモアいっぱいの絵が楽しく、年齢の高い子どもへの読み聞かせにも向く。

アラビアンナイト　上・下

P101, 104, 105

ディクソン 編　ジョン・キデルモンロー 絵　中野好夫 訳
岩波書店　2001　読物　高

数ある本の中から、ガランのフランス語訳（1821年出版）を元に編集。「シンドバッドの冒険」7編と「アラディンと魔法のランプ」「アリ・ババと40人の盗賊」など代表的な話を収録した岩波少年文庫。「シンドバッド」の話を本格的に読みたい子にすすめたい。

アルフはひとりぼっち

P51-52, 54

コーラ・アネット 文　スティーブン・ケロッグ 絵
掛川恭子 訳　童話館出版　1998　読物　低

アルフは、おじいさん、おばあさんに飼われているロバ。畑仕事や荷物運びなど毎日たくさんの仕事をしているのに、報われることが少ない。犬とネコとカナリヤはもっと楽でいい生活をしているのにと考えたアルフは、家出することにする。

アンディとらいおん
P 36, 38, 147

ジェームズ・ドーハーティ 文・絵　むらおかはなこ 訳
福音館書店　1961　絵本　低

図書館からライオンの本を借りて夢中になったアンディは、道でばったり本物に出会ってびっくりする。ライオンの足のトゲを抜いてやり友だちになるが、後日サーカスで思いがけず再会する。楽しい展開と胸のすく結末。躍動感ある絵が魅力的で読み聞かせにも向く。

アンナの赤いオーバー
P 153

ハリエット・ジーフェルト 文　アニタ・ローベル 絵
松川真弓 訳　評論社　1990　絵本　低

小さな女の子アンナの古いオーバーは、すりきれて小さくなった。戦争は終わったが、お店は空っぽで、食べ物もお金も何もなかった。お母さんは家の品物との交換でオーバーの材料を手に入れる。そして、何人もの手を経てアンナのオーバーができあがる。

イグアナくんのおじゃまな毎日
P 85

佐藤多佳子 文　はらだたけひで 絵
偕成社　1997　読物　高

樹里が11歳の誕生日にもらったプレゼントは、なんと生後1年半のグリーン・イグアナ。草食で攻撃性がないといわれても、こんなペットの世話をするのはとても大変。2008年に新装版も刊行された。

「イグルー」をつくる
P 172

ウーリ・ステルツァー 文・写真　千葉茂樹 訳
あすなろ書房　1999　NF　中

北極地方に住んでいるイヌイットの人々の雪の家「イグルー」の作り方を紹介した本。雪を選ぶことから始まって、雪の切り出し、積み重ねの仕方など、イグルーを作っていく過程をていねいに追っている。

石ころがうまれた
ビロード石誕生のひみつ
P 187-188, 193

渡辺一夫 文　宮崎耕平、岩崎保宏 絵
ポプラ社　2004　NF　高

三保の松原で見つけたきれいなビロード石はどこからきたのか――著者が探求する過程をていねいに追う。石の誕生の秘密がわかるだけでなく、疑問に思ったことはどのように調査していったのかを示すことで、読者に自分も調べたいという意欲を呼び起こす。

石ころ地球のかけら
P 193

桂雄三 文　平野恵理子 絵
福音館書店　1998　NF　中

岩の山から崩れ落ちた石が、川を運ばれて小さく丸くなり、海岸にたどり着く。さらに長い時間をかけて海底に積み重なって岩になり、隆起や噴火によって変化していく様子を、ユーモラスな絵でじっくり描く。悠久の時間を感じさせる。たくさんのふしぎ傑作集。

石のねずみストーンマウス
P 193

ジェニー・ニモ 文　ヘレン・クレイグ 絵　安藤紀子 訳
偕成社　1997　読物　中

ネズミの形をした小さな石ストーンマウスをめぐる、テッドとエリー兄妹の物語。素直なエリーはマウスと仲よくなり、テッドは腹を立ててマウスを海に投げ込む。大人が気づかない子どもの心の葛藤が緊張を高め、やがて解決に至るまでがみごとに描かれている。

いたずらきかんしゃ ちゅうちゅう
P 55

バージニア・リー・バートン 文・絵　むらおかはなこ 訳
福音館書店　1961　絵本　低

小さな機関車ちゅうちゅうは、重い客車を引いて走るのがいやになって逃げ出したが、廃線に迷いこんでしまう。そこへ機関士たちが追いかけてくる。力強い木炭画が機関車の冒険にぴったり。今も子どもたちに喜ばれる乗り物絵本の古典。

いたずらでんしゃ
P 237

ハーディー・グラマトキー 文・絵　わたなべしげお 訳
学習研究社　2005　読物　低

トロリー電車のスパーキーは町の人気者。空想が大好きで、走りながらいろいろなことを考える。ある日、空想に夢中になって停留所に止まるのを忘れたら、市長さんは怒って……。グラマトキーの乗り物童話シリーズは、どの本も子どもの夢をかなえてくれる。

いたずらハリー
きかんぼのちいちゃいいもうと3
P 138, 139

ドロシー・エドワーズ 文　酒井駒子 絵　渡辺茂男 訳
福音館書店　2006　読物　中

妹は、友だちのハリーの誕生日のパーティーに招待されたとき、ハリーと一緒にこっそり台所でご馳走のお菓子を全部食べてしまった。お姉ちゃんがやんちゃな妹の言動を語る「きかんぼのちいちゃいいもうと」シリーズは、全3巻ある。

1ねんに365のたんじょう日プレゼントをもらったベンジャミンのおはなし

P 84-85

ジュディ・バレット 文　ロン・バレット 絵
まつおかきょうこ 訳　偕成社　1978　絵本　低

「毎日が誕生日で、毎日プレゼントがもらえたら……」という子どもの願望を刺激するストーリー。ベンジャミンの発想がエスカレートする場面が愉快。大胆な構図や細やかな書き込みも魅力的で、中学年も楽しめる。長いタイトルも子どもたちに人気がある。

イップとヤネケ

P 36, 38, 91, 238

アニー・M・G・シュミット 文　フィープ・ヴェステンドルプ 絵
西村由美 訳　岩波書店　2004　読物　中

男の子のイップと女の子のヤネケは、隣同士に住んでいる仲よし。かくれんぼをしたり、庭のイチゴをとったり、アイスを食べすぎたり……。いつも楽しく遊ぶ2人の日常を等身大で描き、読者の共感を呼ぶ。1話が短く、読みやすい。モノクロの挿絵も楽しい。

ヴァイノと白鳥ひめ

愛蔵版おはなしのろうそく6

P 30, 74

東京子ども図書館 編　大社玲子 絵
東京子ども図書館　2002　昔話　中

末の王子が不思議なカエルの力を借りて父王からの課題を果たす「三まいの鳥の羽」、無理難題を持ちかける小人の名前を当てて窮地を脱する「ルンペルシュティルツヘン」など、昔話を中心に語りに向く11編の話を収める。小さな判型で親しみやすい。

ウィロビー・チェースのオオカミ

P 247

ジョーン・エイキン 文　パット・マリオット 絵
こだまともこ 訳　冨山房　2008　読物　高

裕福なウィロビー卿の娘ボニーは両親が船旅に出た後、館を乗っとろうとする家庭教師の陰謀に立ち向かう。架空の19世紀初めのイギリスを舞台にした波乱万丈の冒険物語。初訳は1975年だが訳者を変えた新装版が出た。『バタシー城の悪者たち』などの続編がある。

ウエズレーの国

P 130, 131

ポール・フライシュマン 文　ケビン・ホークス 絵
千葉茂樹 訳　あすなろ書房　1999　絵本　中

友だちのいないウエズレーは、夏休みの自由研究にとてつもないことを思いつく。庭でどこにもない作物を育て、道具や機械を発明し、時間や言葉も考案、自分だけの文明を作り上げる。大層なことを難なくやってのける痛快さは、中、高学年こそ楽しめる。

ウサギの丘

P 245

ロバート・ローソン 文・絵　田中薫子 訳
フェリシモ出版　2002　読物　中

丘の上の大きな家に、久しぶりに人間が引っ越してくるという。どんな人間がやってくるのか、ウサギやモグラ、野ネズミにウッドチャックにアライグマなど、丘に住む動物たちは大騒ぎ。作者自身による挿絵も味わい深い、クラシカルな作品。新訳版。

うさんごろとおばけ

P 202-203, 205, 238

瀬名恵子 文・絵
グランまま社　2001　読物　低

体がでっかい、目玉もでっかい、そして話もでっかいウサギのうさんごろが主人公。大らかな語り口でテンポよく進む話が3話収録されている。大きな字と豊富な挿絵で、1人読みを始めたばかりの子どもに最初にすすめられる1冊。

歌うねずみウルフ

P 74, 187

ディック・キング=スミス 文　杉田比呂美 絵　三原泉 訳
偕成社　2002　読物　中

母さんネズミが13匹兄妹の末っ子につけたのは、楽譜から見つけた「ウルフガング・ア・マウス・モーツァルト」という特別な名前。きれいな声で歌えるネズミになり、ピアノが上手な老婦人に歌を習うようになる。素敵なメロディが聞こえてくるような物語。

ウナギのひみつ

P 67, 68, 181

カレン・ウォレス 文　マイク・ボストク 絵　百々佑利子 訳
岩波書店　1996　NF　中

北アメリカ大陸の南、サルガッソー海で生まれたウナギは、長い旅の末、川をさかのぼって泥の中で暮らし、やがてまた故郷の海に戻って子孫を残す。謎の多いウナギの一生を、美しい絵で描いた絵本。読み聞かせにも向く。

海のたまご

P 193

ルーシー・M・ボストン 文．ピーター・ボストン 絵
猪熊葉子 訳　岩波書店　1997　読物　高

海岸で卵の形をした石を手に入れた兄弟は、2人の秘密の磯だまりに隠しておく。翌日、石はなくなり、代わりにトリトン（男の人魚）の赤ちゃんが現れ、兄弟と仲よく海を泳ぎまわって遊ぶ。神秘的で荒々しい海と、たくましく育つトリトンの姿が印象深い。

うみのべっそう
P 240

竹下文子 文　沢田としき 絵
佼成出版社　2002　読物　中

夏休みに、おじさんが海の別荘へ誘ってくれた。喜んで出かけたら、別荘はなんと海の中。ゆらゆら揺れるわかめの森でかくれんぼをしたり、珊瑚の林で鬼ごっこ。海の底での遊びはとても楽しい。読書に慣れていない子も手にとりやすい1冊。

ウルスリのすず
P 243

ゼリーナ・ヘンツ 文　アロイス・カリジェ 絵　大塚勇三 訳
岩波書店　1973　絵本　低

鈴行列のお祭りのときに大きな鈴を持って先頭に立ちたいと思っているウルスリが手に入れたのは、一番小さな鈴。そこで、大きな鈴をとりに夏小屋に行く。雪の山を登り、小屋で1泊するウルスリの冒険が、素朴であたたかな絵と共に語られる。読み聞かせに向く。

エジプトのミイラ
P 245

アリキ 文・絵　神鳥統夫 訳
あすなろ書房　2000　NF　中

古代エジプト人の死後の世界についての考え方や人生観を解説しながら、どうやってミイラを作ったかを解き明かしている。子どもにとって不思議な世界であるピラミッドやミイラを、興味本位ではなくきちんととらえた絵本。

SOS! あやうし空の王さま号
P 49

ラッセル・E・エリクソン 文　ローレンス・ディ・フィオリ 絵
佐藤涼子 訳　評論社　2008　読物　中

『火曜日のごちそうはヒキガエル』に始まる「ヒキガエルとんだ大冒険」シリーズ第4巻。ヒキガエルのモートンが空を飛んでみたいというので、ウォートンはヘビの抜け殻を使って気球を作る。風が強くて気球は崖にぶつかって壊れ、2匹はイタチに捕まってしまう。

絵で見るある町の歴史
タイムトラベラーと旅する12,000年

P 117, 119

アン・ミラード 文　スティーブ・ヌーン 絵　松沢あさか、高岡メルヘンの会 訳　さ・え・ら書房　2000　NF　高

ヨーロッパのある町に焦点を合わせ、約1万2000年前の石器時代から現代に至るまでの移り変わりを絵で見せた絵本。同じ場所の外観がページをめくるごとに変化し、長い時間の流れが一挙にわかる仕組み。見栄えのする大判絵本なので、集団に紹介するのに向く。

エドウィナからの手紙
P 98

スーザン・ボナーズ 文　ナカムラユキ 絵　もきかずこ 訳
金の星社　2003　読物　高

アメリカに住む少女エディは、公園のブランコが壊れたままなのを見て、市長さんに修理してほしいと手紙を書くことを思いついた。子どもの手紙では難しいと考えて、とっておきの作戦を使ったが……。1人ひとりが声をあげて行動する、アメリカならではの物語。

エパミナンダス
愛蔵版おはなしのろうそく1

P 243

東京子ども図書館 編　大社玲子 絵
東京子ども図書館　1997　昔話　中

ストーリーテリング（語り）のテキストとして編まれたお話集。昔話を中心に、短編の創作、わらべうたなど、耳で聞いて楽しめるお話を収めるが、子どもが自分で読むのにも向く。愛蔵版は8巻まで刊行中。

エーミールと探偵たち
P 107-108, 111

エーリヒ・ケストナー 文　ヴァルター・トリアー 絵
池田香代子 訳　岩波書店　2000　読物　高

ドイツの作家ケストナー、1929年の作品。ベルリンの街を舞台に、少年たちが団結して泥棒をつかまえようと大活躍する物語は、時代を超えたおもしろさに満ちている。挿絵も生き生きとして効果的。2000年に岩波少年文庫版が新訳で出版された。

エーミルと小さなイーダ
P 239

アストリッド・リンドグレーン 文　ビヨーン・ベリイ 絵
さんぺいけいこ 訳　岩波書店　1994　読物　低

農場に住むエーミルとイーダ兄妹。エーミルは、いたずらの罰にいつも作業小屋に閉じ込められ、木の人形を彫っている。それがうらやましいイーダは、自分もいたずらをしようとするが……。エーミルシリーズは3冊ある。

エルシー・ピドック、ゆめでなわとびをする
P 89-90, 91

エリナー・ファージョン 文　シャーロット・ヴォーク 絵
石井桃子 訳　岩波書店　2004　絵本　中

『ヒナギク野のマーティン・ピピン』の中の1編を絵本化したもの。大判の絵本になって、紹介の幅が広がった。1937年に英国で出されたファージョンの作品を、現代の画家が柔らかいタッチと色彩で想像力豊かに描いている。

エルマーと16ぴきのりゅう

P 46, 49

R・S・ガネット 文　R・C・ガネット 絵　わたなべしげお 訳
福音館書店　1965　読物　低

エルマーと別れたりゅうの子は、故郷のそらいろ高原に帰るが、りゅうの家族15匹は人間に見つかり、つかまりそうになっていた。りゅうは、エルマーの住む町に戻り、エルマーに助けを求める。3部作の第3巻。

エルマーとりゅう

P 46, 49

R・S・ガネット 文　R・C・ガネット 絵　わたなべしげお 訳
福音館書店　1964　読物　低

エルマーは、助けたりゅうの子に乗って家に帰ろうとするが、途中、嵐にあってカナリヤ島に落ちてしまう。カナリヤの王様は「しりたがり病」にかかっていて、エルマーはそれを治す。3部作の第2巻。

エルマーのぼうけん

P 39-40, 44, 45-46, 49, 50, 54, 237

R・S・ガネット 文　R・C・ガネット 絵　わたなべしげお 訳
福音館書店　1963　読物　低

エルマーは9歳の男の子。年とったネコから、どうぶつ島につかまっているかわいそうなりゅうの子の話を聞いて、助けに出かける。エルマーは知恵を働かせ、持っていった荷物を上手に使って、りゅうを助け出す。3部作の第1巻。

おーいぽぽんた
声で読む日本の詩歌166

P 71, 73

茨木のり子他 編　柚木沙弥郎 絵
福音館書店　2001　詩　中

千数百年前の詩から現代詩まで、口ずさんでほしいと願った5人の詩人によって編まれた。日本の短歌、俳句、詩106編を収めている。第1部から第3部まで、だんだん難しくなっていくので、聞き手に合わせて好きな詩を選ぶことができる。別冊に鑑賞編あり。

王さまと九人のきょうだい
中国の民話

P 71-72, 73, 74, 80

赤羽末吉 絵　君島久子 訳
岩波書店　1969　絵本　低

中国少数民族の昔話。老夫婦が不思議な老人から9人の子どもを授かる。ちからもち、くいしんぼう、さむがりやなどと名づけられた子どもは、名前どおりの力を発揮して悪い王様を退治する。長いしっかりしたストーリーのお話で、読み聞かせに向く。

王への手紙　上・下

P 247

トンケ・ドラフト 文　西村由美 訳
岩波書店　2005　読物　高

オランダの古典的な冒険小説。16歳の見習い騎士ティウリは、修行中に見知らぬ男から重要な手紙を隣国の王に渡す使命を与えられ、困難な旅に出る。波乱万丈の筋運びに、冒頭から引き込まれる。続編『白い盾の少年騎士』（上・下）も紹介したい。岩波少年文庫。

おおきなおおきなおいも

P 138, 235

市村久子 原案　赤羽末吉 文・絵
福音館書店　1972　読物　低

幼稚園での教育実践から生まれた絵本。幼稚園のイモ掘り遠足が雨で1週間延期になった。先生から1週間分おイモが大きくなると聞いた園児たちは、紙をつないで大きなおイモを描く。子どもたちの破天荒な空想が愉快。秋の読み聞かせにも向く。

おおきなきがほしい

P 172

さとうさとる 文　むらかみつとむ 絵
偕成社　1971　絵本　低

子どもの夢を、細部まで楽しめる絵に仕立てた絵本。男の子のかおるは、大きな大きな木がほしいと思う。木の幹の高いところに家を作ると、景色はいいし、リスや鳥が遊びにくる。最後にお父さんと苗木を植えるのがいい。

大きな森の小さな家

P 172, 252

ローラ・インガルス・ワイルダー 文　ガース・ウィリアムズ 絵
恩地三保子 訳　福音館書店　1972　読物　高

作者の自伝的物語。次女ローラの目をとおして、アメリカ西部開拓時代を生きた一家の日常生活が綴られる。丁寧な挿絵も手伝って、暮らしの細部まで具体的に伝わり、読者も容易にその世界に入ることができる。続編4冊。それ以降は『長い冬』（岩波書店）に続く。

大どろぼうホッツェンプロッツ

P 244

オトフリート・プロイスラー 文　F・J・トリップ 絵
中村浩三 訳　偕成社　1990　読物　中

おばあさんのコーヒーひきを盗んだ大どろぼうホッツェンプロッツをつかまえようと、カスパールとゼッペルは作戦を練って尾行する。間抜けな泥棒やずるがしこい魔法使い、美しい妖精などが活劇風のドラマを演じ、大団円へと盛り上げる。続編が2作ある。

おかあさんになったつもり

P 138, 236

森山京 文　西川おさむ 絵
フレーベル館　2002　読物　低

おかあさんが出かけたので、こうさぎは夕方まで1人でお留守番。こうさぎは、おかあさんになったつもりでエプロンをつけ、家事を始める。こりすとキツネが遊びにきて、みんなでにんじんスープを作る。

おさらをあらわなかったおじさん

P 242

フィリス・クラジラフスキー 文　バーバラ・クーニー 絵
光吉夏弥 訳　岩波書店　1978　絵本　低

小さな家に1人で暮らすおじさん。ご馳走を作ったのはいいけれど、疲れてしまってお皿はそのまま。次の日もその次の日も、毎日お皿を洗わないでいたら大変なことに。エスカレートしていく家の様子が笑いを誘う。読み聞かせにも向く。

おさるとぼうしうり

P 153

エズフィール・スロボドキーナ 文・絵　まつおかきょうこ 訳
福音館書店　1970　絵本　低

帽子売りが、自分の帽子の上に4色の帽子を4つずつ、全部で16個載せて行商している。木の下で昼寝中、木の上のサルが帽子をとってしまって、返してくれない。人間とサルの知恵比べを、素朴な味わいのある絵でユーモラスに描く。

おさるのまいにち

P 237

いとうひろし 文・絵
講談社　1991　読物　低

南の小さな島に暮らすサルたちののどかな生活ぶりを、ほのぼのと描いた本。「ぼくはおさるです。みなみのしまにすんでいます。」と始まる。ウミガメのおじいさんがやってきて、大きな船の話をしてくれるのが大事件。続編が多数ある。

おしいれのぼうけん

P 237

ふるたたるひ 文　たばたせいいち 絵
童心社　1974　読物　低

保育園でけんかしたあきらとさとしは、先生に押入れに入れられる。真っ暗な押入れに、恐ろしいねずみばあさんがネズミたちを連れて現れ、2人は力をあわせて逃げだす。モノクロで描かれた高速道路や下水道が迫力満点。

おすのつぼにすんでいたおばあさん

P 66-67, 68

ルーマー・ゴッデン 文　なかがわちひろ 絵
なかがわちひろ 訳　徳間書店　2001　読物　低

貧しいおばあさんは、湖の魚を助けたお礼に願いごとをかなえてもらう。初めはささやかだった願いごとは、どんどん大きくなり……。ロシアの昔話『金の魚』とイギリスの昔話『おスだんなと、おスおくさん』が1つになったような話。挿絵が楽しい。

おたよりください

P 157-158, 159

シャスティン・スンド 文　アンジェリカ・セラーノ=プネル 絵
木村由利子 訳　大日本図書　1991　読物　中

退屈していた8歳のリンダが冬休みに文通を始めた相手は、なんと80歳のオルガ。新聞のまちがいがきっかけになった交流を、2人の往復書簡で綴っていく。心がほのぼのあたたかくなる、スウェーデンの物語。

おだんごぱん

ロシア民話

P 138

わきたかず 絵　せたていじ 訳
福音館書店　1966　絵本　低

おばあさんが作ったおだんごぱんが転がって逃げだした。ウサギやオオカミが食べようとするが、おだんごぱんはどんどん逃げていく。おだんごぱんの繰り返しの歌がリズム感があって楽しい。

おちゃのじかんにきたとら

P 134, 138

ジュディス・カー 文・絵　晴海耕平 訳
童話館出版　1994　絵本　低

ある日、お茶の時間に突然現れたトラは、家中の食べ物を食べ尽くしてしまう。帰ってきたお父さんとの夕食は、外食するはめに。トラの食べっぷりが豪快で、水道の水を飲み干すというユーモアもおもしろい。

おっとあぶない

P 237

マンロー・リーフ 文・絵　わたなべしげお 訳
フェリシモ出版　2003　読物　低

風呂場で熱湯を出してヤケドする「ふろばまぬけ」、階段を走って転ぶ「かいだんまぬけ」など、してはいけない危険なことをして痛い目にあう子どもの例が続々と紹介される。つき放した口調と落書きのようなユーモラスな絵を、子どもは繰り返し楽しむ。

おとうさんがいっぱい

P249

三田村信行 文　佐々木マキ 絵
理論社　2003　読物　高

おとうさんから、今夜は帰りが遅くなると電話がかかる。でもそんなはずはない。だって、おとうさんはもう帰っているのだもの……。表題作をはじめ、ゾクッとするようなオチのある短編5話を収める。フォア文庫版も出ている。

お父さんゴリラは遊園地

P147

山極寿一 文・写真
新日本出版社　2006　NF　中

野生のゴリラの生態を紹介する写真絵本。群れのリーダーは、背中の毛が銀色の巨大な雄。外見はこわそうだが、背中をすべり台にして子どもたちを遊ばせる姿は愛情たっぷりでほほえましい。中学年以上向けの内容だが、写真が楽しいので低学年も興味をもつ。

おともださにナリマ小

P159, 195-196, 200

たかどのほうこ 文　にしむらあつこ 絵
フレーベル館　2005　読物　低

1年生のハルオが初めて1人で学校へ行くと、友だちも先生も言動がおかしい。じつは、ハルオはキツネの学校に迷い込んだのだ。やがて、人間とキツネの学校の交流が始まる。愉快なお話。

おばあさんのひこうき

P46-47, 49, 238

佐藤さとる 文　村上勉 絵
小峰書店　1973　読物　低

編みもの上手なおばあさんは、自分の肩かけを編み直して、いろいろな模様を試していた。チョウチョウを見て羽の模様を真似してみたところ、編んだ毛糸が浮き上がった。おばあさんは、それで飛行機の翼を編む。

おばけのジョージー

P204, 206

ロバート・ブライト 文・絵　光吉夏弥 訳
福音館書店　1978　絵本　低

ホイッティカーさんの家に住むおばけのジョージーは、毎晩定刻にドアや階段をきしませて現れる。ある日、家が修理されて音がしなくなると……。著者が我が子のために作った話がもとになっているだけに、愛情に満ちた手作り感が魅力。読み聞かせに向く。

おばけのジョージーおおてがら

P203-204, 205, 236, 237

ロバート・ブライト 文・絵　なかがわちひろ 訳
徳間書店　2004　読物　低

60年以上前にアメリカで誕生した、優しいおばけのジョージー。全体に古風だが、穏やかで幸福感に満ちた物語と素朴な味わいの挿絵は、安心して楽しめる。大判の絵本だった原書を、読み物の体裁に変えて出版。

おばけのジョージー ともだちをたすける

P204, 205

ロバート・ブライト文・絵　なかがわちひろ訳
徳間書店　2006　読物　低

町に出かけたジョージーと動物たち。ところが、仲よしのフクロウのオリバーが人間たちにつかまり、動物園に入れられてしまった。人前が苦手なジョージーが、オリバーを助け出すために活躍する。『おばけのジョージーおおてがら』の続編。

おばけのジョージーの ハロウィーン

P204, 205

ロバート・ブライト 文・絵　なかがわちひろ 訳
徳間書店　2008　読物　低

ハロウィーンのお祭りの夜、広場で行われる仮装コンテスト。本物のおばけのジョージーが出れば1等賞まちがいなし。でも、はずかしがり屋のジョージーは、広場に行くこともできなくて……。『おばけのジョージーともだちをたすける』の続編。

おばけリンゴ

P166

ヤーノシュ 文・絵　やがわすみこ 訳
福音館書店　1969　絵本　低

ワルターのリンゴの木は、実がなったことがない。そこでワルターが、たった1つでいいからリンゴがなるように神様にお祈りすると、実が1つできて大喜びする。リンゴはどんどん大きくなり、おばけリンゴになる。ユーモアとペーソスの漂う絵本。

おはようスーちゃん

P239

ジョーン・G・ロビンソン 文・絵　中川李枝子 訳
アリス館　2007　読物　低

スーちゃんは小さな女の子。ママの誕生日に香水を作ってあげようと花びらを集めたり、屋根裏の物置で見つけたカーテンをドレスにしたり、歯医者さんで乳歯を抜いたり、幼い女の子の生活が愛情込めて描かれている。

おふろのなかからモンスター
P 210, 212

ディック・キング=スミス 文　はたこうしろう 絵
金原瑞人 訳　講談社　2000　読物　中

カースティーが海辺で見つけた変な卵から、なんと恐竜が生まれる。どんどん大きくなって、お風呂では飼いきれなくなり……。ユーモラスなストーリーに愉快な挿絵がついて読みやすい1冊。

オーロラのひみつ
P 228-230

上出洋介 文　つだかつみ 絵
偕成社　2002　NF　高

著者は1943年生まれで、宇宙空間物理学が専門の研究者。小学生のころオーロラの存在を知り、その謎を解きたいと研究の道を選んだという。主題はけっしてやさしくないが、自然科学への興味を喚起するような語りかけが工夫された1冊。

オンネリとアンネリのおうち
P 166-167, 172

マリヤッタ・クレンニエミ 文　マイヤ・カルマ 絵　渡部翠 訳
プチグラパブリッシング　2005　読物　中

7歳の女の子オンネリとアンネリが、不思議な夫人から2人だけの家をもらう。家の中についてのこまごまとした描写が子どもの心をとらえて、こんな家に住みたいと思わせる。

かえるがみえる
P 29

まつおかきょうこ 文　馬場のぼる 絵
こぐま社　1975　絵本　低

「かえるがみえる」「かえるにあえる」と続き、「かえるはきえる」で終わる言葉遊びの絵本。絵をじっくり見ると、かえるたちがさまざまな物語を演じているのがわかる。『いまはむかしさかえるかえるのものがたり』は姉妹編。

かえるのエルタ
P 30

中川李枝子 文　大村百合子 絵
福音館書店　1964　読物　低

かんたが拾ったおもちゃのカエル。エルタと名づけて遊んでいると、エルタは急に歌いだし、目の前に青い海が広がる。2人は船に乗りこみ、「うたえみどりのしま」を目指す。次々におかしな人物が登場して、奇想天外な事件が起きる。

かえるのつなひき
P 30

儀間比呂志 文・絵
福音館書店　1977　絵本　低

昔、沖縄島で、悪い虫がわいた稲を焼き払うことになった。カエルたちは、米がとれないと自分たちが食われると恐れて、虫退治に田んぼで綱引きのお祭りをする。綱を引こうと立ち上がるカエルたちの雄姿が圧巻。読み聞かせに向く。

かきねのむこうはアフリカ
P 124

バルト・ムイヤールト 文　アンナ・ヘグルンド 絵
佐伯愛子 訳　ほるぷ出版　2001　絵本　中

ぼくの家の隣にはきれいな茶色の肌をして変わった言葉を話す女の人が住んでいる。庭にあった物置をこわし、土を掘り、毎日少しずつ泥を固めて家を作っていく様子をぼくの視点から描いた絵本。ブックトークでは「庭」のほか「家」「外国」などのテーマに使える。

かしこいビル
P 43, 44

ウィリアム・ニコルソン 文・絵　まつおかきょうこ、よしだしんいち 訳　ペンギン社　1982　絵本　低

メリーは、おばさんのうちに遊びに行くためにトランクに荷物を詰めるが、持っていくものが多くてなかなか入らず、何度も入れ直す。結局、大事な兵隊人形のビルを入れ忘れてしまう。でも、ビルは走って走って、メリーの乗った列車に追いつく。

風と木の歌
P 114-115, 119

安房直子 文　司修 絵
偕成社　2006　読物　中

ささやかな暮らしのなかにもの言う動物との交流や不思議な出来事を織りまぜたファンタジーを数多く残し、今も多くの愛読者をもつ作家の短編集の1つ。いろいろなテーマを見つけてブックトークにとりあげたい。「安房直子コレクション」全7巻も出ている。

風にのってきたメアリー・ポピンズ
P 250, 251

P・L・トラヴァース 文　L・メアリー・シェパード 絵
林容吉 訳　岩波書店　2000　読物　高

バンクス家にやってきた乳母のメアリー・ポピンズは、子どもたちを不思議な世界に連れていく。そこでは動物が口をきき、あっという間に世界を一周し、星の子にも会える。楽しく不思議な出来事だけでなく、主人公の人柄にも大きな魅力がある。続編3冊。

かばくん
P 141, 146, 147

岸田衿子 文　中谷千代子 絵
福音館書店　1966　絵本　低

動物園に朝がきて、少年がカメの子を連れてカバの親子に会いにくる。水中を泳ぎ、カメに話しかけ、来園者にゆっくりと姿を見せるカバの親子の堂々たる姿が見開きいっぱいに描かれ、詩的な言葉のリズムが耳に心地いい。大きな口でキャベツを飲みこむ場面は圧巻。

かはたれ
散在ガ池の河童猫
P 251

朽木祥 文　山内ふじ江 絵
福音館書店　2005　読物　高

里山の3つの池と2つの沼に河童族の生き残りが暮らしている。家族が行方不明になって1人残された幼い河童の八寸は、長老の指図にしたがい、猫の姿で人間世界に修行に出た。そこで出会ったのは、お母さんをなくした少女の麻だった。続編に『たそかれ』がある。

かみなりのちびた
P 238

松野正子 文　長新太 絵
理論社　2005　読物　低

1年生のひろしは、夏休みに昼寝をしていて、へそをとりにきたかみなりの子ちびたと友だちになる。ちびたに案内されて雲の上のへそ工場を見たり、雲の飛行機の競争に出たり、秋には運動会にちびたがくるなど、2人の愉快なエピソードが5話。

神の道化師
P 181, 243

トミー・デ・パオラ 文・絵　ゆあさふみえ 訳
ほるぷ出版　1980　絵本　中

親のない少年ジョバンニは、何でもお手玉のように空中で回す芸を見せながら諸国を旅して歩いた末、年老いて故郷の教会にたどりつく。人生という旅の最後に待っていたものは何か。主人公の一生を淡々と語り、中、高学年に読み聞かせると静かな感動が広がる絵本。

カモノハシくんはどこ?
生きものの分類学入門
P 106-107, 111

ジェラール・ステア 文　ウィリー・グラサウア 絵
河野万里子 訳　福音館書店　2002　NF　中

物語仕立てで生物の分類について学べる科学的絵本。巻末に、カモノハシの生態と、生物の分類についての解説がつく。おしゃれな雰囲気の絵と、物語を楽しみながら「生物学」への興味もひろがる趣向。

カモメがおそう島
巨大石像物語
P 193

ロベルト・ピウミーニ 文　末崎茂樹 絵　高畠恵美子 訳
文研出版　1999　読物　高

パスクア島では毎年、カヌー競争の優勝者がリーダーになる。トウ・エマは7回優勝し、村人の信頼を得ていたが、それをねたんだ者から海に投げ込まれる。伝説のような乾いた筆致で事件が語られ、イースター島を思わせる石像の謎が明かされる。

火曜日のごちそうはヒキガエル
P 169-170, 172

ラッセル・E・エリクソン 文　ローレンス・ディ・フィオリ 絵
佐藤凉子 訳　評論社　2008　読物　中

モートンとウォートンはヒキガエルの兄弟。地面の下の家に2匹で仲よく暮らす。ウォートンがミミズクにつかまって、あと6日で食べられてしまうことになる。このシリーズは全部で7冊。1982年に出版されたが、2008年に改訳新版が出た。

カンガルーのルーおばさん
P 147

村山桂子 文　中谷千代子 絵
あかね書房　1975　読物　低

森のそばの家に住むカンガルーのルーおばさんは、おなかの袋に品物を預かる仕事を始める。タヌキ、キツネ、リスなどいろいろなお客さんとのほほえましいエピソードを収めた幼年童話。ていねいな文章に優しい雰囲気の挿絵がふんだんについて読みやすい。

ガンバとカワウソの冒険
P 97

斉藤惇夫 文　薮内正幸 絵
岩波書店　1982　読物　高

『冒険者たち』の続編。行方不明のネズミをたずねたガンバと仲間たちは、絶滅したはずのカワウソを見つけ、伝説の「豊かな流れ」を目指す。前作同様、力強く躍動感溢れる挿絵も読者をひきつける。

がんばれヘンリーくん
P 56-58, 61, 63-65, 67, 68-70, 73

ベバリイ・クリアリー 文　ルイス・ダーリング 絵
松岡享子 訳　学習研究社　2007　読物　中

小学3年生のヘンリーくんが野良犬のアバラーを拾ってから、おもしろいことが次々起こる。グッピーがどんどん増えたり、ドッグショーでアバラーが賞をもらったり。どんな事件も必ず愉快な結末で終わる。全14冊のシリーズで、同年代の子どもの共感を呼ぶ。

きえた草のなぞ
めいたんていネート1

P 33, 34, 159

マージョリー・W・シャーマット 文　マーク・シマント 絵
神宮輝夫 訳　大日本図書　2002　読物　低

名探偵ネートは、いつも友だちのなくしものを名推理で捜しだす。「めいたんていネート」と「ぼくはめいたんてい」の2種のシリーズで6巻ずつ出ており、飼い犬のスラッジや個性的な友だちが登場する定番の設定で推理を楽しめる。

北のはてのイービク

P 249, 250

ピーパルク・フロイゲン 文　イングリッド・ヴァン・ニイマン 絵
野村泫 訳　岩波書店　2008　読物　高

グリーンランドの離島に住むイービクはセイウチ猟で父を失い、残された家族はたちまち飢えに苦しむ。夏がすぎ、海に氷が張ると、長男のイービクは弱った体で助けを求めに本土を目指す。過酷な自然の中で誇りをもって生きる人々の、密度の濃いドラマが描かれる。

きつねのホイティ

P 138

シビル・ウェッタシンハ 文・絵　まつおかきょうこ 訳
福音館書店　1994　絵本　低

くいしんぼうのキツネのホイティは、ご馳走にありつこうと、女の人に変装して村の家を訪れる。村人は、キツネと知りながらご馳走してやる。ホイティが得意になって歌う歌が楽しく、スリランカのご馳走もおいしそう。ユーモラスな絵本で、読み聞かせにも向く。

きつねものがたり

P 156-157, 159

ヨゼフ・ラダ 文・絵　内田莉莎子 訳
福音館書店　1966　読物　低

人間の言葉がわかるようになったきつねくんが、自由を手に入れて立派な森番になるまでを描く。1887年生まれのチェコの画家が描いた純朴な物語と、表情豊かな挿絵が魅力的。

キャプテンがんばる

P 97, 98

後藤竜二 文　杉浦範茂 絵
講談社　1995　読物　中

夏の少年野球大会の1回戦で、優勝候補の強豪を相手にみごとな逆転で勝利をあげたブラック＝キャット。負けてばかりのチームが、みんなの力でまとまった。『キャプテンはつらいぜ』に始まるキャプテンシリーズ3作目。2006年に改装版も出た。文庫版もある。

キャプテンはつらいぜ

P 95-96, 97, 98, 247

後藤竜二 文　杉浦範茂 絵
講談社　1995　読物　中

少年野球チーム「ブラック＝キャット」の新しいキャプテンになってしまった勇。受験勉強で忙しい6年生は頼りにならないし、エースの吉野君も辞めるという。新しいピッチャーを探し、チームの建て直しに奮闘する姿を描く。2006年に改装版も出た。文庫版もある。

キャプテン、らくにいこうぜ

P 97, 98

後藤竜二 文　杉浦範茂 絵
講談社　1995　読物　中

夏の少年野球大会に向けて合宿も行ったブラック＝キャット。キャプテン勇を中心に、厳しい練習にも音をあげない。ところが、いつしかチームワークに不協和音が……。『キャプテンはつらいぜ』の続編。2006年に改装版も出た。文庫版もある。

きょうはなんのひ？

P 159

瀬田貞二 文　林明子 絵
福音館書店　1979　絵本　低

両親に手作りのプレゼントを用意した女の子が、ヒントを書いた手紙をいろいろな場所に隠す。手紙を見つけて読めば、プレゼントのありかがわかる仕掛け。さらに手紙をそろえると、「きょうはなんのひ？」の答えもわかる。細部をじっくり楽しむ絵本。

きょうりゅうくんとさんぽ

P 235

シド・ホフ 文・絵　いぬいゆみこ 訳
ペンギン社　1980　読物　低

博物館できょうりゅうくんと友だちになったダニーは、きょうりゅうくんの首に乗って町に行く。きょうりゅうくんは、大きな体を橋にして人々に道路を渡らせてあげたり、子どもを乗せて遊んだり。絵もお話も親しみやすく、気軽に楽しめる。

霧のむこうのふしぎな町

P 130, 131

柏葉幸子 文　杉田比呂美 絵
講談社　2006　読物　中

6年生のリナは、夏休みに初めてひとり旅をする。知らない駅に着いたとたんに飛ばされた傘を追っていくと、まるで外国のような町にはいりこみ、不思議な人々と出会う。初版以来30年以上愛読されているファンタジー。講談社文庫や青い鳥文庫版も出ている。

きりんのセシリーと9ひきのさるたち　P 147

H・A・レイ 文・絵　光吉夏弥 訳
メルヘン社　1981　絵本　低

おさるのジョージのもとになった子ザルが出てくる絵本。お母さんと8匹の子ザルがひとりぼっちのキリンと出会い、いろいろなことをして遊ぶ様子がおもしろい。低学年への読み聞かせには文章が長いので、途中をかいつまんで説明し、絵をたっぷりと楽しませたい。

キロコちゃんとみどりのくつ　P 240

たかどのほうこ 文・絵
あかね書房　1996　読物　中

キロコちゃんの靴はちょっと変てこ。キロッとした大きな目玉と、にっと横に伸びた口と、真っ赤なベロがついていて、勝手に動き回る。キロコちゃんはミドリン・ミドロンと名前をつけたが、行く先々でドキドキの騒ぎが起こる。愉快なエピソードの数々が語られる。

金魚はあわのおふろに入らない!?　アビーとテスのペットはおまかせ!1　P 62, 68, 241

トリーナ・ウィーブ 文　しまだしほ 絵　宮坂宏美 訳
ポプラ社　2005　読物　中

ペットお断りのアパートに住むアビーは、動物が大好きで獣医志望。隣のウィルソンさんから留守中の金魚の世話を頼まれ、ペットシッターとして張り切って働くが、妹のテスが邪魔ばかりする。個性的な姉妹を明るく描く。続編が2冊ある。

くいしんぼうのはなこさん　P 133, 138, 139

いしいももこ 文　なかたにちよこ 絵
福音館書店　1965　絵本　低

はなこは、くいしんぼうでわがままな子ウシ。山の牧場で、ウシの女王として君臨している。あるとき、カボチャやサツマイモを独り占めして大騒ぎに。やさしい色彩の絵で、牧場ののどかさがよく出ている。読み聞かせにも向く。

クジラ　大海をめぐる巨人を追って　P 254

水口博也 文・写真
金の星社　2004　NF　高

全長が14メートルにもなるザトウクジラは、毎年、北の海から南の海へと、何千キロにもわたる大回遊を行う。このクジラを追ってアラスカからメキシコへ取材し、その暮らしや生態を、迫力ある写真と文章で紹介する。

クッキーのおうさま　P 197-198, 200, 238

竹下文子 文　いちかわなつこ 絵
あかね書房　2004　読物　低

りさちゃんが焼いたおうさまの形をしたクッキーは、オーブンから飛び出すと「わたしはおうさまだ」と大いばりで台所で暮らし始める。元気なおうさまの愉快なお話。続編に『クッキーのおうさまそらをとぶ』と『クッキーのおうさまえんそくにいく』がある。

くつなおしの店　P 214, 217

アリスン・アトリー 文　こみねゆら 絵　松野正子 訳
福音館書店　2000　読物　中

ジャックは靴屋のニコラスじいさんの孫。足が悪くてうまく歩けない幼なじみのポリーのために、おじいさんに軽くやわらかい靴を作ってもらう。余った革で小さな靴を作ると、妖精が喜んではいた。ささやかな幸せに心あたたまる物語。

くまの子ウーフ　P 236

神沢利子 文　井上洋介 絵
ポプラ社　2001　読物　低

ウーフの家庭での出来事や友だちとの遊びを描いた短編連作。魚には舌がないことに驚いたり、ニワトリは卵でできているのだろうかと考えたり、ウーフの子どもらしい疑問が楽しく、共感を呼ぶ。続編が2作ある。

くまのコールテンくん　P 31, 34

ドン・フリーマン 文・絵　まつおかきょうこ 訳
偕成社　1975　絵本　低

デパートのおもちゃ売り場で売れ残っていたくまのコールテンくんは、なくしたズボンのボタンを探しに、夜のデパートを探検する。女の子がコールテンくんを買い、友だちがほしかった2人の願いがかなう結末が、あたたかく心にしみる。

くまのパディントン　P 248

マイケル・ボンド 文　ペギー・フォートナム 絵　松岡享子 訳
福音館書店　1967　読物　高

ブラウン一家は、駅で出会ったクマを家に連れて帰る。クマのパディントンはお風呂に入ればおぼれそうになるし、百貨店ではショーウィンドーでお客の注目を集めるし……。好奇心の強いパディントンの行くところ愉快な騒動ばかり。シリーズは全9冊で文庫版もある。

くまのビーディーくん P55

ドン・フリーマン 文・絵　まつおかきょうこ 訳
偕成社　1976　絵本　低

ビーディーはセイヤー君のおもちゃのクマで、ぜんまいを巻いてもらって動く。ある日、本に「くまはほらあなにすむ」と書いてあったのを見て、洞穴を目指して家出した。ところが、洞穴でぜんまいが切れてしまう。

クマのプーさん P88, 91, 248

A・A・ミルン 文　E・H・シェパード 絵　石井桃子 訳
岩波書店　2000　読物　高

クリストファー・ロビン少年がクマのプーさんや森の動物たちとくりひろげる冒険を描いた、イギリスのファンタジー。もともとは著者が幼い息子に語って聞かせたお話。声に出して読んで紹介すると、リズミカルで響きのいい日本語が耳に心地いい。岩波少年文庫。

クラバート P251

オトフリート・プロイスラー 文　ヘルベルト・ホルツィング 絵
中村浩三 訳　偕成社　1980　読物　高

ドイツの伝説をもとにした物語。少年クラバートは奇妙な夢にしたがって水車小屋の職人になる。親方は毎週金曜日、弟子たちをカラスに変え、魔法を教える。クラバートは熱心に学ぶが、次第に親方の本性に気づく。少年と邪悪な力との対決を描いた重厚な作品。

くらやみ城の冒険 P178-180

マージェリー・シャープ 文　ガース・ウィリアムズ 絵
渡辺茂男 訳　岩波書店　1987　読物　高

美しい白ネズミのミス・ビアンカと、純朴な家ネズミのバーナード、元気な船乗りネズミのニルスが、力をあわせて恐ろしいくらやみ城に幽閉された詩人を救出する。次々にふりかかる困難を危機一髪で切り抜ける展開で、楽しく読める。全7巻シリーズの第1巻。

ぐりとぐら P197, 200

なかがわりえこ 文　おおむらゆりこ 絵
福音館書店　1967　絵本　低

野ネズミのぐりとぐらは、森で見つけた大きな卵でおいしいカステラを焼く。おなじみの絵本だが、知らない子はもちろん、知っている子どもも、読み聞かせを喜んで聞く。

グリーン・ノウの煙突 P251

ルーシー・M・ボストン 文　ピーター・ボストン 絵
亀井俊介 訳　評論社　2008　読物　高

古いお屋敷のグリーン・ノウを舞台にしたシリーズの2巻目。目の見えないスーザンは、奴隷のジェイコブ少年に助けられ、初めて自由に歩き、生き物に触れ、木登りをし、生きる喜びを味わう。2人の友情とお屋敷から宝石が盗まれた事件をからめた謎解きが魅力。

グリーン・ノウの子どもたち P124

ルーシー・M・ボストン 文　ピーター・ボストン 絵
亀井俊介 訳　評論社　2008　読物　高

冬休みに大おばあさんの住む古い屋敷に滞在したトーリー少年の前に、300年前に生きていた子どもたちが現れる。時の流れを封じ込めたような屋敷グリーン・ノウを舞台にしたシリーズの第1巻。イチイの木を刈り込んだトピアリーで飾られた美しい庭園も印象的。

車のいろは空のいろ P65, 67

白いぼうし

あまんきみこ 文　北田卓史 絵
ポプラ社　2000　読物　中

松井さんの運転する空色のタクシーには、キツネの兄弟や山猫など不思議なお客が次々と乗ってくる。短編連作のため、読み聞かせに取り組みやすい。教科書にも載っている。続編に『春のお客さん』『星のタクシー』がある。

ぐるんぱのようちえん P147

西内ミナミ 文　堀内誠一 絵
福音館書店　1966　絵本　低

ひとりぼっちのゾウの子ぐるんぱは、ジャングルを追い出され、町へ働きに行く。けれど、ビスケット屋でも、皿作りでも、靴屋でも、特大の品物を作ってしまい、次々にお払い箱に。ぐるんぱが自分の居場所を見つける結末が大きな満足を与える、ロングセラー絵本。

グロースターの仕たて屋 P242

ビアトリクス・ポター 文・絵　いしいももこ 訳
福音館書店　2002　絵本　低

貧しい仕立屋が病気になるが、仕立屋に助けられたネズミたちが恩返しに市長の美しい婚礼衣装を縫い上げる。動物たちが口を聞くクリスマスイブの不思議な雰囲気が印象深い。克明な美しい挿絵が物語の世界を表情豊かに伝える。

クローディアの秘密
P252

E・L・カニグズバーグ 文・絵　松永ふみ子 訳
岩波書店　2000　読物　高

家族の不公平な扱いにうんざりしたクローディアは、弟を連れてメトロポリタン美術館に家出する。昼は展示を見て回り、夜は16世紀のベッドで眠り、自由な生活を楽しむうち、ミケランジェロの天使像に魅せられてその謎を解こうとする。行動的な主人公が魅力的。

黒ねこの王子カーボネル
P59-60, 61

バーバラ・スレイ 文　大社玲子 絵　山本まつよ 訳
岩波書店　1985　読物　中

ロージーは、ひょんなことから黒ねこの王子カーボネルにかけられた魔女の魔法をとくことになる。縦横に張り巡らされた伏線を生かし、クライマックスから見事な大団円へと最後まで興味をひきつける。岩波少年文庫。

クロリスの庭
P121-122, 124

茂市久美子 文　下田智美 絵
ポプラ社　2006　読物　高

花の好きな心優しい青年が働き始めた花屋には、次々に不思議なお客さんがやってくる。花はいつも早朝に「クロリスの庭」から届くというが、それはいったいどんな庭なのか？　きれいな花とちょっとした謎をちりばめた、優しい雰囲気のファンタジー。

クワガタクワジ物語
P245

中島みち 文　中島太郎 絵
偕成社　2002　NF　中

2年生の太郎君が初めてつかまえたクワガタは、クワジと名づけられて3年間生きる。その飼育記録と、その間に知った虫の生態や習性を、お母さんの目をとおして丹念に描く。虫好きの子どもにすすめたい。

くわずにょうぼう
P135-136, 138

稲田和子 再話　赤羽末吉 絵
福音館書店　1980　絵本　低

日本の昔話。けちな男が食べない女房がほしいというと、食べないと言う娘がきて女房になる。ところが、この女房は鬼婆で、大飯を食う。鬼婆の食べっぷりの豪快さが、子どもたちをひきつける。

こいぬがうまれるよ
P211-212

ジョアンナ・コール 文　ジェローム・ウェクスラー 写真
つぼいいくみ 訳　福音館書店　1982　NF　低

ダックスフントの出産と生まれたての3匹の子犬の様子を、モノクロの写真で見せる絵本。「いいことおしえてあげようか？　おとなりのいぬにあかちゃんがうまれるの。」と語りかける女の子と一緒にみつめる命の誕生は感動的で、子どもをひきつけずにはおかない。

声が聞こえたで始まる七つのミステリー
P249

小森香折 文
アリス館　2002　読物　高

体育館の用具室から聞こえる声、隣の部屋のとうさんとかあさんのひそひそ声……いろいろな声にまつわる短編7話は、どれもちょっとブラックなオチが楽しめる。こわい話が好きな子や、大人っぽい本を読みたい子にすすめたい。

氷石
P252

久保田香里 文　飯野和好 絵
くもん出版　2008　読物　高

天平時代（8世紀）、天然痘が広がり、都は疲弊していた。孤児の千広は、川原の石を護符と偽って市で売っている。市で知り合った少女の宿奈は、千広の石を氷石と呼んで大切にし、2人は互いにひかれていく。混乱の時代を生き抜く人々を描く、歴史小説。

ごきげんいかががちょうおくさん
どうぶつむらのがちょうおくさん1のまき
P32-33, 34

ミリアム・クラーク・ポター 文　こうもとさちこ 絵
まつおかきょうこ 訳　福音館書店　2004　読物　低

動物村のガチョウのおくさんは、そそっかしくてお人よし。タマネギを播けば早く芽が出ないか何度も見に行ったり、屋根の上でご馳走を食べたり。友だちのリスやブタも巻き込んで楽しい騒動を起こす。続編に『おっとあぶないがちょうおくさん』がある。

ごきげんなすてご
P53-54, 55, 236

いとうひろし 文・絵
徳間書店　1995　読物　低

1人っ子だった女の子に弟ができた。お母さんは弟ばかり可愛がるので、家出をすることに。「かわいいすてご」と書いた段ボール箱に入って、拾ってくれる人を待つが、いい条件の人はなかなかいないみたい……。すねたような短い言葉とユーモラスな絵が楽しい。

ごきげんならいおん

P 139, 146, 147

ルイーズ・ファティオ 文　ロジャー・デュボアザン 絵
むらおかはなこ 訳　福音館書店　1964　絵本　低

動物園に住む気のいいライオンは、皆の人気者。ある日、おりの戸をあけて外へ出ていくと、町の人々の態度は一変して大騒ぎになる。納得のいかないライオンだが、仲よしの少年だけはいつもどおりに接してくれた。洒脱な線で描かれたライオンの表情が楽しい絵本。

こぎつねコンチ
子どもとお母さんのおはなし

P 235, 236

中川李枝子 文　山脇百合子 絵
のら書店　1987　読物　低

きつねはらっぱにお父さんとお母さんと一緒に住んでいるこぎつねコンチは、いつも元気。季節の移り変わりのなかで発見する楽しい出来事がいっぱいの毎日を、短いお話で綴った幼年童話。少しずつ読み聞かせをしていくのにぴったり。

こぎつねコンとこだぬきポン

P 38

松野正子 文　二俣英五郎 絵
童心社　1977　絵本　低

友だちのいない子ギツネのコンと子ダヌキのポンは、ある日谷川を隔てて出会い、友だちになる。しかし、親たちに遊んではいけないとしかられる。それでも遊びたい2人は……。日本の昔話を思わせる、のどかな絵本。

こぎつねルーファスのぼうけん

P 238

アリソン・アトリー 文　キャサリン・ウィグルズワース 絵
石井桃子 訳　岩波書店　1979　読物　低

アナグマおくさんが森で見つけた孤児のこぎつねルーファスは、アナグマの子どもたちと一緒に育ち、悪いキツネと対決する。動物たちは擬人化されているが、全編に自然の香りを色濃く感じる美しいお話を2編収める。

こぐまのくまくん

P 235

E・H・ミナリック 文　モーリス・センダック 絵
まつおかきょうこ 訳　福音館書店　1972　絵本　低

自分の誕生日に友だちを招いて、バースデースープを作ったり、寝る前におかあさんにお話をしてもらったり、こぐまのくまくんの暮らしを暖かく描いた短編連作。全5巻のシリーズ。

孤島のドラゴン

P 127-128, 130

レベッカ・ラップ 文　鏡哲生 訳
評論社　2006　読物　中

夏休みを孤島ですごす3人きょうだいが岩山で3つの頭をもつ伝説の翼竜に出会う。3つの頭が順番に語ってくれた昔話は、それぞれがきょうだい1人ずつに関連のある話だった。挿絵はないが、わかりやすい文章で無理なく読める。続編に『危機のドラゴン』がある。

こども世界の民話　上・下

P 244

内田莉莎子他 文　鈴木裕子 絵
実業之日本社　1995　昔話　中

世界の比較的珍しい昔話が集められ、動物昔話などは低学年から楽しめる。上巻はトリニダードの「やぎとライオン」など21話、下巻はフィンランドの「人間にかわれるようになったけもの」など21話を収める。

子どもに語るアジアの昔話2

P 192-193

アジア地域共同出版計画会議 企画　松岡享子 訳
こぐま社　1997　昔話　中

アジアの珍しい昔話14話を収める。本書のブックトークで紹介した「小石投げの名人タオ・カム」はラオスの昔話。足の不自由なタオ・カムは座ったまま小石を的に当てて遊ぶうちに見事な腕前になり、頭上のバニアンの葉に穴をあけて動物の絵を描くまでになる。

子どもに語るグリムの昔話　1～6

P 68, 74, 180, 243

佐々梨代子、野村泫 訳
こぐま社　1990～1993　昔話　中

ストーリーテリングの題材として最もよく使われるグリムの昔話から、子どもに人気のある64編を全6冊に収めたシリーズ。実践をもとに語りやすいように文章を整えてある。子どもが1人で読むのにも向く。本書の集団向けブックトークでは、2、3、6巻を使用した。

こねこのチョコレート

P 138

B・K・ウィルソン 文　大社玲子 絵　小林いづみ 訳
こぐま社　2004　絵本　低

ジェニーは4歳の女の子。弟の3歳の誕生日にあげようと、子ネコの形のチョコレート8個入りを買った。その晩ジェニーは、チョコレートが気になって眠れない。ひとつ、またひとつとジェニーはチョコを食べてしまう。

こねずみとえんぴつ
12のたのしいおはなしとえのほん

P 235

ステーエフ 文・絵　松谷さやか 訳
福音館書店　1982　読物　低

子ネズミにかじられそうになった鉛筆は、最後のお願いに絵を描かせてと頼み、ネコを描いて子ネズミを退散させる。小動物や子どもが活躍する12編のお話に、動きのある明るい絵がたっぷりついている。

この湖にボート禁止

P 105

ジェフリー・トリーズ 文　リチャード・ケネディ 絵
多賀京子 訳　福音館書店　2006　読物　高

山荘に引っ越してきた兄妹がボートを見つけて湖に漕ぎ出し、沖の小島を目指した。ところが島の持ち主は、「この湖にボート禁止」と言う。島には何か秘密がありそうだ……。1949年に英国で出版された、謎解きのスリルに満ちた物語。新しい訳で復刊された。

コブタくんとコヤギさんのおはなし

P 38

ヴァーツラフ・チトゥヴルテック 文　にしむらあつこ 絵
関沢明子 訳　福音館書店　2003　読物　低

コブタくんとコヤギさんは仲よく暮らしている。買ったばかりのカッコウ時計が夜中に鳴いて、森のカッコウたちを呼び寄せたり、足や尻尾でセーターを編んでいるうちにお互いの体を編みこんでしまったり。2人の暮らしをユーモラスに描いた短編連作。

ゴリラのりらちゃん

P 147

神沢利子 文　あべ弘士 絵
ポプラ社　2005　読物　低

ジャングルに住む小さなゴリラのりらちゃんの毎日は、オウムのまーこにからかわれたり、胸のたいこを「ぽっこんぽっこん」たたく大きなお父さんと遊んだり。ほほえましい会話を楽しめる幼年童話。漢字を使用せず、挿絵もふんだんについており、1人読みに向く。

コンチキ号漂流記

P 254

トール・ハイエルダール 文　神宮輝夫 訳
偕成社　1976　NF　高

ポリネシア人は南米からきたのではないかと考えたノルウェーの学者が、その説を証明すべく5人の仲間とペルーから南太平洋の島までいかだで航海した1947年の記録。文章がおもしろく、冒険心に富む男たちが予想外の困難を切り抜ける様子は、今読んでも心躍る。

昆虫たちの擬態
昆虫の驚くべき戦略、威嚇からカムフラージュまで

P 97, 98

海野和男 文・写真
誠文堂新光社　2008　NF　高

精一杯生きようとする昆虫たちの「擬態」や「威嚇」の様子を、数多くの写真と共に解説する1冊。1匹ずつを大きくとらえた写真が迫力満点で、臨場感が伝わる。巻末の解説も詳しく、対象年齢は高め。

こんにちはアグネス先生
アラスカの小さな学校で

P 228, 230

カークパトリック・ヒル 文　朝倉めぐみ 絵　宮木陽子 訳
あかね書房　2005　読物　中

1948年にアラスカの小学校に赴任した1人の教師が、新しい風を吹き込んでいく。子どもたちだけでなく、大人たちの心も変わっていく日々の様子が、生徒の目をとおして生き生きと語られ、さわやかな読後感を残す。

こんにちは、バネッサ

P 38

マージョリー・W・シャーマット 文　リリアン・ホーバン 絵
小杉佐恵子 訳　岩崎書店　1984　読物　低

子ネズミのバネッサは、はずかしがりやで友だちがいない。1人ぼっちの子に「こんにちは」と言ってごらんとお母さんに教えられるが、声をかけられない。授業中に勇気を出して手を上げた日に、やっと友だちができた。子どもらしい心の揺れを、あたたかく描く。

こんにちは、ビーバー

P 171, 172

佐藤英治 文・写真
福音館書店　2007　NF　中

アラスカの野生動物ビーバーの観察記録。写真が多く、ビーバーをよく知らない子にもわかりやすく説明してある。ビーバーは、海外の物語にはよく登場するが、日本の子にはあまりなじみがない。この本を読むと、本物が見たくなる。たくさんのふしぎ傑作集。

西遊記　上・中・下

P 247

呉承恩 文　吉岡堅二 絵　伊藤貴麿 編訳
岩波書店　2001　読物　高

石から生まれた孫悟空が、インドへ経典をとりに行く三蔵法師を助けつつ、波乱に満ちた旅をする。16世紀の中国の冒険小説だが、空を飛ぶ雲に乗り、さまざまな術を使って妖魔を退治する活劇の楽しさが子どもをひきつけ、今もよく読まれている。

さがそう！ かくれる虫
海野和男のさがしてムシハカセ2

P 96-97, 98

海野和男 文・写真
偕成社　2007　NF　中

「海野和男のさがしてムシハカセ」シリーズの2巻目。世界各地に取材した昆虫の写真を、「かくれる虫」をテーマに編集・構成した。木の幹や枝、草むらや枯れ葉に隠れている虫の様子を紹介する。クイズ感覚で楽しめる図鑑。

さかなださかなだ

P 138

長野ヒデ子 文・絵
偕成社　2006　絵本　低

今日はみんなでお料理する日。魚屋さんが、大きな魚を届けてくれた。庭にレンガでかまどを作り、大きな魚を丸焼きに。ペロリとたいらげ、残った骨でホネダンス。子どもクラブでの実践を絵本化したもの。

さすらいの孤児ラスムス

P 173-175, 180, 181

アストリッド・リンドグレーン 文　エーリック・パルムクヴィスト 絵　尾崎義 訳　岩波書店　1965　読物　中

孤児院を逃げだした9歳のラスムスが、途中で出会った風来坊オスカルと共にあてのない旅を続け、ついに安住の地を見つけるまでの物語。起承転結のはっきりしたオーソドックスな筋運びで読みやすく、けなげな主人公の幸せを願って最後まで読まずにはいられない。

サリーのこけももつみ

P 138, 139

ロバート・マックロスキー 文・絵　石井桃子 訳
岩波書店　1986　絵本　低

小さなサリーは、お母さんと一緒にジャムを作るためのコケモモ（ブルーベリー）を摘みに山に行く。ところが、山のクマの母子もコケモモを食べにきて、サリーと子グマはお互いにお母さんをまちがえる。

しあわせいっぱい荘にやってきたワニ

P 147

アーシュラ・ウィリアムズ 文　堀川理万子 絵　吉上恭太 訳
福音館書店　2004　読物　低

船乗りジョニーが下宿先に持って帰ったおみやげは、なんと大きなワニだった。大家の老婦人がこのワニに飲みこまれて、大変な騒ぎになる。登場人物の性格がおもしろく、意外な出来事が次々に起こる展開で読みやすい。ユーモラスな挿絵も楽しめる。

ジェインのもうふ

P 238

アーサー・ミラー 文　アル・パーカー 絵　厨川圭子 訳
偕成社　1971　読物　低

赤ちゃんのジェインのお気に入りは、ピンクの毛布。ジェインは「もーも」と呼んでいる。ジェインは大きくなり、毛布はぼろになったが、どうしても「もーも」が手放せない。幼児から少女への成長を、あたたかい目で描いている。

ジェレミー・フィッシャーどんのおはなし

P 27-28, 29

ビアトリクス・ポター 文・絵　いしいももこ 訳
福音館書店　2002　絵本　低

カエルのジェレミー・フィッシャーどんが池でスイレンの葉に乗って釣りをしていると、マスにつかまるが、あやうく命拾いをする。カエルの暮らしぶりが大真面目に生き生きと語られていて、全体にユーモアが漂う。「ピーターラビットの絵本」シリーズの1冊。

ジオジオのかんむり

P 198-199, 200

岸田衿子 文　中谷千代子 絵
福音館書店　1978　絵本　低

ジオジオは、歳とったライオンの王様。小鳥が卵を盗まれて困っていると知り、自分の頭の上の冠に卵を生ませてやる。ジオジオと小鳥は、話し相手ができてどちらも幸せになる。

時間だよ、アンドルー

P 119

メアリー・ダウニング・ハーン 文　田中薫子 訳
徳間書店　2000　読物　高

12歳のドルーは、大叔母さんの古い屋敷で過去の時代に生きていた自分とそっくりな少年アンドルーに出会う。病気のアンドルーを現代医学で救うため2人は入れ替わるが、ドルーが行ったのは1910年だった。謎めいた出だしから話がテンポよく進み一気に読める。

しずくの首飾り

P 83-84, 85, 165

ジョーン・エイキン 文　ヤン・ピアンコフスキー 絵
猪熊葉子 訳　岩波書店　1975　読物　中

北風が誕生日にくれた雨つぶが女の子に不思議な力を授けたり、空のかけらを入れて焼いたパイがおじいさんやおばあさんを乗せて空を飛んだりと、奇想天外な事件や不思議な魔法が起こる話を収めた短編集。影絵風の美しい挿絵が、お話にぴったり。

シノダ！ 樹のことばと石の封印 P116-117, 119

富安陽子 文　大庭賢哉 絵
偕成社　2004　読物　高

パパが人間、ママがキツネで、特殊な能力をもつ3人きょうだいという設定が、まず子どもをひきつける。3人が異世界にワープする冒険物語がテンポよく語られ、読みやすい。「シノダ!」シリーズはほかに3冊出ており、どれから読んでもいい。

しもばしら P79-80

野坂勇作 文・絵
福音館書店　2004　NF　中

身近に観察できる自然現象をテーマにした科学絵本。親しみやすい絵とやさしい文章で霜柱の秘密を教えてくれる。家庭の冷蔵庫でも試せる、霜柱の成立の仕組みを理解するための実験も載っている。かがくのとも傑作集。

ジャクソンねこのほんとうの家 P170-171, 172

ブライアン・ボール 文　キャロリン・ハリソン 絵
清水真砂子 訳　童話館出版　1999　読物　中

ジャクソンは8歳の一人前のネコ。隣に住む1歳のネコのマリリンのために、人に食べ物をねだるこつを教える。大人のジャクソンと子どもっぽいマリリンとの差がおもしろい。話は短いが、テーマが「自立」なのでやや難しい。本を読みなれた子にすすめたい。

シャーロットのおくりもの P98, 253

E・B・ホワイト 文　ガース・ウィリアムズ 絵
さくまゆみこ 訳　あすなろ書房　2001　読物　高

農場の納屋に住む子ブタのウィルバーの大切な友だちは、クモのシャーロット。彼女は、だれにも思いつかない素晴らしい作戦でウィルバーの命を救う。版元を変え、新しい訳の新装版が出版されて、ぐっと読みやすくなった。

じゅげむ 落語絵本 P74

川端誠 文・絵
クレヨンハウス　1998　絵本　低

男の子を授かった親が、和尚さんに書いてもらっためでたい名前を全部子どもにつけてしまう。「じゅげむじゅげむ　ごこうのすりきれ……」どんな時も長い名前を繰り返すおかしさで人気のある落語を絵本にしたもの。自分で読むより、耳で聞くほうが楽しい。

ジュディ・モードはごきげんななめ P246

メーガン・マクドナルド 文　ピーター・レイノルズ 絵
宮坂宏美 訳　小峰書店　2004　読物　高

3年生のジュディは、活発で喜怒哀楽のはっきりした女の子。両親と弟との日常生活や、学校でのさまざまな出来事がユーモラスに描かれ、同年代の子は共感をもって読む。「ジュディ・モードとなかまたち」シリーズは全7巻。おしゃれな装丁と小ぶりの版型も人気。

ジョシィ・スミスのおはなし P62

マグダレン・ナブ 文　たるいしまこ 絵　たていしめぐみ 訳
福音館書店　1997　読物　中

ジョシィは、お母さんにお誕生日プレゼントをあげたくて、真っ黒になって働いてお金を稼ぐ。でも念願のバラは高くて手に入らず、がっかりするが……。元気で思ったことを迷わず実行する女の子ジョシィには、いつも幸せな結末が訪れる。

しりたがりやのちいさな魚のお話 P28-29, 68

エルサ・ベスコフ 文・絵　石井登志子 訳
徳間書店　2000　絵本　低

知りたがりやの小さな魚スイスイは、男の子の釣り針にかかって家に連れて行かれる。仲間の魚たちは、魔女のカエルに魔法で足を生やしてもらい、スイスイを助けようと陸へ上がっていく。自分で読み始めた子に向く。

シルクの花 P253

キャロリン・マースデン 文　齋藤木綿子 絵　代田亜香子 訳
鈴木出版　2008　読物　高

タイ北部に暮らす11歳の少女ノイは、土産物用の傘に色とりどりの絵を描く祖母を手伝うのが好きで、将来は画家になりたい夢をもつが、家計は苦しく、姉は工場へ働きに出される。穏やかな語り口で少女の揺れる心を描いた本。タイの暮らしと文化に触れてほしい。

白いりゅう黒いりゅう 中国のたのしいお話 P243

賈芝、孫剣冰 編　赤羽末吉 絵　君島久子 訳
岩波書店　1964　昔話　中

名人が彫りあげた白い竜が乱暴な黒い竜と戦う表題作をはじめ、中国のさまざまな民族が伝える昔話6話を収める。「岩波おはなしの本」にはほかに『りこうなおきさき』や『ものいうなべ』など物語性の高い昔話集がそろい、読み応えがある。

シンドバッドの冒険

P 100-101, 104, 105

ルドミラ・ゼーマン 文・絵　脇明子 訳
岩波書店　2002　絵本　中

「アラビアンナイト」としても知られる「千一夜物語」に収められたシンドバッドの物語から、有名なエピソードを中心にまとめた絵本版。ペルシャの手書き本の様式を取り入れた華やかで美しい絵が、古典世界へ誘ってくれる。続編が2冊ある。

水晶さがしにいこう
ひけつとこころえ

P 193

関屋敏隆 文・絵
童心社　1999　絵本　低

水晶マニアのじいちゃん、父ちゃんと三代目のぼくは、水晶を探しに山へ行く。水晶探しの秘訣と心得、発見までの様子がていねいに描かれ、読者も探索気分を味わえる。型染め版画による布絵が、あたたかみのあるユーモアをかもし出している。

すえっこO《オー》ちゃん

P 240-241

エディス・ウンネルスタッド 文　ルイス・スロボトキン 絵
石井桃子 訳　フェリシモ出版　2003　読物　中

Oちゃんは7人兄弟の末っ子。髪の編み方を教わってお兄さんの髪を三つ編みだらけにしたり、仲間はずれにされたと思って木の上に隠れて大騒ぎを起こしたり。家族に愛される愉快なOちゃんをあたたかく描く短編連作。

すえっこメリーメリー

P 62

ジョーン・ロビンソン 文・絵　松野正子 訳
大日本図書　1999　読物　中

メリーメリーは上の4人の兄姉からいつも仲間はずれにされるが、少しもくじけずやりたいことをやりぬき、最後には大成功を収める。元気な女の子の破天荒な行動が愉快。5話のエピソードのうち「メリーメリーの“びっくりプレゼント”」はお金を儲ける話。

すずめのくつした

P 151-152, 153

ジョージ・セルデン 文　ピーター・リップマン 絵
光吉郁子 訳　大日本図書　1978　読物　低

アンガスの家は靴下工場だが、最近売れなくて困っている。冬のある日、アンガスが寒さに震えるスズメに靴下を作ってあげると、町中のスズメが靴下をほしがって、それを見た町の人たちから注文が殺到する。靴下作りの工程を細かく描くなど、挿絵も魅力的。

すばらしいとき

P 130, 131

ロバート・マックロスキー 文・絵　わたなべしげお 訳
福音館書店　1978　絵本　中

メイン州の小島で早春から夏の終わりまでをすごす一家の毎日を描いたアメリカの絵本。穏やかな日も嵐の日も五感をフルに使って豊かにすごす子どもたち。ページ数が多く時間がかかるが、ダイナミックな絵と甘さを排した文章を、高学年にもぜひ味わってほしい。

ズボンとスカート

P 220-221, 223

松本敏子 文・写真　西山晶 絵
福音館書店　1992　NF　中

男の子がスカートをはいたらおかしい？　ズボンは男だけのもの？――という疑問から、世界あちこちの民族衣装を紹介する本。写真と絵の両方を用いて子どもにわかりやすく解説し、文化の伝播にも触れている。たくさんのふしぎ傑作集。

すみれとあり

P 36-37, 38

矢間芳子 文・絵
福音館書店　2002　NF　低

スミレの1年をとりあげ、そのなかでアリが果たす役割に注目して、両者の共生関係を描く。アリはスミレの種を食糧として巣へ運んでいき、種をあちこちにばらまいてくれる。読み聞かせにも向く。かがくのとも傑作集。

ずら～りカエルならべてみると…

P 30

高岡昌江 文　松橋利光 写真
アリス館　2002　NF　低

日本産のカエル43種を、見開きごとにずらりと並べている。足だけを見せたもの、正面の写真、おたまじゃくしばかりのページなど、構成もユニーク。同じカエルといっても、その多様な姿や習性に驚く。

精霊の守り人

P 252

上橋菜穂子 文　二木真希子 絵
偕成社　1996　読物　高

新ヨゴ皇国の第2皇子の女用心棒としてさまざまな困難を乗りこえていく短槍使いの名手バルサの冒険物語。架空の世界を舞台にした長編ファンタジーで、外伝も含めて全7巻ある。軽装版や新潮文庫版も出ているが、ブックトークにはハードカバー版を使用したい。

世界あちこちゆかいな家めぐり

P172

小松義夫 文・写真　西山晶 絵
福音館書店　2004　NF　中

世界10か国の珍しい家を、写真とイラストで紹介した本。モンゴルのパオや中国福建省の土楼をはじめ、珍しい家が並び、異郷への興味を起こさせる。たくさんのふしぎ傑作集。

せかい1おいしいスープ あるむかしばなし

P190, 193

マーシャ・ブラウン 文・絵　わたなべしげお 訳
ペンギン社　1979　絵本　中

腹を減らした3人の兵隊が、食べ物にありつこうと村にやってきたが、村人は食べ物を隠して何もないと答える。そこで兵隊たちは、石でスープを作ろうといいだして……。フランスの昔話を題材にした、辛口のユーモラスな絵本。幅広い年齢に喜ばれる。

せかいいち大きな女の子のものがたり

P76-77, 80

アン・アイザックス 文　ポール・O・ゼリンスキー 絵
落合恵子 訳　冨山房　1996　絵本　中

開拓時代のアメリカで、とてつもなく大きく育った主人公が巨大なクマと大格闘する、小気味よいほら話。特製の木の板に描かれた絵も迫力があって楽しく、大きい子への読み聞かせにも向く。

世界でいちばんやかましい音

P238

ベンジャミン・エルキン 文　太田大八 絵　松岡享子 訳
こぐま社　1999　読物　低

世界で一番やかましいガヤガヤの都で、とりわけやかましいのは、ギャオギャオ王子。王子は誕生日に、世界中の人が同時にどなる音を聞きたいと願う。王様は世界中の人々に一斉に叫ぶように知らせるが……。昔話のような語り口と思いがけない結末が楽しい。

ゼラルダと人喰い鬼

P138

トミー・ウンゲラー 文・絵　たむらりゅういち、あそうくみ 訳
評論社　1977　絵本　低

小さな女の子ゼラルダは、お料理が大好き。ある日、怪我をした人喰い鬼をそれとは知らずに介抱し、ご馳走を食べさせてやる。鬼は、あまりのおいしさに子どもを食べるのをやめる。2人のちぐはぐなやり取りがユーモラスで、年長の子も楽しめる。

セロひきのゴーシュ

P181-183, 186

宮沢賢治 文　茂田井武 絵
福音館書店　1966　読物　中

宮沢賢治が最後まで推敲を加えたという作品と、画家の渾身の挿絵が一体となった絵本。美しい日本語を声に出して読み、深みのある絵の世界と共にじっくり味わいたい1冊。

象と二人の大脱走

P111

ジリアン・クロス 文　杉田比呂美 絵　中村妙子 訳
評論社　1997　読物　高

西部開拓時代のアメリカを舞台に、英国人作家が描く冒険物語。困難な旅を続けるうちに、大きな象と15歳の少年タッド、生意気な少女シッシーの間に生まれる心の交流を描く。旅の途中で出会う人々とのエピソードも魅力的。

ぞうのオリバー

P147, 235

シド・ホフ 文・絵　三原泉 訳
偕成社　2007　読物　低

サーカスにも動物園にも断られたゾウのオリバーは、犬のようなペットになろうとしたり、馬のように乗馬をしたりするがうまくいかない。それでもへこたれず明るく次の道を探すオリバーの姿がユーモラスで楽しい絵物語。1人読みを始めたばかりの子どもに向く。

ぞうの子ラウルとなかまたち

P144-145, 146, 147

キャサリン・ペイン 文・写真　水原洋城 訳
岩波書店　1994　NF　中

ケニアのキリマンジャロ山のふもとに住むアフリカゾウの群れの行動を観察し、生態を紹介した写真絵本。内容をきちんと読みとれるのは中学年以上だが、子ゾウのラウルに焦点をあて、母ゾウに甘えたり、遊んだりする様子を伝えているので、低学年も興味をもつ。

ソフィーとカタツムリ

P241

ディック・キング=スミス 文　デイヴィッド・パーキンズ 絵
石随じゅん 訳　評論社　2004　読物　中

ソフィーは、自分で決めたことはきっとやりぬく女の子。将来の夢は、女牧場マンになること。今は、牛の代わりにダンゴムシやミミズを飼っている。女の子らしいことが大きらいで、わが道をいくソフィーの物語は全6冊。

そらをとんだ けいこのあやとり
P49

やまわきゆりこ 文・絵
福音館書店　1985　読物　低

1年生のけいこは、お母さんにかぎ針のくさり編みを教えてもらい、毛糸であやとりのひもを作る。長い長いひもを編むと、ひもは自分であやとりを始め、大きな「はしご」になる。けいこが乗ると、あやとりは空を飛ぶ。子どもの夢がかなう楽しい本。

それほんとう?
P163, 165

松岡享子 文　長新太 絵
福音館書店　1973　詩　低

「あめりかうまれの／ありのありすさんが／あるあきの／あかるいあめのあさ」で始まり、「わ」で終わるナンセンスな言葉遊び。子どもには知らない言葉が出てきても、リズムを楽しむうちに、自然におかしさが伝わってくる。声に出すとさらに楽しい。

だいくとおにろく
P74

松居直 再話　赤羽末吉 絵
福音館書店　1967　絵本　低

大工に代わって急流に橋をかけた鬼は、目玉を要求する。大工が待ってくれと言うと、鬼は名前を当てたら許してやると答える。名を当てる昔話は、ヨーロッパにも類話がある。無駄のない文と力強い絵があいまって、緊迫感のある世界を描いている。

太陽の木の枝
ジプシーのむかしばなし1
P186

フィツォフスキ 再話　堀内誠一 絵　内田莉莎子 訳
福音館書店　1968　昔話　中

きらきらした光と色と音が感じられる昔話集。ロマとも呼ばれる漂泊の民ジプシーの昔話を、ポーランドの作家が子ども向けに再話した。独特の文化を美しく伝えるカラー挿絵が強い印象を残す。2巻目は『きりの国の王女』。2巻の合本が2002年に福音館文庫になった。

大力ワーニャの冒険
P77-78, 80

オトフリート・プロイスラー 文　堀内誠一 絵　大塚勇三 訳
瑞雲舎　2003　読物　中

「何もしゃべらず、かまどの上に寝て怠けていれば力が備わる」。不思議な老人のとんでもないお告げを守った主人公が、皇帝の冠を目指すという、昔話の味わいがあるおおらかな冒険物語。力のこもった挿絵も一緒に紹介したい。

宝島
P98-99, 104, 105

ロバート・ルイス・スティーブンソン 文　佐竹美保 絵
金原瑞人 訳　偕成社　1994　読物　高

1883年に英国で発表され、冒険小説の古典として読み継がれている作品。日本でも明治の昔からさまざまな形で刊行されているが、偕成社文庫の本書はコンパクトな装丁に日本人画家の挿絵がついた、親しみやすい造り。

ターちゃんと ルルちゃんのはなし
P236

たかどのほうこ 文・絵
アリス館　1996　読物　低

ターちゃんは、なわとびの練習中に、通りで花屋を探している女の子に会う。ルルちゃんは、マーおばさんのところに1人で出かけるが、目印の花屋が見つからない。2人の女の子の出会いをそれぞれの視点から書いて、2話で1つの話になっている。

ダニーは世界チャンピオン
P249

ロアルド・ダール 文　クェンティン・ブレイク 絵
柳瀬尚紀 訳　評論社　2006　読物　高

ダニーは父さんと2人で箱馬車に住み、熱気球を飛ばしたり弓矢を作ったり、毎日楽しく暮らしていたが、ある日父さんの暗い秘密を知る。『ぼくらは世界一の名コンビ!』の、訳者を変えた新訳。ダールの作品は、どれもちょっとひねった癖のある作風で人気がある。

たのしい川べ
ヒキガエルの冒険
P253

ケネス・グレーアム 文　E・H・シェパード 絵　石井桃子 訳
岩波書店　1963　読物　高

田園での小動物の牧歌的な暮らしが語られる、自然への賛美と喜びにあふれた動物ファンタジー。モグラとネズミは、川でボート遊びや遠出を楽しむ。見栄っ張りのヒキガエルは、車に夢中になって次々に事件を起こし、思慮深いアナグマにいさめられる。

旅するベッド
P49

ジョン・バーニンガム 文・絵　長田弘 訳
ほるぷ出版　2003　絵本　低

ジョージーのベッドが小さくなった。あらたに古道具屋で買ったベッドは、呪文を唱えるとどこへでも自由に旅のできる魔法のベッドだった。ジョージーのベッドは空を飛び、野原に着陸する。そこに地の精と妖精が集まってきた。

たまごのはなし
かしこくておしゃれでふしぎな、ちいさないのち

P 210-211, 212

ダイアナ・アストン 文　シルビア・ロング 絵　千葉茂樹 訳
ほるぷ出版　2007　NF　中

いろいろな動物の卵を並べ、色、形、模様、大きさなどを紹介する絵本。大きく描かれた卵の絵が美しく、遠目がきくので、ブックトークには効果的。1つ1つが何の卵か、あとでゆっくり確認すると楽しい。同じ作者の『たねのはなし』もブックトークに向く。

たんたのたんけん
P 236

中川李枝子 文　山脇百合子 絵
学習研究社　1971　読物　低

誕生日の朝、たんたの家に飛び込んできた手紙には、地図が1枚入っていた。たんたが地図を持って探検に行くと、ヒョウの子もまねをして、木に登ったり、山にのぼったり。見返しの地図や挿絵も、楽しさを盛りあげる。続編に『たんたのたんてい』がある。

たんたのたんてい
P 34

中川李枝子 文　山脇百合子 絵
学習研究社　1975　読物　低

ある朝、たんたは郵便箱に、新聞の代わりに使いかけの歯みがきチューブを見つける。いったいだれのなくしものなのか、たんたは探偵になって持ち主をつきとめる。挿絵や見返しの地図が楽しい。

たんぽぽ
P 48, 49

平山和子 文・絵
福音館書店　1976　NF　低

子どもたちにも身近な、たんぽぽについての科学絵本。冬のロゼッタから始まり、花が咲き、種ができて飛び、落ちた種から芽が出るまでを、観察的な写生で描く。特に、4ページにわたるたんぽぽの根には驚かされる。かがくのとも傑作集。

小さい牛追い
P 253

マリー・ハムズン 文　エルザ・ジェム 絵　石井桃子 訳
岩波書店　2005　読物　高

ノルウェーの谷間の小さな農場に住む、両親と4人の子ども。夏になると牛やヤギを連れて山の牧場に行き、年上の2人の男の子は初めて牛追いをする。責任ある仕事につく誇りと緊張。一方、子どもらしい遊びやけんかなど簡素で喜びに満ちた暮らしを描く。続編あり。

ちいさいおうち
P 172

ばーじにあ・りー・ばーとん 文・絵　いしいももこ 訳
岩波書店　1965　絵本　低

昔、静かな田舎の丘にちいさいおうちが建っていた。ひなぎくや緑に囲まれて幸せに暮らしていたが、年月が経つにつれ、周囲は少しずつ都会化していく。ちいさいおうちには太陽も見えず、住む人もいなくなるが……。年月の推移と自然の大切さをわかりやすく描く。

小さい水の精
P 88-89, 91

オトフリート・プロイスラー 文　ウィニー・ガイラー 絵
はたさわゆうこ 訳　徳間書店　2003　読物　中

『大どろぼうホッツェンプロッツ』の作者プロイスラーが初めて書いた作品。水車小屋の池に住む元気な水の精の男の子は、知りたがり屋でいたずらっ子。失敗を重ねながらも成長していく愛らしい様子にひきつけられる。生き生きと描かれた豊富な挿絵も魅力的。

ちいさいロッタちゃん
P 236

アストリッド・リンドグレーン 文　イロン・ヴィークランド 絵
山室静 訳　偕成社　1985　読物　低

3人きょうだいの末っ子ロッタちゃんのいたずらな毎日をお姉さんが語る短編連作。植物は堆肥で育つと聞き、雨の日に堆肥の上に立って家族に笑われたり、木の上のベランダでご馳走を食べたり、ロッタちゃんの毎日は楽しいことばかり。

小さなスプーンおばさん
P 240

アルフ・プリョイセン 文　ビョールン・ベルイ 絵
大塚勇三 訳　学習研究社　1966　読物　中

おばさんは、いつも突然ティースプーンくらいに小さくなってしまう。そうなっても少しもへこたれず、ネズミや犬を使って掃除をしたり、フライパンをおだててパンケーキを焼かせたり。子どもや動物の味方をする正義漢の一面も小気味いい。続編が2作ある。

ちいさなヒッポ
P 147

マーシャ・ブラウン 文・絵　うちだりさこ 訳
偕成社　1983　絵本　低

川辺に住むカバの母子の毎日を、やさしい言葉と力強い版画で描いた絵本。小さなヒッポはお母さんから「グァオ!」と大声でほえることを習うが、ある日大きなワニに食いつかれてしまう。大きな口をあけて「グァオ!」と叫び、ヒッポを助けるお母さんが頼もしい。

ちかちゃんのはじめてだらけ
P240, 241

薫くみこ 文　井上洋介 絵
日本標準　2007　読物　中

初めて美容院に行ったちかちゃん。美容師さんにサービスされていい気分になり、寝てしまう。目を覚ますと、短すぎる前髪に、極太のまゆ毛がまるだし。これでは学校に行けない。3つの初めての体験にどきどきするちかちゃんを、はつらつと描く。

ちからたろう
P80

いまえよしとも 文　たしませいぞう 絵
ポプラ社　1967　絵本　低

昔、じいさまとばあさまがこんび（垢）から作った人形が、大きく育って「ちからたろう」になった。並外れた力を生かして、「みどうっこたろう」と「いしこたろう」と一緒に、怖ろしい大入道に立ち向かう。土臭く力強い絵が魅力の、昔話絵本。

ちびうさいえで！
P55

ハリー・ホース 文・絵　千葉茂樹 訳
光村教育図書　2005　絵本　低

小さいウサギのちびうさは、ママうさとパパうさに叱られて、荷物をまとめて家出した。「にげうさ」になって1人で暮らそうとしていると、モーリー・マウスがきて一緒に暮らすことになる。ちびうさの本は全部で4冊ある。

ちびゴリラのちびちび
P147

ルース・ボーンスタイン 文・絵　いわたみみ 訳
ほるぷ出版　1978　絵本　低

ゴリラのちびちびは、家族や森の動物たちの人気者。ある日どんどん成長して巨大なゴリラになるが、それでも皆はちびちびが大好き。単純なストーリーだが、だれもが幸せな気持ちになれる絵本。はっきりした絵で遠目がきく。

ちびっこカムのぼうけん
P244

神沢利子 文　山田三郎 絵
理論社　1999　読物　中

北の氷河や海を舞台に、大男、クマ、アザラシ、大ワシ、クジラや岩、星までもが活躍する勇壮な物語。北の国に住むカムは、母さんの病気を治すために、イノチノクサを求めて、乳兄弟のトナカイといっしょに火の山に向かう。

ちびっこ大せんしゅ
P236

シド・ホフ 文・絵　光吉夏弥 訳
大日本図書　1979　読物　低

野球のリトルリーグのなかでも一番小さい選手のハロルドは、守備もバッティングもうまくいかず、試合中もベンチにいる日々が続く。でも、最終戦の最後の打席にピンチヒッターで登場して……。子どものヒーロー願望を無理なくかなえるお話。

ちびねこチョビ
P55

角野栄子 文　垂石眞子 絵
あかね書房　1990　読物　低

黒ネコのメメが3匹の子ネコを生んだ。一番小さいのが女の子のチョビ。チョビはいたずらばかりして叱られ、家を逃げだして高い木に登るが、下りられなくなってしまう。はしごをかけても届かないので、サーカス団に助けてもらう。

チムとゆうかんなせんちょうさん
P51, 54

エドワード・アーディゾーニ 文・絵　せたていじ 訳
福音館書店　2001　絵本　低

チムは、海岸の家に住む小さな男の子。船乗りになりたくて、こっそり船に乗り込んだ。見つかってしまったチムは、ボーイになって働くことに。しかし、嵐がきて、船が沈んでしまう。1963年に初版発行、2001年に新版。全11冊のシリーズ。

チームふたり
P246

吉野万理子 文　宮尾和孝 絵
学習研究社　2007　読物　高

卓球部のキャプテン大地は、6年生最後の試合に最強のペアで勝ちたかったのに、下級生と組まされて落胆する。さらに、部活でも家庭でも難しい問題が発生し、今まで気づかなかった友人や家族の気持ちを考えるようになる。続編に『チームあした』がある。

チム・ラビットのぼうけん
P242

アリソン・アトリー 文　中川宗弥 絵　石井桃子 訳
童心社　1967　読物　中

田園でのウサギ一家の伸びやかな生活を描いた短編連作。チム・ラビットは、拾ったハサミで自分の毛を刈ってしまったり、かかしと友だちになったり。伝承の歌や豊かな自然描写が織り込まれ、生きる喜びが伝わる。続編に『チム・ラビットのおともだち』がある。

チャールズのおはなし

P 43-44

ルース・エインズワース 文　菊池恭子 絵　上條由美子 訳
福音館書店　2000　読物　低

チャールズは、好奇心旺盛な4歳の男の子。松ぼっくりを集めたときの話、いとこの女の子が遊びにきた話、おばあちゃんのところに泊まりにいった話など、幼い子の日常を生き生きと描く。

ちょうちんまつり

P 117, 119

唐亜明 文　徐楽楽 絵
福音館書店　1994　絵本　中

ちょうちんまつりの日に山へ登った男が洞穴の中で囲碁に興じる老人たちを見物して帰ると、村の様子がすっかり変わり、何百年もの時がすぎていた……。中国人画家の絵で不思議な世界をゆったりと描く、浦島太郎に類似した中国の昔話。

チョウの庭

P 122-123, 124

石井実 文　石井実他 写真
フレーベル館　1998　NF　高

昆虫学者の著者が、蝶は種類によって好む植物が違うことに目をつけ、さまざまな植物を植えて蝶を呼び寄せる庭づくりをした記録。地道な観察のなかに数々の発見があり、読者も挑戦してみたくなる。カラー写真が多く、紹介しやすい。「森の新聞」シリーズの1冊。

チンパンジーとさかなどろぼう

P 220, 223

ジョン・キラカ 文・絵　若林ひとみ 訳
岩波書店　2004　絵本　中

漁師のチンパンジーは、捕った魚を友だちのイヌに1匹分けてやるが、イヌはもっと盗もうとする。ほかの動物が気づいてイヌを捕らえ、裁判にかける。動物たちの世界を借りて、タンザニアの人々のおおらかな暮らしぶりが描かれる。民族衣装が色鮮やかで美しい。

月あかりのおはなし集

P 208-209, 212

アリソン・アトリー 文　いたやさとし 絵　こだまともこ 訳
小学館　2007　読物　中

ネズミのおかみさんにこき使われるマルハナバチさん、自分の影法師にひもをつけて出かける男の子、鳥かごに閉じ込められた妖精などが登場する、ちょっと不思議な味わいの短編を6話収める。イギリスのファンタジーの名手による作品で、続編もある。

ツバメ号とアマゾン号

P 104, 218-219, 223

アーサー・ランサム 文・絵　岩田欣三、神宮輝夫 訳
岩波書店　1967　読物　高

ウォーカー家の4人きょうだいは、夏休みにお母さんたちと行った湖の村でヨットを借りて帆走。地元の子と仲よくなり、湖の島でキャンプをして、楽しい夏休みをすごす。アーサー・ランサム全集12巻の1冊目。

ディック・ウイッティントンとねこ
イギリスの昔話

P 58-59, 61

マーシャ・ブラウン 再話・絵　まつおかきょうこ 訳
アリス館　2007　絵本　中

孤児のディックは、ロンドン市長になると告げる鐘の予言を信じ、飼い猫がもたらした幸運を生かして幸せな生涯をおくる。黒と黄土色の2色だけを使った版画が、力強く素朴な中世の世界を描いている。ディック・ウイッティントンは、実在の伝説的な人物。

ティリーのねがい

P 167-168, 172

フェイス・ジェイクス 文・絵　小林いづみ 訳
こぐま社　1995　絵本　低

ティリーは、人形の家に住んでいる木のお人形。メイドとして毎日毎日、朝から晩まで働かなくてはならないので、一人暮らしを目指して家出する。ぬいぐるみのクマに助けてもらって自分の家を持つまでを描く。

てがみはすてきなおくりもの

P 154, 159

スギヤマカナヨ 文・絵
講談社　2003　NF　中

大きな葉っぱや貝殻、ガチャポンのケースだって、「手紙」として送ることができる。意外な手紙のアイディアが満載で、実用的な1冊。実物がカラー写真で数多く紹介され、読んでいるうちに手紙が書きたくなってくる。

できるかな？
あたまからつまさきまで

P 152, 153

エリック・カール 文・絵　くどうなおこ 訳
偕成社　1997　絵本　低

『はらぺこあおむし』で有名なカールの絵本。動物たちが、「こんなことができるよ」と、首を回したり、手を叩いたり、身体を曲げたりする。読み聞かせると、子どもたちは一緒に身体を動かして遊ぶ。

手で食べる？

P 245

森枝卓士 文・写真
福音館書店　2005　NF　中

「手で食べる」方法が正式な食べ方の国があるという子どももびっくりするような視点から始まって、「食べ方」で外国の暮らしを考える写真絵本。この「たくさんのふしぎ」シリーズには子どもの興味を上手に育てるものが多く、ブックトークに使いやすい。

てぶくろ
ウクライナ民話

P 150, 152

エウゲーニー・M・ラチョフ 絵　うちだりさこ 訳
福音館書店　1965　絵本　低

おじいさんが雪の森に落とした手袋に、動物たちが次々にやってきて住みつく。ネズミ、カエル、ウサギ、キツネ……どんどん大きな動物がはいり、手袋には窓や煙突ができる。民族衣装を着た動物たちの様子や、繰り返す問答が楽しい、古典的絵本。

天狗童子
本朝奇談

P 253

佐藤さとる 文　村上豊 絵
あかね書房　2006　読物　高

篠笛のうまい山番の与平は、大天狗の頼みでカラス天狗の子九郎丸を預かり、笛を仕込むことになる。天狗の世界がユーモラスに生き生きと描かれ、おもしろく読める。ひょうひょうとした与平じいさんがやんちゃな九郎丸を見る目はあたたかく、心がなごむ。

天国を出ていく
本の小べや2

P 185-186

エリナー・ファージョン 文　エドワード・アーディゾーニ 絵
石井桃子 訳　岩波書店　2001　読物　高

表題作のほかに「小さいお嬢さまのバラ」「サン・フェアリー・アン」「コネマラのロバ」「しんせつな地主さん」など、それぞれに味わいの異なる全13編を収録。1巻目は『ムギと王さま』。岩波少年文庫。

天才コオロギニューヨークへ

P 187, 207-208, 212

ジョージ・セルデン 文　ガース・ウィリアムズ 絵
吉田新一 訳　あすなろ書房　2004　読物　中

田舎から偶然大都会にきてしまったコオロギは、地下鉄の売店で働く少年に飼われることになった。そこで友だちになったネズミとネコは、コオロギが素晴しい音楽を奏でる天才であることを発見する。個性的な動物たちが生き生きと描かれ、楽しく読める1冊。

天山の巫女ソニン1
黄金の燕

P 249-250

菅野雪虫 文
講談社　2006　読物　高

古代の韓半島を思わせる、架空の国を舞台にしたファンタジー。夢見の技をもつ巫女だけが住む天山で12年間修行した後、素質がないと実家に帰されたソニンの数奇な運命を描く長編シリーズの第1巻。大人向きの装丁だが、先を知りたくなる筋立てで読みやすい。

とうさんおはなしして

P 235

アーノルド・ローベル 文・絵　三木卓 訳
文化出版局　1973　読物　低

とうさんネズミが、寝る前に子ネズミ7匹に7つのお話をしてくれる。ほかけ舟に乗って出かけたネズミが風に頼んで吹いてもらうと、舟が空中に舞い上がって屋根に着陸してしまうなど、どの話もナンセンスでおかしい。

どうしてわかる きょうりゅうのすがた

P 245

工藤晃司 文・絵
大日本図書　2001　NF　中

「大昔に滅んだ恐竜のことがどうしてわかるのか？」という子どもの疑問に答える本。化石の発掘、骨組みの考え方、筋肉や皮膚のこと、行動を知る方法や、当時の環境まで、化石を手がかりに研究・推察する方法をわかりやすく解説している。

どうぶつのあしがたずかん

P 145, 146

加藤由子 文　ヒサクニヒコ 絵
岩崎書店　1989　NF　中

インドゾウ、キリン、フタコブラクダなど14種類の動物の足型を、実物大で見せる図鑑。その大きさや意外な形に驚かされる。それぞれの動物の足の特徴や生態も、イラストと写真で簡潔に説明してある。自分の足と比べてみるのも楽しい。

時間《とき》の森　屋久島

P 103-104

山下大明 文・写真
そうえん社　2008　NF　中

1955年生まれの著者は、屋久島に住み、島の森を歩き続けて30年になる。深い森にどっしりと根を下ろす巨木たちのさまざまな表情を映し出した写真は、静かな迫力をもってせまってくる。

時をさまようタック

P 119

ナタリー・バビット 文　小野和子 訳
評論社　1989　読物　高

不老不死の泉の水を飲んだため永遠に現在のまま生き続けることになったタックの一家4人は、偶然出会った少女に秘密を打ち明ける。ミステリー風の筋運びと緻密な構成で生きることの意味を浮き彫りにする、読みごたえのある1冊。読書力のある子にすすめたい。

とぶ船　上・下

P 251

ヒルダ・ルイス 文　ノーラ・ラヴリン 絵　石井桃子 訳
岩波書店　2006　読物　高

ピーターが偶然見つけたおもちゃの船には魔法の力があった。4人きょうだいは、空飛ぶ船に乗って過去の国や見知らぬ外国へ冒険の旅に出る。1966年の初訳以来多くの読者を楽しませた古典的なタイムトラベル物語。長らく品切れだったが、少年文庫版で復活した。

としょかんライオン

P 199-200

ミシェル・ヌードセン 文　ケビン・ホークス 絵
福本友美子 訳　岩崎書店　2007　絵本　低

突然図書館にやってきたライオンは、お話の時間を楽しみ、仕事のお手伝いをするようになる。ところがある日、静かにするという約束を破って大声でほえてしまい……。大きな画面に描かれた図書館とライオンが魅力的。

トムは真夜中の庭で

P 112, 113-114, 118, 119, 120, 124, 125, 130

フィリパ・ピアス 文　スーザン・アインツィヒ 絵
高杉一郎 訳　岩波書店　1967　読物　高

人間の一生に流れる「時」の不思議を感じさせるタイムファンタジー。イギリス児童文学の代表的作品の1つで、過去と現在の行き来が緻密な構成で描かれ、読みごたえがある。地味なせいかなかなか手にとってもらえないので、ぜひ紹介したい。

とびだすカード

P 84, 85

たしろこうじ 文
ポプラ社　1985　NF　中

アイディアたっぷりの手作りカードの工作の本。紙を開くと子どもたちが好きな動物が飛び出し、閉じれば折りたたまれて平らになるカード。簡単なしかけながら、開いたときの楽しさは大きい。実際に作ったものを見せながら紹介すると、より効果的。

ともだちいっぱい
リュックのりゅう坊1

P 40-41, 44

工藤直子 文　長新太 絵
文溪堂　2005　読物　低

リュックサックが大好きな竜の男の子りゅう坊は、毎日いろいろな荷物をリュックに入れて遊びに出かける。海に行って竜巻ごっこをしたり、太陽のところに行ったりと、ダイナミックに遊ぶ。続編が2冊ある。

とびねこヘンリー

P 47-48, 49

メリー・カルホーン 文　エリック・イングラハム 絵
猪熊葉子 訳　リブリオ出版　2007　絵本　低

ヘンリーは好奇心いっぱいのネコ。気球見物に行ったヘンリーは、自分も飛びたくて気球のかごに飛び乗った。バーナーが点火してしまい、ヘンリーはたった1匹で空の旅に。人間顔負けの機転をきかせて大ピンチを乗り切るヘンリーの姿が、リアルに描かれている。

ドリトル先生航海記

P 188-190, 193

ロフティング 文・絵　井伏鱒二 訳
岩波書店　1978　読物　高

動物の言葉が話せるドリトル先生シリーズの2巻目。先生に弟子入りしたスタビンズ少年が、先生と動物たちの奇想天外な活躍を生き生きと語る。個性的な動物たちや正義心あふれる心優しいドリトル先生に心ひかれ、愛読する子どもが多い。

トビー・ロルネス1
空に浮かんだ世界

P 250-251

ティモテ・ド・フォンベル 文　フランソワ・プラス 絵
伏見操 訳　岩崎書店　2008　読物　高

1本の木が世界のすべてと信じている、小さな人々の物語。主人公のトビーは身長1.5mm。両親と幸せに暮らしていたが、科学者の父の行動が原因で追われる身に。ゾウムシやカイガラムシを飼育し、幹の穴を家にする生活が細部にわたり鮮明に描かれる。続編3冊。

鳥の巣ものがたり

P 172

鈴木まもる 文・絵
偕成社　2007　NF　中

世界各地の鳥の巣を観察して、鳥の種類やその土地の気候などからどうしてこういう巣なのかを考えた本。これを読んで興味をもった子には『鳥の巣研究ノート1・2』(あすなろ書房) をすすめたい。

どれみふぁけろけろ

P 26-27, 29

東君平 文・絵
あかね書房 1981 読物 低

泳ぎの苦手なたっくんは、気がつくとカエルの学校の生徒になっていて、歌や泳ぎを教えてもらう。緑と黒で描かれた単純なカエルたちの絵がユーモラスで、子どもの目をひく。自分で読み始めた子どもに向く1冊。

長くつ下のピッピ

P 75-76, 80, 81-82, 85, 86-87, 91

アストリッド・リンドグレーン 文 桜井誠 絵 大塚勇三 訳
岩波書店 1964 読物 中

赤い髪をお下げに編んで、つぎはぎの入った服を着て、色違いの長くつ下をはいた、世界一強い女の子ピッピ。日本でも40年以上にわたって愛されている物語。さまざまなエピソードが詰まっているので、幅広いテーマで紹介することができる。

どんぐりの穴のひみつ

P 254

高柳芳恵 文 つだかつみ 絵
偕成社 2006 NF 高

ドングリに穴があいているのはなぜ？ 身近な疑問を、観察と実験で解明していく。この「わたしの研究」シリーズは、どれも考え方が詳しく述べられていて、知識を得ると同時に科学的考察のやり方も学ぶことができる。

なぞなぞのすきな女の子

P 238

松岡享子 文 大社玲子 絵
学習研究社 1973 読物 低

森へ出かけた女の子は、オオカミに会い、なぞなぞ遊びをするが、オオカミが答えを考えている間に家に逃げ帰る。まぬけなオオカミと賢い女の子の会話がおかしい。本の見返しについているなぞなぞも、子どもを喜ばせる。

ドングリ山のやまんばあさん

P 78-79, 80, 240

富安陽子 文 大島妙子 絵
理論社 2002 読物 中

ドングリ山のてっぺんに住むやまんばあさんは296歳。オリンピック選手より元気で、プロレスラーよりも力持ち。やまんばあさんが巻き起こす、型破りで豪快、そして愉快なエピソードを描く、5つの章で構成されている。

なぞの渡りを追う
オオヒシクイの繁殖地をさがして

P 177-178, 180

池内俊雄 文 岩崎保宏 絵
ポプラ社 2004 NF 高

ガンの一種オオヒシクイは、毎年日本で越冬してロシアへ旅立つが、ロシアのどこに営巣して繁殖するのかは謎だった。ロシアと日本の研究者が協力して鳥に標識をつけ、足どりをさぐる過程が詳しく解説された本。地道な努力が実っていく喜びを淡々と綴る。

トンボソのおひめさま
フランス系カナダ人のたのしいお話

P 161-162, 165

マリュース・バーボー、マイケル・ホーンヤンスキー 文 アーサー・プライス 絵 石井桃子 訳 岩波書店 1963 昔話 中

フランス系カナダ人に伝わる昔話集。いずれも長い本格昔話で、創作のお話のようなユーモアや主人公の個性が感じられ、年長の子どもも楽しめる。

ナタリーはひみつの作家

P 74

アンドリュー・クレメンツ 文 伊東美貴 絵 田中奈津子 訳
講談社 2003 読物 高

12歳のナタリーが初めて書いた物語を、親友のゾーイが、エージェントになって出版社に売り込むと言いだす。2人はペンネームを使い、大人のふりをしてみごと出版にこぎつける。現代の都会で大人顔負けの知恵を使い、生き生きと活躍する女の子の痛快な冒険。

長い長いお医者さんの話

P 253

カレル・チャペック 文 ヨセフ・チャペック 絵 中野好夫 訳
岩波書店 2000 読物 高

魔法使いのマジャーシュが梅の実をのどにつまらせ、手術のために4人のお医者さんが集まる。お医者さんたちは、自分の診たおかしな患者の話をてんでに語りだし、治療はなかなか始まらない。現代のユーモラスなおとぎ話9編を収める。挿絵も楽しい。

夏の庭
The Friends

P 110-111, 130, 131

湯本香樹実 文
徳間書店 2001 読物 高

「死んだ人が見たい」というきっかけから始まる、忘れられないひと夏の思い出。12歳の少年たちと老人の交流を繊細に描く物語。映画化・舞台化もされ、十数か国で翻訳出版されている。

なにをたべたかわかる？

P 138, 139

長新太 文・絵
絵本館　2003　絵本　低

ネコが魚釣りをして大きな魚を釣り、かついで帰る。あまりの大きさにびっくりして見ていたネズミもウサギもイヌもタヌキもキツネもブタもゴリラも魚に食べられてしまう。その巨大な魚を、ネコはぺろりと食べてしまう。

にんじゃあまがえる

P 28, 29

榎本功 写真
ひさかたチャイルド　2006　NF　低

アマガエルが自分の特技を紹介する美しい写真絵本。周囲にあわせて体色を変える様子、みごとな跳躍、指1本でぶらさがれる吸着力、泳ぎ、鳴き方などがユーモラスに紹介され、読み聞かせにも向く。

なん者ひなた丸
ねことんの術の巻

P 44

斉藤洋 文　大沢幸子 絵
あかね書房　1989　読物　低

ひなた丸は忍者の子どもで、まだ修行中。できる術は「ねことんの術」ひとつだけ。でも、お城の家老の依頼で、ねことんの術の衣装と手裏剣とまきびしを忍者あみ袋に入れて、お殿様のところにでかけていった。続編が多数ある。

ぬすまれた宝物

P 193

ウィリアム・スタイグ 文・絵　金子メロン 訳
評論社　1977　読物　中

ガチョウのガーウェインは、宝物殿の見張り役主任。宝石が紛失し、鍵を持っているガーウェインに盗みの疑いがかかる。無実の罪、裁判、裏切り、真犯人の発見、名誉の復活……。ハラハラする事件を、独特のユーモアを交えてていねいに描いている。

なんでもふたつさん

P 237

M・S・クラッチ 文　S・K・ビーゼ 絵　光吉夏弥 訳
大日本図書　1977　読物　低

なんでもふたつさんは、何でも2つないと気がすまない。ワイシャツを2枚着て靴を2足はき、食事も2人前、家も2軒なら仕事も2つ。残念なのは、奥さんと子どもが1人ずつしかいないこと。でも、ある日……。視覚に訴える話なので、読み慣れない子にも向く。

ねことバイオリン

P 237

T・キット 文　W・ラッセル 絵　光吉夏弥 訳
大日本図書　1980　読物　低

おじいさんから、古い斧を1丁、おんぼろのバイオリンを1つ、片目のネコを1匹もらった男の子が、旅に出る。話ができるネコは、バイオリンを弾いて男の子を助け、2人は友だちになって旅を続ける。

日本のむかしばなし

P 244

瀬田貞二 文　瀬川康男、梶山俊夫 絵
のら書店　1998　昔話　中

各地に伝わる日本の昔話の中から、幼稚園や小学校低学年くらいの子どもたちにもおもしろく聞いてもらえる話を13編選んだもの。会話には土地の言葉を残しつつ、全体にわかりやすい文章で、ストーリーテリングのテキストにもよく使われる。

ねこのオーランドー

P 44

キャスリーン・ヘイル 文・絵　脇明子 訳
福音館書店　1982　絵本　低

ママレード色のきれいなネコのオーランドーは、奥さんと3匹の子ネコと一緒にキャンプに行く。料理道具やいろいろな楽器、サンドイッチなどたくさんの荷物を車に積んで出発。続刊2冊は童話館出版から出版されている。

ニルスのふしぎな旅　上・下

P 175-177, 180, 181

セルマ・ラーゲルレーヴ 文　ベッティール・リーベック 絵
菱木晃子 訳　福音館書店　2007　読物　高

思いがけず小人になってしまったニルスが、ガチョウの背中に乗って国中を旅し、数々の冒険を経て成長する過程を描いた長編ファンタジー。スウェーデンの地理を教えるために書かれた物語だが、リアルな描写で、ニルスと一緒に空を旅するような楽しさが味わえる。

ネコのタクシー

P 156, 159, 240

南部和也 文　さとうあや 絵
福音館書店　2001　読物　低

ネコだけを診察するキャットドクターが初めて書いた童話。ネコと人間が共存する街で、エンジンなしの車を自分の足で走らせるタクシードライバー、トムの愉快な物語。低学年向きだが、中学年のあまり読まない子にもすすめやすい。続編もある。

ネコのタクシー アフリカへ行く

P 155-156, 159

南部和也 文　さとうあや 絵
福音館書店　2004　読物　低

アフリカのゴロンゴロン高原に住むサルの王様から招待状をもらったネコのタクシードライバー、トム。自分のタクシーも一緒に、船でアフリカを目指す。トムを待っていたのは、いろいろな動物たちとの出会いと、冒険の連続だった。『ネコのタクシー』の続編。

野をわたる風にのる
植物のたび

P 245

アンネ・メッラー 文・絵　今泉みね子 訳
岩波書店　2006　NF　中

植物が増えるためにどんな工夫をしているかを、わかりやすく書いた本。種を投げ飛ばしたり、パラシュートのように風に乗って飛んだり、動物に運んでもらったりして広まっていく様子を、細密画や貼り絵を駆使して美しく描く。

ねずみのアナトール

P 238

イブ・タイタス 文　はまだみちこ 絵　たがやたえこ 訳
文研出版　1972　読物　低

アナトールは、フランスのパリ近くに住むネズミ。夜になると、自転車でパリの町に食べ物を探しに行く。ネズミが人に嫌われていることを知ったアナトールは、ネズミでも人の役に立つことを見せたくて、チーズ工場で働き始める。

歯いしゃのチュー先生

P 215-216, 217

ウィリアム・スタイグ 文・絵　うつみまお 訳
評論社　1991　絵本　低

ネズミの歯医者さんがずるいキツネの患者を知恵と勇気で撃退する。自分を機械で吊り上げ、大きな動物の口の中に入るところは、どうなることかとハラハラさせられる。続編に『ねずみの歯いしゃさんアフリカへいく』がある。

ねぼすけはとどけい

P 242

ルイス・スロボドキン 文・絵　くりやがわけいこ 訳
偕成社　2007　絵本　低

スイスの小さな村の時計屋さんでは、たくさんの鳩時計が一斉に鳴いた後、1羽だけ遅れて鳴く鳩がいる。村の子どもも大人も、ねぼすけの鳩が鳴くのを楽しみにしている。ところがある日、お金持ちの王様がやってきて……。あたたかい挿絵がユーモラスな話に合う。

はがぬけたらどうするの？
せかいのこどもたちのはなし

P 215, 217

セルビー・ビーラー 文　ブライアン・カラス 絵
こだまともこ 訳　フレーベル館　1999　NF　中

「乳歯が抜けたらどうする？」と世界中あちこちでたずねた答えを集めた本。「枕の下に入れておくと妖精がもっていく」と「ネズミの歯ととりかえる」などの答えが多いが、どの答えも子どもの健やかな成長を願っている。

ねらわれた星

P 249

星新一 文　和田誠 絵
理論社　2001　読物　高

数多い著者のショートショート作品のなかから、子どもも楽しめるものを選んで編集した「星新一ショートショートセレクション」の1巻目。『ボッコちゃん』『ようこそ地球さん』を底本としている。

白鳥とくらした子

P 244

シシリー・メアリー・バーカー 文・絵　八木田宜子 訳
徳間書店　2002　読物　中

父親の留守中に世話をしてくれるはずの人は、じつは悪い人。逃げだしたスーザンを助けてくれたのは、白鳥たちだった。1938年に英国で刊行された本書は、古風な趣の優しい物語と美しいカラー挿絵が魅力的。ゆっくり静かに味わいたい。

のはらクラブのこどもたち

P 237

たかどのほうこ 文・絵
理論社　2000　読物　低

野原の好きなおばさんと子どもたちが、春の野原にピクニックに行く。いろいろな野草を見て、草花遊びをしながら、名前の由来などを教えあう。続編2冊では、秋と冬の野原を散策する。自然に草花に親しめる本。

パーシーの魔法の運動ぐつ

P 248

ウルフ・スタルク 文　はたこうしろう 絵　菱木晃子 訳
小峰書店　1997　読物　高

転校生のパーシーは、運動神経がよくてかっこいい。ぼくは、魔法の力があるらしいパーシーの運動靴がほしくてたまらない。作者は、無邪気でちょっとほろにがい子どもの気持ちをユーモアに包んで描く名手。続編に『パーシーとアラビアの王子さま』がある。

はじめてのキャンプ
P 42-43, 44, 235

林明子 文・絵
福音館書店　1984　読物　低

なほちゃんは、お隣のおばさんと大きい子どもたちが川原にキャンプに行くと知って、自分も一緒に行くと頑張る。連れていってもらうために、重い荷物を持つ、まきを集める、暗くなっても怖がらない、泣かない、と約束する。絵が主で、読み始めの子どもに向く。

バスカビル家の犬
P 252

コナン・ドイル 文　シドニー・パジェット 絵　各務三郎 訳
偕成社　1998　読物　高

数多いホームズの物語のなかでも人気の高い長編。イングランド西部の不毛の荒野を舞台に、バスカビル家の伝説に登場する地獄犬と、チャールズ卿の死の謎を追う。怪奇小説と推理小説の魅力を併せ持つ作品。シャーロック・ホームズ全集の第3巻。

はちうえはぼくにまかせて
P 60, 61

ジーン・ジオン 文　マーガレット・ブロイ・グレアム 絵
もりひさし 訳　ペンギン社　1981　絵本　低

トミーは、夏休みに旅行する人の植物を世話するアルバイトを始める。預かった植物はどんどん伸びて、家中ジャングルみたい。トミーは刈り込みをして、上手に世話をする。緑に囲まれた家の様子が楽しい。

パディーの黄金のつぼ
P 85

ディック・キング=スミス 文　デヴィッド・パーキンス 絵
三村美智子 訳　岩波書店　1995　読物　中

アイルランドの農場に暮らす少女ブリジッドが小人のパディーに会ったのは、8歳の誕生日。パディーは174歳のレプラコーンで、動物たちの言葉がわかるという。豊かな自然を背景に、パディーとすごした忘れられない日々をあたたかく描く。

パディントン フランスへ
P 183-184, 186

マイケル・ボンド 文　ペギー・フォートナム 絵　松岡享子 訳
福音館書店　1970　読物　高

ブラウンさん夫妻がロンドンのパディントン駅で出会ったクマは、好奇心旺盛でマーマレードが大好き。そして、行く先々で必ず騒動をまきおこす。愛すべきクマの愉快なシリーズ第4作。

花仙人
中国の昔話
P 120-121, 124

松岡享子 文　蔡皋 絵
福音館書店　1998　読物　中

乱暴者に台なしにされた庭が、花の仙女の魔法で美しく蘇るという中国の昔話。語るためのテキストとして再話された文章は、簡潔ながら情景がくっきり目に浮かび、読書力のない子にも物語のおもしろさが味わえる。地味で目立たないので、意識して手渡したい。

ばばばあちゃんのマフラー
P 148-149, 152

さとうわきこ 文・絵
福音館書店　1997　絵本　低

ばばばあちゃんは風邪をひいたお月様にマフラーを送ると約束するが、そのマフラーは1か月ごとに違うことに使われて、なかなかお月様まで届かない。魅力的な主人公で、他にも絵本や料理の本など多数ある。

はらぺこおなべ
P 135, 138

神沢利子 文　渡辺洋二 絵
あかね書房　1970　読物　低

人のために料理をしてやることに飽きたおなべは、自分がおいしいものをおなかいっぱい食べようと旅にでた。ところが、食べても食べても腹ぺこで、次々に大きなものを食べていく。ナンセンスな幼年文学。

ハリーのセーター
P 149-150, 152

ジーン・ジオン 文　マーガレット・ブロイ・グレアム 絵
わたなべしげお 訳　福音館書店　1983　絵本　低

犬のハリーは誕生日にバラの模様のセーターを貰うが、それがどうも気に入らない。何とか捨ててしまおうとしても、みんなが気づいて追いかけてきてくれる。『どろんこハリー』『うみべのハリー』の続編。

バレエをおどりたかった馬
P 206-207, 212

ハーラス・ストルテンベルグ 文　さとうあや 絵　菱木晃子 訳
福音館書店　1999　読物　中

田舎に住む馬が、旅のバレエ団を見て以来バレエが大好きになり、町へ出てバレエ学校に入学。人間に混じって一生懸命に練習する姿がほほえましく描かれる。好きなことを一途にやりとげる幸せを感じさせる物語。どこかのんびりしたテンポに心がなごむ。

はんてんをなくしたヒョウ

P 31-32, 34

アニタ・ヒューエット 文　シャーロット・ハフ 絵
清水真砂子 訳　大日本図書　1986　読物　低

動物を主人公にした短編5編を収録。表題の話は、自慢の斑点を数えてばかりいるヒョウが昼寝をしている間に、サルがヒョウの斑点に黄色いペンキを塗ってしまう。斑点をなくしたヒョウは大騒ぎ。それを笑ったサルは……。

番ねずみのヤカちゃん

P 72-73, 74, 237

リチャード・ウィルバー 文　大社玲子 絵　松岡享子 訳
福音館書店　1992　読物　低

声の大きい子ネズミのヤカちゃんは、お母さんに注意されても大声が直らない。人間に気づかれてネズミ捕りやネコを仕掛けられるが、大声のおかげで難を逃れる。黙読するより声に出して読んでもらうと、子どもは大喜びで楽しむ。

はんぶんのおんどり

P 37-38, 244

ジャンヌ・ロッシュ=マゾン 文　ほりうちせいいち 絵
やまぐちともこ 訳　瑞雲舎　1996　読物　低

欲深な兄さんによって半分に切られてしまったオンドリのジョウは、心優しい弟のステファヌを助け、財産を取り返す旅に出る。半分の体で一人前の口を聞くジョウの活躍が痛快。昔話の形式にのっとっているため読みやすく、読書に慣れない中学年にもすすめやすい。

ピアノ調律師

P 187

M・B・ゴフスタイン 文・絵　末盛千枝子 訳
すえもりブックス　2005　読物　高

すぐれたピアノ調律師のおじいちゃんと一緒に暮らすデビーは、調律のやり方をすっかり覚えてしまう。孫娘をピアニストにしたいおじいちゃんの思いと、ひたむきに調律師にあこがれるデビーの熱意が、丁寧な文章と愛情のこもった線画で描かれた、珠玉の1冊。

ひげねずみくんへ

P 159, 241

アン・ホワイトヘッド・ナグダ 文　井川ゆり子 絵
高畠リサ 訳　福音館書店　2005　読物　中

4年生のジェニーは、作文の勉強のために知らない2年生に手紙を書くことになった。くじで決まった相手は、サミーラというサウジアラビアから引っ越してきたばかりの女の子。ジェニーは、英語がわからないサミーラとのやりとりから、異なる文化を学んでいく。

肥後の石工

P 191, 193, 250

今西祐行 文　太田大八 絵
岩波書店　2001　読物　高

江戸時代、肥後の石工の棟梁の岩永三五郎は薩摩藩に頼まれて橋を造る。完成後弟子は殺され、自分だけが命拾いをしてふるさとに帰り、苦悩しながら石工として後進を育てる。過酷な運命を受け入れて生きようとする強い意志を描き、読み応えがある。岩波少年文庫。

ピッピ船にのる

P 76, 80, 82, 85, 87, 91

アストリッド・リンドグレーン 文　桜井誠 絵　大塚勇三 訳
岩波書店　1965　読物　中

金貨をどっさり持って、買い物をしたり、変てこな手紙を自分に書いたり、ちょっぴり学校へ行って遠足に出かけたり。引き続きごたごた荘で暮らし、トミーやアニカと過ごすピッピの愉快な毎日。行方不明だったお父さんも現れる。シリーズ2冊目。

ピッピ南の島へ

P 76, 80, 82, 85, 87, 91

アストリッド・リンドグレーン 文　桜井誠 絵　大塚勇三 訳
岩波書店　1965　読物　中

「スプンク」という言葉を発見したピッピが、「スプンク」を捜し求める顛末、怖いおばさんとんちんかんなクイズをする話など、シリーズ3冊目も愉快なエピソードがたくさん。後半、ピッピは、お父さんが王様として暮らす南の島に旅立つ。

ピトゥスの動物園

P 60-61, 62

サバスティア・スリバス 文　スギヤマカナヨ 絵　宇野和美 訳
あすなろ書房　2006　読物　中

バルセロナに住む5人の男の子が、難病の友だちの治療費を得ようと町中の子どもに協力を呼びかけ、広場で1日動物園を開く。ポスター作り、会場の設営、虫や小動物の捕獲などの計画を立て、実行していく。子どもたちが創意工夫して取り組む様子が痛快。

ひとまねこざるときいろいぼうし

P 49

H・A・レイ 文・絵　光吉夏弥 訳
岩波書店　1983　絵本　低

ひとまねこざる（おさるのジョージ）がどうして黄色い帽子のおじさんと一緒に暮らすようになったのかという最初の話。ジョージは、アフリカで捕まって船でアメリカにやってきた。風船で空を飛ぶ話が出てくる。

火のくつと風のサンダル
P 70-71, 73, 85

ウルズラ・ウェルフェル 文　久米宏一 絵　関楠生 訳
童話館出版　1997　読物　中

お父さんからチムへの誕生日プレゼントは、夏休みに靴を修繕して、田舎をまわる旅に同行すること。旅先で新しい体験を重ねるうち、チムはちびでふとっちょな自分を受け入れ成長する。旅先でお父さんが語るお話にはあたたかさと豊かな人生観があふれている。

びゅんびゅんごまがまわったら
P 90, 91

宮川ひろ 文　林明子 絵
童心社　1982　絵本　中

自然に囲まれた学校を舞台にした、あたたかなぬくもりの感じられる作品。びゅんびゅんごまのほかにも、柿の実の首飾り、竹馬、タンポポのおひなさま、カラスノエンドウのさやぶえなど、昔ながらの遊びが多数登場する。絵本の体裁だが、文章量は多い。

漂泊の王の伝説
P 250

ラウラ・ガジェゴ・ガルシア 文　松下直弘 訳
偕成社　2008　読物　高

砂漠の王国の王子ワリードは、美しく賢明で勇壮な戦士だった。彼が何より欲していたのは、国一番の詩人になること。しかし、その夢と栄誉を奪ったのは、貧しい絨毯織りだった。6世紀に実在したといわれる漂泊の詩人をモデルに描く、歴史ファンタジー。

プーあそびをはつめいする
P 87-88, 91

A・A・ミルン 文　E・H・シェパード 絵　石井桃子 訳
岩波書店　1983　絵本　低

『プー横丁にたった家』の「プーがあたらしい遊戯を発明して、イーヨーが仲間にはいるお話」の章を絵本化した1冊。挿絵が大きく、カラーになっているので、紹介しやすい。「クマのプーさんえほん」のシリーズは15冊出ている。

ふくろうくん
P 204-205, 206

アーノルド・ローベル 文・絵　三木卓 訳
文化出版局　1976　読物　低

ぱっちり大きな目玉をして、本人はいつでも大真面目。でも、とぼけたセリフとずれた行動でくすっと笑いを誘うふくろうくん。読みきりの短編5話は、いずれも独特の味わい。ツボにはまった子は夢中で借りていく。

ふしぎなえ
P 205, 206

安野光雅 絵
福音館書店　1968　絵本　低

視覚のトリックを使い、細部にまで遊び心をちりばめた、絵だけの絵本。見開き1ページに展開する不思議な世界が、小さい読者をひきつける。多くの賞を受賞し、世界的に活躍する絵本作家の、初期の作品。

ふしぎな500のぼうし
P 148, 152

ドクター・スース 文・絵　わたなべしげお 訳
偕成社　1981　絵本　低

バーソロミューが頭の帽子をとっても、まだ同じ帽子が頭の上に載っている。とってもとっても、帽子は頭の上にあり、どんどんふえていく。白黒の挿絵に帽子だけが赤で描かれ、しゃれた絵本になっている。

ふたごのでんしゃ
P 235

渡辺茂男 文　堀内誠一 絵
あかね書房　1969　読物　低

長年、町の人や子どもたちを乗せて走ってきたふたごの路面電車、べんけいとうしわか。やがて道路が込み合うようになり、廃車になることが決まったが、市長の決断で図書館に生まれ変わる。著者の、乗り物と図書館への愛情が伝わってくる。

ぶたのめいかしゅローランド
P 184, 186

ウィリアム・スタイグ 文・絵　せたていじ 訳
評論社　1975　絵本　低

大きくゆったりと描かれた絵が、著者独自の飄々とした味を醸し出す。ローランドの歌声が聞こえるような調子のよい文章と、テンポよく進むストーリーは、芝居の趣。

ふたりのロッテ
P 98, 125-127, 130, 131

エーリヒ・ケストナー 文　ヴァルター・トリアー 絵
池田香代子 訳　岩波書店　2006　読物　高

別々に育てられたふたごの姉妹が偶然再会し、入れかわって両親を和解させる作戦を立てるというストーリーは子ども心をワクワクさせる。歯切れのいい個性的な文体で物語がテンポよく進み、楽しく読める。今も愛読者の多いケストナーの名作の1つ。岩波少年文庫。

ふたりはともだち

P25-26, 29, 30-31, 34-35, 38

アーノルド・ローベル 文・絵　三木卓 訳
文化出版局　1972　物語　低

やさしいかえるくんと、ちょっとわがままながまくんのおつきあいは、あたたかくユーモラスで、子どもから大人まで共感を呼ぶ。続編に『ふたりはいっしょ』『ふたりはいつも』『ふたりはきょうも』がある。

ふたりはなかよし
ゲーターガールズ

P91

ジョアンナ・コール、ステファニー・カルメンソン 文　リン・マンシンガー 絵　吉上恭太 訳　小峰書店　1996　読物　中

ワニの女の子エミーとアリーはいつも一緒。夏休みも2人で遊ぼうと「夏休みにやることリスト」を作ったが、夏のキャンプで離れ離れになってしまうことになり……。続編に『ワニワニロックンロール』がある。

プー横丁にたった家

P88, 91

A・A・ミルン 文　E・H・シェパード 絵　石井桃子 訳
岩波書店　2000　読物　高

『クマのプーさん』の続編。プーやコブタやフクロたちの住む森へ、はねっかえりのトラーがやってくるエピソード「トラーが森にやってきて、朝ごはんを食べる話」など、10のお話を収録。岩波少年文庫。

ふらいぱんじいさん

P234, 235

神沢利子 文　堀内誠一 絵
あかね書房　1969　読物　低

卵を焼くのが大好きなふらいぱんじいさん。古くなって使われなくなったので、新しい世界を求めて旅立った。ジャングルや海で冒険し、いろいろな動物に出会ったふらいぱんじいさんが最後に見つけた場所は……。長く読み継がれている幼年童話。

フランシスのいえで

P52-53, 54

ラッセル・ホーバン 文　リリアン・ホーバン 絵
まつおかきょうこ 訳　好学社　1972　絵本　低

アナグマのフランシスの家に赤ちゃんが生まれた。お母さんは赤ちゃんの世話で忙しく、今までのようにかまってくれない。フランシスが食卓の下に家出すると、寂しがるお父さんとお母さんの声が聞こえる。幼い子の心理を描いたフランシスの本は、ほかに4冊ある。

ふるさとは、夏

P128-129, 130, 131

芝田勝茂 文　小林敏也 絵
パロル舎　1996　読物　高

父の故郷で夏休みを過ごすみち夫の前に、村の守り神やおかしな神様たちが次々に現れる。田んぼや神社などどこか懐かしい日本の風景のなかに登場する妙に人間臭い神様たちの様子がおもしろい。本書のブックトークでは単行本を使ったが福音館文庫版も出ている。

ぺちゃんこスタンレー

P239-240

ジェフ・ブラウン 文　トミー・ウンゲラー 絵　さくまゆみこ 訳
あすなろ書房　1998　読物　低

スタンレーは、寝ている間に大きな板の下敷きになり、紙のようにぺちゃんこになる。ぺちゃんこになっても元気で、ドアの下をくぐったり、封筒に入って航空便で送られたり。ストーリーも挿絵も愉快で、ナンセンスな味わいがある。

ペニーの手紙「みんな、元気？」

P159

ロビン・クライン 文　アン・ジェイムズ 絵　安藤紀子 訳
偕成社　1998　読物　中

ウマが大好きな少女ペニー・ポラードを主人公にした、オーストラリアの物語。妹か弟が生まれることになり、おばさんの家で過ごすことになったペニーが、友達や両親に書いた手紙で構成されている。前作は日記形式の『ペニーの日記　読んじゃだめ』。

ペニーの日記　読んじゃだめ

P221-223

ロビン・クライン 文　アン・ジェイムズ 絵　安藤紀子 訳
偕成社　1997　読物　中

10歳の少女ペニーは馬が大好きで、馬のカードを350枚も集めている。将来の夢は、競馬の騎手。学校で老人ホームの慰問に行って会った老婦人は、昔、馬で学校に通い、亡夫は鍛冶屋で蹄鉄をつける仕事をしていた。2人の交流をあたたかく描く。

ペレのあたらしいふく

P153

エルサ・ベスコフ 文・絵　おのでらゆりこ 訳
福音館書店　1976　絵本　低

ペレは自分の子ヒツジの毛を刈りとる。畑の草とりをする代わりにおばあちゃんにその毛をすいてもらい、赤ちゃんの世話をする代わりにお母さんに布を織ってもらい……。ペレが働きながら自分の新しい服を手に入れるまでを丁寧に描いたスウェーデンの古典的絵本。

ペンギンたんけんたい

P 143-144, 146, 147

斉藤洋 文　高畠純 絵
講談社　1991　読物　低

カヌーに乗って南の島に上陸した50羽のペンギンたち。隊長を先頭に、ライオンが出ようとヘビが出ようと「エンヤラ、ドッコイ!」と掛け声も勇ましく前進する。大きな活字で読みやすく、とぼけた絵が楽しい。『ぺんぎんたんていだん』ほか続編が多数ある。

ペンギンのヘクター

P 147

ルイーズ・ファティオ 文　ロジャー・デュボアザン 絵
岡本浜江 訳　童話館出版　1997　絵本　低

森に迷いこんだ動物園のペンギンのヘクター。飛べないから鳥ではない、尾ひれがないから魚でもない、4本足で歩けないからカメでもない……。どんな動物の仲間にもなれずしょんぼりするヘクターに、カラスが本当のことを教えてくれる。動物の表情が楽しい絵本。

放課後の時間割

P 216-217

岡田淳 文・絵
偕成社　1980　読物　中

小学校の図工の先生と、その学校に住むネズミとの交流を描く。学校に住むネズミは、字の読み書きや話すことを勉強している。著者は元小学校の先生で、学校を舞台にした作品が多い。

冒険者たち
ガンバと十五ひきの仲間

P 92-93, 97, 99-100, 104, 105-106, 111

斉藤惇夫 文　薮内正幸 絵
岩波書店　1982　読物　高

小さなネズミたちが力の限りをつくして狡猾なイタチと戦う姿を、迫力ある文章で描く。長編だが、話の流れに乗れば一気に読み通してしまう子も多い。1972年の刊行以来読み継がれている、動物ファンタジー。

ぼくたち、ロンリーハート・クラブ

P 111

ウルフ・スタルク 文　堀川理万子 絵　菱木晃子 訳
小峰書店　2001　読物　中

だれからも手紙をもらえず、話し相手もいない「コドク」な人のために、何かしようと集まった男の子トールと仲間たち。その名も「ロンリーハート・クラブ」を作ってさっそく活動開始。無邪気でほのぼのとあたたかい、スウェーデンの物語。

ぼくはアフリカにすむキリンといいます

P 147, 159

岩佐めぐみ 文　高畠純 絵
偕成社　2001　読物　中

アフリカに住むたいくつなキリンが初めて手紙を書き、郵便配達を始めたペリカンに、最初に出会った動物に渡してほしいと頼む。とぼけたストーリーと、文章にぴったり合ったユーモラスな絵で、本を読み始めたばかりの子どもも楽しく読める。

ぼくは王さま

P 91, 242

寺村輝夫 文　和田誠 絵
理論社　2000　読物　中

遊ぶのが大好きな王さまは、子どもそのもの。遊んで食べて昼寝して……。ナンセンスな物語として、長く子どもたちに人気を保つ物語。続編が多数あり、シリーズになっている。

ぼくはマサイ
ライオンの大地で育つ

P 254

ジョゼフ・レマンライ・レクトン 文　さくまゆみこ 訳
さ・え・ら書房　2006　NF　高

遊牧民の子どもとしてケニア北部に生まれ、寄宿学校で学び、十代の終わりに渡米し、大学教育を受けた著者。異なる2つの世界を理解した視点で、大自然と共存するマサイの伝統的な文化と暮らしを、平明な語り口で伝えてくれる。

ぼくはワニのクロッカス

P 147

ロジャー・デュボアザン 文・絵　今江祥智、島式子 訳
童話館出版　1995　絵本　低

クロッカスは、花が大好きな心優しいワニなのに、恐ろしいキバを見るとだれもが恐れをなしてしまう。農場主の夫妻に気持ちを伝えようと、クロッカスは毎日きれいな花束を届ける。農場の動物たちの様子がユーモラスに描かれた楽しい絵本。

ポケットのないカンガルー

P 141-142, 146, 147

エミイ・ペイン 文　H・A・レイ 絵　にしうちミナミ 訳
偕成社　1970　絵本　低

おかあさんカンガルーのケイティにはお腹の袋がないので、坊やを運ぶことができない。ポケットを買おうと町へ出ていくと、ポケットだらけのエプロンをした人に出会う。生き生きとした動物たちの様子が明るい絵で描かれ、幸せな結末にだれもが満足する絵本。

ほこらの神さま

P 246

富安陽子 文　小松良佳 絵
偕成社　2002　読物　高

5年生の仲よし3人組の少年たちが小さなほこらを見つけ、橋の下の秘密基地へ運ぶ。ほこらに願い事をすると不思議とかなうが、困ったことも起こるようになる。身近にいるような少年たちに親しみがもてるので、本に慣れていない子にも読みやすい。

ポータブル・ゴースト

P 109-110, 111

マーガレット・マーヒー 文　山本重也 絵　幾島幸子 訳
岩波書店　2007　読物　高

ニュージーランドで活躍する国際的な児童文学作家が、幽霊とコンピュータという異質な素材を巧みに結びつけた物語。謎解きのスリルとおもしろさが、友情や家族、歴史の大切さなどのテーマと上手に融合している。

ホタルの歌

P 254

原田一美 文
未知谷　2008　NF　高

昭和41年、徳島県の小学校で教師をしていた「私」は、谷あいに発生した何千匹ものホタルを見て、生徒たちと共にホタルの飼育を始める。3年間の観察記録には、失敗と発見の繰り返しが臨場感をもって綴られている。1971年初版の本が版元を変えて復刊された。

ぽっぺん先生の日曜日

P 225-226, 230, 248

舟崎克彦 文・絵
筑摩書房　1973　読物　高

ちょっとひねくれた感じの主人公ぽっぺん先生は、38歳の独身の生物学者。独特の蘊蓄とナンセンスなおかしさが味わえるシリーズは、全部で9冊。

ホビットの冒険

P 180, 181, 224-225, 230, 247

J・R・R・トールキン 文　寺島竜一 絵　瀬田貞二 訳
岩波書店　1965　読物　高

ファンタジーの古典として読み継がれてきた作品。ホビットのビルボが竜に奪われた宝をとり戻しに行く、壮大な冒険を描く。映画化されて話題になった『指輪物語』の前段の物語にあたる。

ポリッセーナの冒険

P 180, 181, 247

ビアンカ・ピッツォルノ 文　クェンティン・ブレイク 絵
長野徹 訳　徳間書店　2004　読物　高

イタリアの元気な少女ポリッセーナは、自分がもらい子であると知り、本当の両親を探す旅に出る。次々に思いがけない出来事が起こり、最後までハラハラさせられる冒険物語。ページ数が多いが、展開がわかりやすく、ユーモラスな挿絵も楽しいので一気に読める。

ポリーとはらぺこオオカミ

P 242

キャサリン・ストー 文　マージョリー・アン・ワッツ 絵
掛川恭子 訳　岩波書店　1992　読物　中

はらぺこのオオカミは、ポリーをつかまえて食べようと、昔話の主人公をまねていろいろやってみるが、いつも賢いポリーに負けてしまう。おなじみの昔話を下敷きにした短編連作。続編が2作ある。

ほんとうの空色

P 251

ベーラ・バラージュ 文　大社玲子 絵　徳永康元 訳
岩波書店　2001　読物　高

フェルコーは友だちに借りた藍色の絵具をなくし、代わりに野原の花の汁で絵具を作る。その絵具で描いた空には月や星が輝き太陽がめぐる。描いた空が本物になる不思議が忘れられない印象を残すハンガリーの名作。大人になる直前の少年のみずみずしい心を描く。

マイケルとスーザンは一年生

P 38

ドロシー・マリノ 文・絵　まさきるりこ 訳
アリス館　2006　読物　低

誕生日が同じだったことをきっかけに知り合ったマイケルとスーザンは、学校でも偶然出会って友だちになる。新しい学校生活での新鮮な喜びや失敗への不安などをていねいに描いた、素朴であたたかい作品。

マウイたいようをつかまえる

P 230

ピーター・ゴセージ 文・絵　浜島代志子 訳
MOE出版　1989　絵本　中

マオリ族の神話や昔話を主題に書いてきた作者の、力強い絵が印象的な絵本。大きな画面に独特の様式がよく映えて遠目がきき、読み聞かせにも向く。

魔女学校の一年生
ミルドレッドの魔女学校1

P 240

ジル・マーフィ 文・絵　松川真弓 訳
評論社　2002　読物　中

ミルドレッドは、魔女学校の劣等生。ほうきからは落ちるし、笑い薬を作る試験では姿が消える薬を作ってしまう。そんなミルドレッドが、魔女学校の危機を救うことになる。明るく明快なストーリーで読みやすい。続編が3冊ある。

魔女のこねこゴブリーノ

P 244

アーシュラ・ウィリアムズ 文　平出衛 絵　中川千尋 訳
福音館書店　2004　読物　中

魔女ネコの母さんから生まれたゴブリーノとスーチカの兄妹。スーチカは母さんのような魔女ネコになりたいというが、ゴブリーノはふつうの台所ネコになりたがる。魔女ネコ一家の恥さらしだとして捨てられたゴブリーノはふつうのネコを目指すのだが……。

またたびトラベル

P 242

茂市久美子 文　黒井健 絵
学習研究社　2004　読物　中

「またたびトラベル」は、細い路地のつきあたりのおんぼろな木造アパートにある旅行会社。観光地や温泉旅行の手配はしてくれないが、お客さんにぴったりの旅に連れ出してくれる、不思議な会社。ネコ好きな子に紹介したい、独特の味わいをもった連作集。

町かどのジム

P 241, 242

エリノア・ファージョン 文　エドワード・アーディゾーニ 絵
松岡享子 訳　童話館出版　2001　読物　中

いつも街角のミカン箱に座っているジムは、元船乗り。デリー少年に海の冒険を話してくれる。長い大海ヘビ、大波に酔ったタラ、人のほしがるものはなんでもあるありあまり島など、奇想天外なほら話が楽しい。

マチルダはちいさな大天才

P 226-227, 230

ロアルド・ダール 文　クエンテイン・ブレイク 絵
宮下嶺夫 訳　評論社　1991　読物　高

小さな天才少女マチルダがすごい力を発揮して、どうしようもない大人をやっつける痛快な物語。著者独特のユーモアと風刺がきいている。2005年に新版『マチルダは小さな大天才』が出たが、本書のブックトークでは旧版を使用した。

マンヒのいえ

P 172

ユンドク・クォン 文・絵　みせけい 訳
セーラー出版　1998　絵本　中

マンヒは幼稚園に通う男の子。狭いアパートに住んでいたが、おじいちゃん、おばあちゃんの家に引っ越すことになった。大きな家の中をマンヒと一緒に見て歩いて、韓国の家の様子や家族の様子が読みとれる絵本。

ミオよわたしのミオ

P 160-161, 165

アストリッド・リンドグレーン 文　イロン・ヴィークランド 絵
大塚勇三 訳　岩波書店　1967　読物　中

孤児のぼくは、本当ははるかな国の王子で、お父さんと不思議な再会を果たす。美しいふるさとで、ぼくはお父さんや友だちと楽しく暮らすが、王子として隣国の邪悪な騎士と戦う運命が待っている。豊かな空想に溢れた、昔話風の世界。

みしのたくかにと

P 136-137, 138

松岡享子 文　大社玲子 絵
こぐま社　1998　読物　低

何の種か分からずにまいて、「とにかくたのしみ」と書いた立て札を反対から読んだ子がいて……。言葉遊びの要素もあって子どもに喜ばれる。絵本と文学の中間の体裁で、絵本からの過渡期におすすめ。

ミス・ヒッコリーと森のなかまたち

P 165

キャロライン・シャーウィン・ベイリー 文　ルース・クリスマン・ガネット 絵　坪井郁美 訳　福音館書店　2005　読物　中

ミス・ヒッコリーは、体がリンゴの小枝で、頭がヒッコリーの実でできている。秋がきて、リンゴの木の巣に引っ越して、自分で作った木の葉のドレスを着て、木の実を集めて、メウシやカラス、シカとつきあいながら、森で楽しく暮らす。

みどりいろのたね

P 234, 235

たかどのほうこ 文　太田大八 絵
福音館書店　1988　読物　低

畑にエンドウマメをまいたまあちゃん。うっかり自分がなめていた緑色のアメもまいてしまった。土の中ではマメとアメが互いに「へーんなやつ」とにらみ合い。マメたちの表情が愉快な絵が、軽妙なストーリーによく合っている。少人数なら読み聞かせでも楽しめる。

みどりいろの童話集

ラング世界童話全集1

P 243

佐竹美保 絵　川端康成、野上彰 編訳
偕成社　2008　読物　中

緑色から始まり各巻に色の名がついた全12巻の「ラング世界童話全集」は、スコットランド生まれの学者アンドリュー・ラングが約150年前に世界中から集めた妖精物語集をもとにしている。昭和30年代に邦訳が出て長く愛読されたものが新装版として出版された。

みどりの小鳥

イタリア民話選

P 158-159

イタロ・カルヴィーノ 文　ルッツァーティー 絵　河島英昭 訳
岩波書店　1978　昔話　中

イタリア人作家が刊行した『イタリア民話集』のなかから、編者が34話を選んで子ども向けに編纂し直した。南国らしい明るい雰囲気とバラエティに富んだ内容で、目次の立て方にも一工夫あり、子どもにすすめやすい。

見習い職人フラピッチの旅

P 244

イワナ・ブルリッチ=マジュラニッチ 文　二俣英五郎 絵
山本郁子 訳　小峰書店　2006　読物　中

小鳥のように陽気な男の子フラピッチは、靴屋の見習い職人。ある日、怖ろしい親方のもとを逃げだして旅に出た。「クロアチアのアンデルセン」と称される著者の1913年の作品で、クロアチアでは子どもから大人まで長く読み継がれているという。

ムギと王さま

本の小べや1

P 104

エリナー・ファージョン 文　エドワード・アーディゾーニ 絵
石井桃子訳　岩波書店　2001　読物　高

第1回国際アンデルセン賞を受けた、ファージョンの自薦短編集。岩波少年文庫2分冊の1巻目。この巻には表題作のほかに「ヤング・ケート」「貧しい島の奇跡」「モモの木をたすけた女の子」など全14編を収録している。

ムッシュ・ムニエルをごしょうかいします

P 44

佐々木マキ 文・絵
絵本館　2000　絵本　低

ムッシュ・ムニエルは、魔術師のヤギ。子どもを1人さらって弟子にしようと考えた。かばんから取り出した空っぽのビンに秘密の呪文を唱えると、ビンは形が変わって空を飛び、子どもを捕まえに出発した。続編が2冊ある。

ムーミン谷の仲間たち

P 101-103, 104

トーベ・ヤンソン 文・絵　山室静 訳
講談社　1990　読物　高

ムーミントロール、旅を愛する詩人のスナフキン、姿をなくしてしまった女の子ニンニ、静けさを愛するヘムレンさんなど、ムーミン谷に生きる仲間たちを描く短編集。自分と相手のことを静かに考え、自由な心のあり方を問いかける物語。

名探偵カッレくん

P 193

アストリッド・リンドグレーン 文　エーヴァ・ラウレル 絵
尾崎義 訳　岩波書店　1965　読物　高

夏休み、名探偵を目指すカッレは、友だちのアンデスやエーヴァ・ロッタと1日中遊びながら、町の治安を守るのに忙しい。そこへあやしい男が現れ、カッレはもち前の観察と推理力を発揮、見事宝石泥棒であることを見破る。本格的推理小説。続編が2冊ある。

モギ

ちいさな焼きもの師

P 253

リンダ・スー・パーク 文　藤川秀之 絵　片岡しのぶ 訳
あすなろ書房　2003　読物　高

12世紀後半の韓国を舞台にした物語。身寄りもなく橋の下で暮らす少年モギは、美しい高麗青磁の器に魅せられ、名工とよばれる焼物師の見習いとして働きながら成長する。なじみの薄い世界だが、冒頭から一気にひきこまれ、主人公に心を寄せて読むことができる。

もぐらとずぼん

P 150-151, 153

エドアルド・ペチシカ 文　ズデネック・ミレル 絵
うちだりさこ 訳　福音館書店　1967　絵本　低

チェコの絵本。もぐらくんは、干してあるズボンを見て同じようなズボンがほしくなり、亜麻を育てて、糸をとり、布を作り……と、森の仲間たちの協力でズボンを作りあげる。もぐらくんは、「クルテク」の名でアニメにもなった、人気のキャラクター。

ものぐさトミー

P 240

ペーン・デュボア 文・絵　松岡享子 訳
岩波書店　1977　絵本　低

トミー・ナマケンボは、電気仕かけで動く家に住んでいる。朝になるとベッドが持ち上がってトミーをお風呂に入れ、歯みがきも着替えも機械がしてくれる。ある晩、嵐で電線が切れて……。機械やトミーの様子が絵でよくわかり、大きい子どもも興味を持つ。

モモ
時間どろぼうとぬすまれた時間を人間にとりかえしてくれた女の子のふしぎな物語

P119

ミヒャエル・エンデ 文　大島かおり 訳
岩波書店　1976　読物　高

円形劇場の廃墟に住む不思議な少女モモと、町の人々に時間を倹約させて世界中の余分な時間を盗もうとする「灰色の男たち」との対決を描いたドイツのファンタジー。1人1人の心の中にある時間とは何か、本当の豊かさとは何かを考えさせる、風刺的な内容。

森からのてがみ
キツツキは森の大工さん／きかんぼうの子グマ

P245

N・スラトコフ 文　あべ弘士 絵　松谷さやか 訳
福音館書店　2000　NF　中

絵本のような形態だが、自然観察にもとづいたノンフィクションの動物記。「キツツキは森の大工さん」と「きかんぼうの子グマ」の2編が入っている。物語として読めるので、子どもが手にとりやすい。続編が2冊ある。

もりのへなそうる

P41-42, 44

わたなべしげお 文　やまわきゆりこ 絵
福音館書店　1971　読物　低

てつたくん5歳、みつやくん3歳の兄弟は、地図とお弁当を持って森に探検に行き、赤と黄色の縞模様の大きな卵を見つける。翌日、同じ場所に「へなそうる」と名乗る変な動物がいた。現実と空想の入り混じった幼い子どもの遊びの世界を楽しく描く。

やかまし村の子どもたち

P212-213, 217, 241

アストリッド・リンドグレーン 文　イロン・ヴィークランド 絵
大塚勇三 訳　岩波書店　1965　読物　中

やかまし村には家が3軒、子どもは6人。村の暮らしを、7歳の少女リーサが語る。誕生日の話、学校の話、カブラぬきのお手伝いをした話など。自然の中の心あたたまる日々が続く。続編に『やかまし村の春・夏・秋・冬』『やかまし村はいつもにぎやか』がある。

やかまし村はいつもにぎやか

P62

アストリッド・リンドグレーン 文　イロン・ヴィークランド 絵
大塚勇三 訳　岩波書店　1965　読物　中

『やかまし村の子どもたち』『やかまし村の春・夏・秋・冬』の続編。この巻には、リーサら6人の子どもたちが、新聞でサクランボ1リットルが2クローナするという記事を読み、庭に実ったサクランボを売ってお金をもうけようと考えるエピソードが出てくる。

ヤドカリ

P245

川嶋一成 文
あかね書房　2005　NF　中

「ヤドカリはなぜほかの貝を住みかにしているのか？」「貝が小さくなったらどうするのか？」などヤドカリの生態を細かく解説している。「科学のアルバム」シリーズは子どもが興味をもつ自然をていねいに扱っているので、1人1人の関心にあわせてすすめたい。

屋根うらべやにきた魚

P62-63, 67

山下明生 文　太田大八 絵
岩波書店　1981　読物　中

瀬戸内海の島に住むぼくは、浮き袋が壊れて泳げなくなったホウボウダイシという魚を助ける。人間の言葉が話せるホウボウダイシは好奇心にあふれ、ぼくを困らせる。魚が巻き起こすユーモラスな事件を追いながら、海で暮らす一家の哀歓を浮き彫りにする。

やまんばあさん海へ行く

P79, 80

富安陽子 文　大島妙子 絵
理論社　2003　読物　中

初めて海に来たやまんばあさんは、大きなサメにひと飲みにされそうになるが、逆にサメにかみつく。サメも猟師さんたちもびっくり。『ドングリ山のやまんばあさん』の続編。この後『やまんばあさんの大運動会』『やまんばあさんのむかしむかし』と続く。

ユウキ

P247

伊藤遊 文　上出慎也 絵
福音館書店　2003　読物　高

札幌に住む6年生のケイタが今までに仲よくなった転校生は、なぜかいつもユウキという名前だった。次つぎに去っていった友だちとの思い出を胸に、新しく迎えた転校生の名前は、なんとまたユウキ。しかも女の子だった。現代の小学生の人間関係をさわやかに描く。

ゆきだるまのるんとぷん

P238

たかどのほうこ 文・絵
偕成社　2004　読物　低

ふたごの雪だるまのるんとぷんは、赤と青の帽子を持っている。朝、赤い帽子をかぶったほうがるんになって働き、青い帽子をかぶったほうがぷんになって踊ってくらす。ある朝、同時に起きて青い帽子の取り合いになり……。

よあけ

P 119

ユリー・シュルヴィッツ 文・絵　瀬田貞二 訳
福音館書店　1977　絵本　中

湖畔で寝ていた老人と少年が、夜明け前に起きてボートを漕ぎ出す。黒々と静まる山、月の光、さざ波、コウモリの羽音……刻々と変化する自然の色、光、音を見事にとらえた絵と簡潔な文章で夜明けの美しさを描く。読み聞かせると、静かな感動が一同を満たす。

ライオンと魔女

P 217-218, 223

C・S・ルイス 文　ポーリン・ベインズ 絵　瀬田貞二 訳
岩波書店　1966　読物　高

古い衣装ダンスを通ってナルニア国に行った4人きょうだいは、もの言う動物や不思議な力をもつライオンと共に、ナルニア国を常に冬にしている白い魔女と対決して、春をもたらす。ナルニア国物語全7巻の第1巻。

ラモーナ、明日へ

P 241

ベバリィ・クリアリー 文　アラン・ティーグリーン 絵
松岡享子 訳　学習研究社　2006　読物　中

『ビーザスとラモーナ』で始まるラモーナのシリーズ最終作。想像力が豊かで、いつもおもしろいことを探しているラモーナは、先生と衝突したり、家族の中で孤立感に悩んだり、思春期を迎えるお姉さんにはらはらしたり。10歳の心をみごとに描く。

リンゴ
しょくぶつ・すくすくずかん

P 166

バーリィ・ワッツ 文・写真　舟木秋子 訳
評論社　1992　NF　低

冬に葉を落としたリンゴの木は、春になると葉を茂らせ、花を咲かせ、虫の活躍で実を結ぶ。だれにも食べられずに枝に残ったりんごは、地面に落ちて腐ったり、鳥に食べられたり。写真とイラストで、リンゴの四季を描く。

りんご
津軽りんご園の1年間

P 166

叶内拓哉 文・写真
福音館書店　2006　NF　低

弘前市のリンゴ園の1年を、文と豊富な写真で紹介する。雪の中での剪定作業、手作業での人工授粉、収穫、市場への出荷など農家の仕事ぶりがわかる。リンゴ畑にすむフクロウやノスリなどの生きものも登場し、自然に生きる人々の豊かな暮らしが伝わる。

りんごとちょう

P 166

イエラ・マリ、エンゾ・マリ 絵
ほるぷ出版　1976　絵本　低

文字なし絵本。実ったリンゴに産みつけられた卵が、青虫からサナギになって蝶に育つ。同時にリンゴも、秋から冬をすぎ、春を迎える。本全体で四季をみごとに描いている。

りんごのえほん

P 165, 166

ヨレル・K・ネースルンド 文　クリスティーナ・ディーグマン 絵
たけいのりこ 訳　偕成社　2008　絵本　低

リンゴの木の四季を、美しい絵で詩情豊かに描いた絵本。鳥やミツバチがリンゴの木を訪れる様子や、実や種を使った遊びも紹介している。男の子と女の子の小さな妖精が、木の幹で寝たり、花輪をかけたりしている姿も楽しい。

りんごのきにこぶたがなったら

P 166

アーノルド・ローベル 文　アニタ・ローベル 絵　佐藤凉子 訳
評論社　1980　絵本　低

子ブタを10匹買ってきたお百姓の夫婦。2人で世話をすると約束したのに、朝になるとお百姓は、庭に子ブタが咲いたら手伝うと言って、働くのはおかみさんばかり。そんな日が何日も続き、ついにおかみさんは、一計を案じる。細密な絵が美しい。

リンゴの木の上のおばあさん

P 163-165

ミラ・ローベ 文　ズージ・ワイゲル 絵　塩谷太郎 訳
学習研究社　1969　読物　中

おばあさんがほしくてたまらないアンディは、リンゴの木の上で空想のおばあさんと遊ぶ。一方、近所に越してきたおばあさんのお手伝いをするうちに、次第に親しくなる。空想と現実を自然に交錯させながら、アンディの成長を描く。2人のおばあさんが魅力的。

ルドルフとイッパイアッテナ

P 111, 219-220, 223, 248

斉藤洋 文　杉浦範茂 絵
講談社　1987　読物　中

ルドルフは迷子の子ネコ。偶然出会ったボスネコのイッパイアッテナに、のらネコとしての生き方と字の読み書きを教えてもらう。この本はルドルフが書いたという体裁。続編が2冊ある。

ルーピーのだいひこう

P 47, 49

ハーディー・グラマトキー 文・絵　わたなべしげお 訳
学習研究社　2005　読物　低

ルーピーは、低空飛行ができる小型の飛行機。練習生の訓練に使われているが、下手な操縦に飽きて、だれも乗せないで自分ひとりで空を飛びたいと願っていた。1968年に初版が出たが、2005年に改訂新版。

ロージーちゃんのひみつ

P 239

モーリス・センダック 文・絵　なかむらたえこ 訳
偕成社　1983　読物　低

ロージーは、突然ミュージカルの歌手になったり、魔法つかいに会うために静かにじっと待っていたり、子猫になって床で寝たりする。幼い子どもたちが現実の世界と想像の世界を自由に行き来しながら遊ぶ姿を、生き生きと描いている。

ロバのシルベスターとまほうの小石

P 243

ウィリアム・スタイグ 文・絵　せたていじ 訳
評論社　2006　絵本　低

ロバのシルベスターは、願いがかなう小石を見つける。そのときライオンが現れ、あわてたシルベスターは自分を岩に変えてしまう。何も知らない両親は息子の帰りを待ち続け……。起承転結のはっきりしたお話は、読み聞かせに向く。

ロボ
カランポーのオオカミ王

P 252

アーネスト・T・シートン 文・絵　今泉吉晴 訳
福音館書店　2003　読物　高

シートン動物記の完訳版。シートン動物記はいろいろ出版されているが、あらすじでは伝わらない深い精神があるので、できることなら完訳本で紹介したい。全9冊。ほかに今泉吉晴著『シートン　子どもに愛されたナチュラリスト』という伝記がある。

わたしのおかあさんは世界一びじん

P 236

B・ライアー 文　R・ガネット 絵　光吉郁子 訳
大日本図書　1985　読物　低

著者が幼いころロシア人の母親から聞いた、ウクライナの昔話をもとにした話。広い麦畑で迷子になった6歳のワーリャが泣きながら「私のおかあさんは世界一美人」と言ったために村中の美人が集められるが……。

渡りをするチョウ
アサギマダラのふしぎ

P 180

佐藤英治 文・写真
新日本出版社　2005　NF　高

海を越えて何千キロも渡りをする蝶のアサギマダラに興味をもった動物カメラマンの著者が、移動経路や渡りの目的など、さまざまな謎を追う。観察と採集を続け、情報を集め、推察を重ねる過程が詳しく記されている。鮮明なカラー写真も豊富に使われている。

ワニてんやわんや

P 82-83, 85, 241

ロレンス・イェップ 文　ワタナベユーコ 絵
ないとうふみこ 訳　徳間書店　2004　読物　中

できのいい弟の誕生日プレゼントにワニを贈って困らせてやろうと思った兄のテディだが、思惑が外れて事態は思わぬ方向に……。サンフランシスコに暮らす中国系一家のワニをめぐる騒動を、ユーモアたっぷりに描く。

わにのスワニー
しまぶくろさんとあそぶの巻

P 238

中川ひろたか 文　あべ弘士 絵
講談社　2001　読物　低

森に住むわにのスワニーの一番の友だちは、シマフクロウのしまぶくろさん。ちょっととんちんかんなしまぶくろさんとの、おかしな遊びがおもしろい。1話ごとに2人の絵日記がはさまれる。続編が2冊と、なぞなぞ絵本がある。

わにのはいた

P 140-141, 146, 147

マーガレット・ドリアン 文・絵　光吉夏弥 訳
大日本図書　1983　読物　低

歯医者に行くのがこわい動物園のワニを主人公にした幼年童話。まるで子どものようなワニの言動がユーモラスに描かれる。各見開きに挿絵があり、文章はほとんど漢字を使わず、カタカナにもルビをふってあるので、1人読みを始めたばかりの1年生にすすめたい。

ワニのライルがやってきた

P 201-202, 205

バーナード・ウェーバー 文・絵　小杉佐恵子 訳
大日本図書　1984　絵本　低

プリムさん一家が引っ越した先の家にいたのは、大きなワニのライル。いろいろな芸当ができて、お手伝いも大好きな気立てのいいライルは、すぐに家族の一員になった。伸びやかで楽しい挿絵と、愉快なストーリーがぴったりあった1冊。シリーズは全8冊。

V
本書でとりあげた本のリスト 索引付

・本書のⅡとⅢでとりあげたすべての本のリストです。
・書名の50音順に、縦に配列しました。書名索引としても使えます。
・書名の右の数字は、本書の掲載ページを示します。
・書誌事項は、著者、画家、訳者、出版社、出版年、ジャンル、対象学年の順。
・出版年は本書のブックトークで使用した版の初版年を示します。
・ジャンルは、絵本、読物、詩、昔話、NFと記しました。絵本は物語絵本と昔話絵本、読物は幼年童話を含む物語全般、NFはノンフィクションを示します。
・対象学年は低、中、高と記しました。低は小学校低学年向け、中は小学校中学年向け、高は小学校高学年向けを示します。

ああ、たいくつだ！ P46, 49

ピーター・スピアー 文・絵　松川真弓 訳
評論社　1989　絵本　低

退屈していたふたごの男の子が、納屋でプロペラを見つける。本で飛行機の構造を調べ、家のあちこちから材料を調達してきて、本当に飛行機を組み立て、見事飛行に成功。細かく描き込まれた絵が、作業工程を詳しく見せてくれる。

合言葉はフリンドル！ P94-95, 98

アンドリュー・クレメンツ 文　笹森識 絵　田中奈津子 訳
講談社　1999　読物　高

ニックは、思いついたことを次々に実行してしまうユニークな男の子。ニックの挑戦を正面から受けとめるグレンジャー先生、あたたかく見守る両親など、登場する大人たちも魅力的。テンポよく楽しめる物語の結末には、さわやかな満足感が待っている。

あおい目のこねこ P234, 235

エゴン・マチーセン 文・絵　せたていじ 訳
福音館書店　1965　読物　低

青い目のこねこがネズミの国をみつけに出かけるが、だれに聞いてもどこにあるのかわからない。それでも、「こんなことなんでもないや」と元気に旅を続ける。動きのある大胆な挿絵が、どんなことにもへこたれないこねこにぴったり。

赤い十字章
画家ベラスケスとその弟子パレハ P250

エリザベス・ボートン・デ・トレビノ 文　吉川聡子 絵
定松正 訳　さ・え・ら書房　1993　読物　高

17世紀前半のスペインで、国王の信頼を得て活躍した宮廷画家ベラスケスの生涯を、彼の仕事を陰で支えていた奴隷パレハの目をとおして、史実と創作を交えて描く物語。美術や歴史が好きな高学年の子どもに紹介したい。

赤い目のドラゴン P242

アストリッド・リンドグレーン 文　イロン・ヴィークランド 絵
ヤンソン由実子 訳　岩波書店　1986　絵本　低

幼いころのドラゴンとの不思議な出会いと、忘れられない思い出を、静かな語り口で伝える絵本。作家リンドグレーンと画家ヴィークランドが、息のあった仕事で読者を深い思いに誘う。

悪魔の物語 P249

ナタリー・バビット 文・絵　小旗英次 訳
評論社　1994　読物　高

退屈した地獄の悪魔が、妖精に変装して人間社会にやってきた。願いごとをかなえてあげると甘い言葉をささやくが……。いたずらをして人間を困らせる悪魔を主人公にした短編が10話。大人っぽいユーモアとウィットに富むので、短い話だが高学年向き。続編あり。

あとがき

子どもたちの前でブックトークをするのは、とても楽しいものです。子どもの反応は実にさまざまで、しーんとして聞く子もいれば、いちいち活発に反応する子もいます。よその人の話を聞くことに慣れなくて、始終もぞもぞと動いている子もいます。私たちも、この本で作ったブックトークのいくつかを実際に子どもたちの前でやってみましたが、シナリオどおり練習し、すっかり覚えて臨んでも、その場の子どもたちの反応によって、言い方を変えたり、言葉をつけ加えたりする必要がありました。そして、それはそれで楽しい発見がたくさんありました。みなさんも、臨機応変にやってみてください。

ブックトークをしたあと、紹介した本を子どもが読んでくれればいちばんうれしいのですが、紹介した本にわっと子どもたちが群がる、ということがそうそう起こるわけではありません。だからといって、がっかりしないでください。ブックトークは、目玉商品の実演販売のように、その場で結果を出さなければならないものとは違うからです。その時にはすぐに借りていかなくても、あとになって棚にその本をみつけたときに、「あ、これこのあいだの本だ」と思って手にとることもあるでしょう。大人が熱心に本の話をするのを見て、「この人は本が好きなんだな」と思ったり、「本ってそんなにおもしろいんだ」と感じたりするだけでもいいと思います。長い目で見て、子どもの心の中に、本を読むのは楽しいことだという気持ちが生まれればいい、ぐらいに考えて気楽にやってみるといいと思います。

この本を作った「キラキラ読書クラブ」は、四人のグループ名です。私たちは、公共図書館や学校図書館で長年子どもの本に関わってきた経験を生かして、二〇〇六年に『キラキラ読書クラブ　子どもの本644冊ガイド』（日本図書センター）を出版しました。これは子どもが読みたい本を自分で探せるリストですが、テーマ別に本を紹介してあるので、ブックトークをする際の参考にもなります。その後、実際にこの本を使ってブックトークの実演をしたところ、もっといろいろな例を知りたいという声が多く寄せられました。そこで、すぐに実践に使えるブックトークのサンプルを作ったのが本書です。

本書では、『キラキラ読書クラブ』に載せられなかった本や、新刊の中からもすすめたい本を選びました。もちろん、長い間読み継がれてきた本も使っています。一目で子どもをひきつけたり、その場でドッと受けたりはしないけれど、あとで一人でページをめくれば、きっと楽しい時間が過ごせる、と思える本はたくさんありました。新しいか古いかにかかわらず、そういった本の力を信じて、子どもたちに届けたい、というのが私たちの願いです。

終わりに、最初から最後まで作業を共にしてくださった編集の檀上聖子さん、版画を作ってくださったたむらかみひとみさん、そして出版の機会を与えてくださった岩崎書店の皆様に心から感謝いたします。

二〇〇九年二月

キラキラ読書クラブ
青木　淳子
市川　純子
杉山きく子
福本友美子

キラキラ読書クラブ

青木淳子　あおき　あつこ

元大宮市立図書館司書。その後、さいたま市内の公立小学校で11年間学校図書館司書をする。

市川純子　いちかわ　じゅんこ

横浜市立図書館司書。移動図書館はまかぜ号担当・泉図書館、鶴見図書館、磯子図書館等に勤務。

杉山きく子　すぎやま　きくこ

都立日比谷図書館、国立国会図書館国際子ども図書館等を経て、現在は都立多摩図書館児童青少年資料係勤務。

福本友美子　ふくもと　ゆみこ

元調布市立図書館司書。現在は児童書の研究、評論、翻訳等をする。

写真協力：大阪府立国際児童文学館

装画・挿画：むらかみひとみ
企画・編集・制作：**本作り空sola**
中浜小織（ブックデザイン）
檀上啓治（制作）
檀上聖子（企画・編集）

キラキラ応援《おうえん》ブックトーク
子どもに本をすすめる33のシナリオ

NDC019

2009年3月15日　第1刷発行
2014年1月15日　第3刷発行

著　者　「キラキラ読書クラブ」青木淳子、市川純子、杉山きく子、福本友美子

発行者　岩崎弘明

発行所　株式会社 岩崎書店
〒112-0005　東京都文京区水道1-9-2
電話　03-3812-9131（営業）／03-3813-5526（編集）
振替　00170-5-96822
ホームページ：http://www.iwasakishoten.co.jp

印刷・製本所　株式会社光陽メディア

ISBN978-4-265-80179-4
Published by IWASAKI Publishing Co., Ltd. Tokyo.　Printed in Japan.
ご意見ご感想をお寄せください。e-mail：hiroba@iwasakishoten.co.jp
落丁本・乱丁本はおとりかえいたします。